Graded French Reader

Graded French Reader

SECOND EDITION

Reader

Deuxième Étape

Camille Bauer
BROWN UNIVERSITY

D. C. HEATH AND COMPANY
Lexington, Massachusetts   Toronto

Nous remercions messieurs les éditeurs qui ont bien voulu nous autoriser à reproduire les textes parus chez eux.

p. 122: *Naissance d'un maître* d'André Maurois. Reproduit avec la permission de l'exécuteur testamentaire d'André Maurois.

p. 129: *L'Anglais tel qu'on le parle* de Tristan Bernard. Reproduit avec la permission de la Librairie Théâtrale.

p. 168: «Le Pont Mirabeau», extrait d'*Alcools*, de Guillaume Apollinaire. © Éditions Gallimard.

p. 169: «La Ronde de la paix», extrait de *Ballades françaises*, de Paul Fort. Reproduit avec la permission de la Librairie Ernest Flammarion.

p. 171: «La Fourmi», extrait de *30 Chantefables pour enfants sages*, de Robert Desnos. Reproduit avec la permission de la Librairie Gründe.

International Standard Book Number: 0-669-04337-0

Library of Congress Catalog Card Number: 81-81596

Preface

The texts that compose this anthology have been written by some of the greatest French writers of the 19th and 20th centuries. They deal mostly with the strong feelings and dramatic situations that characterize our human predicament: love and death, duty and honor, selfless devotion to people and country, injustice and life's frustrations; or in the comic and poetic veins, they provide relief, fun, and delight.

The appealing selections in *Graded French Reader, Deuxième Étape* are easy to read for intermediate students. Though sentence construction may appear complex at times, the passages contain no more than 3,000 words, and copious notes and translations are provided to guide the reader.

Special emphasis has been given to the study of language in various types of exercises incorporating the narrative elements. The grammar exercises address the difficulties that confront English speakers while forming the basis for an active review of previously learned material. The vocabulary exercises train students to recognize the themes expressed in each semantic field and to use lexical items in a personal way. The reading comprehension exercises are designed to make students aware of literary techniques and style. Such linguistic and thematic integration reinforces students' mastery of the material.

Contents

VICTOR HUGO   *Le Diable Chiffonnier*   1

ALFRED DE VIGNY   *Laurette ou le Cachet rouge*   9

HONORÉ DE BALZAC   *Eugénie Grandet*   22

JULES MICHELET   *Les Sept Combats de la Pucelle*   35

PROSPER MÉRIMÉE   *Mateo Falcone*   47

GUSTAVE FLAUBERT   *Un Cœur simple*   67

GUY DE MAUPASSANT   *La Parure*   82

OCTAVE MIRBEAU   *La Livrée maudite*   97

ANATOLE FRANCE   *Crainquebille*   109

ANDRÉ MAUROIS   *Naissance d'un maître*   122

TRISTAN BERNARD   *L'Anglais tel qu'on le parle*   129

Douze Poèmes:

ALPHONSE DE LAMARTINE   *Le Lac*   160

VICTOR HUGO   *Demain, dès l'aube*   162

ALFRED DE MUSSET   *Chanson de Fortunio*   163

FÉLIX ARVERS   *Sonnet*   164

CHARLES BAUDELAIRE   *Harmonie du soir*   165

L'Étranger   166

PAUL VERLAINE   *Le ciel est, par-dessus le toit*   166

ARTHUR RIMBAUD   *Sensation*   167

GUILLAUME APOLLINAIRE   *Le Pont Mirabeau*   168

PAUL FORT   *La Ronde de la paix*   169

CHARLES CROS   *Le Hareng saur*   170

ROBERT DESNOS   *La Fourmi*   171

Vocabulaire   175

LE DIABLE CHIFFONNIER

VICTOR HUGO (1802–1885) Chef de l'école romantique française, Hugo fut l'un des plus grands écrivains du dix-neuvième siècle. Ses œuvres, variées et nombreuses, se caractérisent par une grande puissance d'imagination et d'invention verbale. Il écrivit des vers, entre autres *Les Orientales, Les Feuilles d'automne, Les Châtiments, Les Contemplations.* Il est aussi l'auteur de plusieurs drames (*Hernani, Ruy Blas,* parmi d'autres) et de romans sombres et puissants, comme *Notre-Dame de Paris* et *Les Misérables,* qui mettent en scène le combat du Bien contre le Mal.

Moins connu cependant est le Victor Hugo souriant et malicieux qui se manifeste dans *Le Rhin,* paru en 1843. Dans ce livre, il se moque gaiement d'Asmodée, incarnation du diable. Dans l'extrait suivant, le diable est représenté comme un pauvre chiffonnier qui ramasse toutes les âmes qu'il peut trouver, les mettant dans une outre faite avec la peau d'un chameau. Rusé comme toujours, il essaie de se faire aider par les saints du paradis et par un chevalier. Mais cette fois-ci, au moins, le Bien triomphe du Mal.

C'est ordinairement dans la Haute-Egypte,[1] sur les bords de la Mer Rouge, que le diable, après avoir fait sa tournée[2] dans le pays des païens,[3] remplit cette outre:[4] le lieu est fort désert; c'est une grève[5] de sable près d'un petit bois de palmiers[6] qui
5 est situé entre Coma, où est né saint Antoine, et Clisma, où est mort saint Sisoës.

Un jour donc que le diable avait fait encore meilleure chasse qu'à l'ordinaire,[7] il remplissait gaiement son outre lorsque, se retournant par hasard,[8] il vit à quelques pas de lui un ange qui
10 le regardait en souriant. Le diable haussa les épaules[9] et continua d'empiler dans ce sac les âmes qu'il avait. Quand il eut fini, il empoigna[10] l'outre d'une main pour la charger sur ses épaules; mais il lui fut impossible de la lever du sol, tant il y

---

1

avait mis d'âmes et tant les péchés dont elles étaient chargées
les rendaient lourdes. Il saisit alors le sac à deux bras; mais le
second effort fut aussi inutile que le premier, l'outre ne bougea
pas plus que si elle eût été la tête d'un cochon sortant de terre.[11]

5 —Oh! âmes de plomb,[12] dit le diable, et il se mit à jurer.[13] En
se retournant, il vit le bel ange qui le regardait en riant.

—Que fais-tu là? s'écria le démon.

—Tu le vois, dit l'ange, je souriais tout à l'heure et à présent
je ris.

10 —Oh! céleste volaille! grand innocent, va![14] répliqua Asmodée.[15]

Mais l'ange devint sévère et lui parla ainsi:

—Dragon, voici les paroles que je te dis de la part[16] de celui
qui est le Seigneur:[17] tu ne pourras emporter cette charge
15 d'âmes tant qu'un saint du paradis ou un chrétien tombé du ciel
ne t'aura pas aidé à la soulever de terre et à la poser sur tes
épaules. Cela dit, l'ange ouvrit ses ailes d'aigle et s'envola.

Le diable était fort empêché.[18]

—Que veut dire cet imbécile? grommelait-il[19] entre ses
20 dents. Un saint du paradis? ou un chrétien tombé du ciel?
J'attendrai longtemps si je dois rester là jusqu'à ce qu'une
pareille assistance m'arrive! Pourquoi diantre aussi ai-je ou-
trageusement bourré cette sacoche?[20] Et ce niais,[21] qui n'est ni
homme ni oiseau, se moquait de moi! Allons![22] il faut mainte-
25 nant que j'attende le saint qui viendra du paradis ou le chrétien
qui tombera du ciel. Voilà une stupide histoire!

Pendant qu'il se parlait ainsi à lui-même, les habitants de
Coma et de Clisma croyaient entendre le tonnerre gronder
sourdement[23] à l'horizon. C'était le diable qui bougonnait.

---

[11]**l'outre ... terre** the bag did not budge any more than if it had been the head
of a pig sticking out of the ground [12]**plomb** lead [13]**il se mit à jurer** he
started to curse **céleste volaille! ... va!** heavenly bird! you big simpleton!
[15]**Asmodée** Asmodeus *(name of a devil)* [16]**de la part** on behalf
[17]**Seigneur** Lord [18]**fort empêché** very much at a loss [19]**grommeler** grumble
[20]**Pourquoi ... sacoche?** And too, why the deuce did I stuff this leather bottle
so outrageously? [21]**niais** fool [22]**Allons!** All right! [23]**croyaient ...
sourdement** thought they heard the low rumble of a thunderstorm

Voyant arriver quatre saints, le diable prend vite la forme d'un vieillard et leur raconte toute une histoire pour qu'ils l'aident à charger l'outre sur ses épaules.

En écoutant cette pathétique[24] harangue, saint Nil, saint Autremoine et saint Jean le Nain se sentirent émus, et saint Médard se mit à pleurer, ce qui causa sur la terre une pluie de quarante jours.

5 Mais saint Nil dit au démon:

—Je ne puis t'aider, mon ami, et j'en ai regret; mais il faudrait mettre la main[25] à cette outre qui est une chose morte, et un verset[26] de la très sainte Écriture[27] défend de toucher aux choses mortes sous peine[28] de rester impur.

10 Saint Autremoine dit au démon:

—Je ne puis t'aider, mon ami, et j'en ai regret; mais je considère que ce serait une bonne action, et les bonnes actions ayant l'inconvénient de pousser à la vanité celui qui les fait,[29] je m'abstiens d'en faire pour conserver l'humilité.

15 Saint Jean dit au démon:

—Je ne puis t'aider, mon ami, et j'en ai regret; mais, comme tu le vois, je suis si petit que je ne pourrais arriver à ta ceinture. Comment ferais-je pour te mettre cette charge sur les épaules?

Saint Médard, tout en larmes,[30] dit au démon:

20 —Je ne puis t'aider, mon ami, et j'en ai regret; mais je suis si ému vraiment, que j'ai les bras cassés.

Et ils continuèrent leur chemin.

Le diable enrageait.[31]

—Voilà des animaux! s'écria-t-il en regardant les saints 25 s'éloigner. Quels vieux pédants! sont-ils absurdes avec leurs grandes barbes! ma parole d'honneur,[32] ils sont encore plus bêtes que l'ange!

Lorsqu'un de nous enrage, il a du moins la ressource d'envoyer au diable celui qui l'irrite. Le diable n'a pas cette

---

[24]**pathétique** touching   [25]**mettre la main** touch, lay hands   [26]**verset** verse
[27]**Écriture** Scripture   [28]**sous peine** under penalty   [29]**et les bonnes actions . . . vanité** and as good deeds very inconveniently lead to conceit the one who makes them   [30]**tout en larmes** in tears   [31]**enrager** fume   [32]**ma parole d'honneur** upon my word

douceur.³³ Aussi y a-t-il dans toutes ses colères une pointe³⁴ qui rentre en lui-même et qui l'exaspère.

Comme il fixait son œil plein de flamme et de fureur sur le ciel, son ennemi, voilà qu'il aperçoit dans les nuages un point
5 noir. Ce noir grossit, ce point approche; le diable regarde; c'était un homme — c'était un chevalier³⁵ armé et casqué³⁶ — c'était un chrétien ayant la croix rouge sur la poitrine — qui tombait du ciel.

—Que n'importe qui soit loué!³⁷ cria le démon en sautant
10 de joie. Je suis sauvé. Voilà mon chrétien qui m'arrive! Je n'ai pas pu venir à bout³⁸ de quatre saints, mais ce serait bien le diable si³⁹ je ne venais pas à bout d'un homme.

En ce moment-là, Pécopin, doucement déposé⁴⁰ sur le rivage, mettait pied à terre.⁴¹
15 Apercevant ce vieillard, il marcha vers lui et lui dit:

—Qui êtes-vous, l'ami, et où suis-je?

Le diable se mit à geindre:⁴²

—Vous êtes au bord de la Mer Rouge, monseigneur,⁴³ et moi je suis le plus malheureux des misérables.
20 Sur ce, il raconta au chevalier la même histoire qu'aux saints, le suppliant pour conclusion⁴⁴ de l'aider à charger cette outre sur son dos.

Pécopin hocha la tête:⁴⁵

—Bonhomme,⁴⁶ voilà une histoire peu vraisemblable.⁴⁷
25 —Mon bon seigneur, qui tombez du ciel, répondit le diable, la vôtre l'est encore moins, et pourtant elle est vraie.

—C'est juste, dit Pécopin.

—Et puis, reprit le démon, que voulez-vous que j'y fasse? Si mes malheurs n'ont pas bonne apparence, est-ce ma faute? Je

---

³³douceur comfort ³⁴pointe sting ³⁵chevalier knight ³⁶casqué helmeted
³⁷Que n'importe . . . loué! May anybody be praised! (The usual phrase is Que
Dieu soit loué!) ³⁸venir à bout get the better ³⁹ce serait bien le diable si I
would not be the devil if ⁴⁰doucement déposé alighting gently ⁴¹mettre
pied à terre set foot on the ground ⁴²geindre wail ⁴³monseigneur my lord
⁴⁴le suppliant pour conclusion concluding by begging him ⁴⁵hocher la tête
shake one's head ⁴⁶bonhomme my man ⁴⁷vraisemblable credible

ne suis qu'un pauvre de besace et d'esprit;[48] je ne sais pas inventer; il faut bien que je compose mes gémissements[49] avec
mes aventures et je ne puis mettre dans mon histoire que la
vérité.   Telle viande, telle soupe.[50]

5   —C'est vrai, dit Pécopin.

—Et puis enfin, poursuivit le diable, quel mal cela peut-il
vous faire,[51] à vous, mon jeune brave, d'aider un pauvre vieillard
infirme à attacher cette outre sur mes épaules?

Ceci parut logique à Pécopin.   Il se baissa, souleva de terre[52]
10 l'outre, sans difficulté, et la soutenant entre ses bras, il allait la
poser sur le dos du vieillard qui se tenait courbé devant lui.

Un moment de plus, et c'était fait.

Le diable a des vices; c'est là ce qui le perd.[53]   Il est gourmand.[54]   Il eut dans cette minute-là l'idée de joindre[55] l'âme de
15 Pécopin aux autres âmes qu'il allait emporter; mais pour cela il
fallait d'abord tuer Pécopin.

Il se mit donc à appeler à voix basse[56] un esprit invisible auquel il commanda quelque chose en paroles obscures.

Tout le monde sait que, lorsque le diable dialogue et con-
20 verse avec d'autres démons, il parle un jargon moitié italien,
moitié espagnol.   Il dit aussi çà et là[57] quelques mots latins.

Pécopin savait beaucoup de choses.   Il avait beaucoup lu.   Il
connaissait la langue du diable.

Or, à l'instant où il lui attachait l'outre sur l'épaule, il enten-
25 dit le petit vieillard courbé dire tout bas: *Bamos, non cierra
occhi, verbera, frappa, y echa la piedra.*[58]   Ceci fut pour Pécopin comme un éclair.[59]

Un soupçon lui vint.[60]   Il leva les yeux, et il vit à une grande

---

[48]**un pauvre . . . d'esprit** a man poor in bag and wits (**un pauvre d'esprit** = a
dull-witted person)   [49]**gémissement** moan   [50]**telle viande telle soupe** the
soup is only as good as what's in it   [51]**quel mal . . . faire** what harm can there
be for you   [52]**souleva de terre** lifting from the ground   [53]**perdre** be the
ruin   [54]**gourmand** greedy   [55]**joindre** add   [56]**à voix basse** in a low voice
[57]**çà et là** here and there   [58]**Bamos, . . . piedra.** Let's go, don't close your eyes,
hit and strike, and drop the stone.   [59]**éclair** flash   [60]**un soupçon lui vint** he
became suspicious

hauteur au-dessus de lui une pierre énorme que quelque géant invisible tenait suspendue sur sa tête.

Se rejeter en arrière,[61] toucher de sa main gauche le talisman, saisir de la main droite son poignard[62] et en percer[63] l'outre avec 5 une violence et une rapidité formidable, c'est ce que fit Pécopin.

Le diable poussa un grand cri. Les âmes délivrées s'enfuirent[64] par l'issue que le poignard de Pécopin venait de leur ouvrir, laissant dans l'outre leurs crimes et leurs méchancetés,[65] 10 verrue[66] abominable qui, par l'attraction propre au démon,[67] s'incrusta[68] en lui, et, recouverte par la peau de l'outre, resta à jamais[69] fixée entre ses deux épaules. C'est depuis ce jour-là qu'Asmodée est bossu.[70]

Cependant, au moment où Pécopin se rejetait en arrière, le 15 géant invisible avait laissé sa pierre, qui tomba sur le pied du diable et le lui écrasa. C'est depuis ce jour-là qu'Asmodée est boiteux.[71]

EXERCISES

A. The subjunctive.

The subjunctive is used with **il faut que.**

Rewrite each of the following sentences using the subjunctive in the first person singular. Remember that the first person singular of the subjunctive of most irregular verbs is identical to the third person plural of the indicative, except for the **-nt** ending.

EXAMPLE: Il faut attendre.
Il faut que j'attende.

Il faut . . .

1. mettre les âmes dans l'outre.
2. prendre l'outre.

---

[61]**se rejeter en arrière** jump back   [62]**poignard** dagger   [63]**percer** pierce
[64]**s'enfuir** flee   [65]**méchanceté** wickedness   [66]**verrue** wart   [67]**par l'attraction propre au démon** because of the devil's own peculiar force of attraction
[68]**s'incruster** embed   [69]**à jamais** forever   [70]**bossu** hunchbacked   [71]**boiteux** crippled, lame

3. soulever l'outre.
4. croire l'ange.
5. venir à bout de cet homme.
6. joindre cette âme aux autres.
7. dire quelques mots en latin.
8. appeler le géant.

B. The adjectives **bel / beau.**

Bel is used instead of **beau** with masculine nouns that begin with a vowel or mute *h*.

Supply the correct form of **beau** in the following sentences.

EXAMPLES: C'est un ange.
C'est un bel ange.

C'est un palmier.
C'est un beau palmier.

1. C'est un homme.
2. C'est un bonhomme.
3. C'est un vieillard.
4. C'est un esclave.
5. C'est un géant.
6. C'est un aigle.
7. C'est un oiseau.
8. C'est un animal.

C. Vocabulary.

Rewrite each of these sentences, substituting the appropriate expression in the following list for the near-equivalent in italics.

aussi
se mettre à faire qqch.[1]
tant
venir à bout de qqn[2]
faire bonne chasse

1. Le diable *avait trouvé beaucoup d'âmes*.
2. Il *commença à* geindre.
3. Il ne pouvait pas soulever l'outre *aussi longtemps* qu'on ne l'aiderait pas.

---

[1]**qqch.** = **quelque chose**   [2]**qqn** = **quelqu'un**

4. Le diable ne peut pas envoyer quelqu'un au diable. *Par conséquent,* il est irrité.
5. Le diable espérait *être plus fort que* le chevalier.

D. Vocabulary: The prepositions à and de.

Complete these sentences with à or de. Leave a blank if no preposition is required.

1. Il était impossible ＿＿ soulever l'outre.
2. L'ange s'amusait ＿＿ voir le diable.
3. Le diable se mit ＿＿ jurer.
4. Un saint devait l'aider ＿＿ soulever l'outre.
5. Les habitants croyaient ＿＿ entendre le tonnerre.
6. L'outre se laissa ＿＿ faire sans difficulté.
7. Le diable allait ＿＿ emporter toutes les âmes.
8. Le poignard venait ＿＿ ouvrir une issue pour les âmes.
9. Le géant a laissé ＿＿ tomber la pierre sur le pied du diable.

E. Reading comprehension.

Rewrite the following statements, where necessary, to make them agree with the facts presented in the story.

1. Le diable remplissait l'outre sur la grève parce que personne ne pouvait le voir.
2. Il n'a pas pu soulever l'outre parce que les âmes étaient trop nombreuses et trop lourdes.
3. L'ange a dit à Asmodée que seul un saint ou un chrétien pouvait l'aider.
4. Les habitants de la région entendaient le tonnerre causé par l'ange.
5. Le diable enrageait parce qu'il ne pouvait pas envoyer les gens au diable.
6. Le chrétien tombé du ciel avait un poignard et un talisman.
7. Il a accepté d'aider le diable parce que son histoire n'était pas moins vraisemblable que la sienne.
8. Pécopin savait un peu l'italien et l'espagnol. Aussi a-t-il pu comprendre le jargon du diable.
9. Pécopin a délivré les âmes en perçant l'outre.
10. Asmodée est boiteux depuis ce temps à cause de la verrue.

LAURETTE OU
LE CACHET ROUGE

ALFRED DE VIGNY (1797–1863) Poète, romancier, auteur dramatique, membre de l'Académie française, le comte Alfred de Vigny
fut d'abord officier dans l'armée royale avant de devenir l'un des
principaux représentants de l'école romantique. La solitude du
génie, l'indifférence de Dieu et de la nature, le stoïcisme et la foi
dans l'intelligence et dans l'art, tels sont les thèmes majeurs de ses
œuvres. Dans *Servitude et grandeur militaires*, le plus célèbre
des romans, paru en 1835, il met en scène le Soldat, martyr comme
le Poète, écrasé par la société moderne et déchiré entre sa
conscience humaine et son devoir militaire. Dans l'extrait suivant, l'officier de marine n'hésite pas à obéir aux ordres des chefs
révolutionnaires de Paris bien qu'il sache que ceux-ci sont des
coquins et que leur victime est innocente.

Nous sommes en 1815, juste avant la défaite de Napoléon Ier.
Le narrateur principal du roman, officier dans l'armée du roi de
France, Louis XVIII, a fait la connaissance d'un commandant.
Celui-ci était capitaine dans la marine de guerre sous le Directoire
et il décrit au narrateur les circonstances dans lesquelles il est
passé dans l'armée de terre. En 1797, raconte-t-il, il avait reçu
l'ordre de mener à Cayenne, en Guyane française, un prisonnier
politique de dix-neuf ans, et d'ouvrir à une certaine latitude une
lettre contenant des instructions. Après leur départ de France, le
capitaine est vite devenu l'ami du déporté et de sa jeune femme
Laurette, n'oubliant pas cependant qu'il lui faudrait bientôt lire la
lettre.

Un beau matin je m'éveillai[1] assez étonné de ne sentir aucun
mouvement dans le bâtiment.[2] À vrai dire,[3] je ne dors jamais
que d'un œil, comme on dit, et, le roulis[4] me manquant, j'ouvris
les deux yeux. Nous étions tombés dans un calme plat,[5] et
5 c'était sous le 1° de latitude nord, au 27° de longitude. Je montai sur le pont: la mer était lisse[6] comme une jatte[7] d'huile;

---

[1]**s'éveiller** wake up [2]**bâtiment** vessel, man-of-war [3]**À vrai dire** As a matter
of fact [4]**roulis** roll [5]**calme plat** dead calm [6]**lisse** smooth [7]**jatte** bowl

toutes les voiles[8] ouvertes tombaient collées[9] aux mâts[10] comme
des ballons[11] vides. Je dis tout de suite:—J'aurai le temps de te
lire, va![12] en regardant la lettre. J'attendis jusqu'au soir, au
coucher du soleil. Cependant il fallait bien en venir là: j'ouvris
5 la pendule,[13] et j'en tirai vivement[14] l'ordre cacheté.[15]—Eh
bien! mon cher, je le tenais à la main depuis un quart d'heure,
que je ne pouvais pas encore le lire.[16] Enfin je me dis:—C'est
par trop fort![17] et je brisai les trois cachets[18] d'un coup de
pouce.[19] Après avoir lu, je me frottai les yeux,[20] croyant m'être
10 trompé.

Je relus la lettre tout entière;[21] je la relus encore; je recom-
mençai en la prenant par la dernière ligne et remontant[22] à la
première. Je n'y croyais pas. Mes jambes tremblaient un peu
sous moi, je m'assis; je me frottai un peu les joues[23] avec du
15 rhum,[24] je m'en mis dans le creux[25] des mains, je me faisais
pitié[26] à moi-même d'être si bête que cela; mais ce fut l'affaire
d'un moment;[27] je montai prendre l'air.

Laurette[28] était ce jour-là si jolie, que je ne voulus pas m'ap-
procher d'elle: elle avait une petite robe blanche toute simple,
20 les bras nus jusqu'au col,[29] et ses grands cheveux tombants
comme elle les portait toujours. Elle s'amusait à tremper[30] dans
la mer son autre robe au bout d'une corde,[31] et riait en cherchant[32] à arrêter les goémons,[33] plantes marines semblables[34]
à des grappes de raisin,[35] et qui flottent sur les eaux des
25 Tropiques.

—Viens donc voir les raisins! viens donc vite! criait-elle; et

---

[8]**voile** sail [9]**collé** sticking [10]**mât** mast [11]**ballon** balloon [12]**J'aurai . . . va!**
I'll read you soon enough, don't worry! [13]**pendule** clock (*the letter was in-
side*) [14]**vivement** quickly [15]**cacheté** sealed [16]**je le tenais . . . lire** I had
been holding it in my hand for a quarter of an hour and still I could not read it
[17]**par trop fort** a bit too much [18]**cachet** seal [19]**d'un coup de pouce** with my
thumb [20]**se frotter les yeux** rub one's eyes [21]**je relus . . . entière** I reread the
whole letter [22]**remonter** go back up [23]**joue** cheek [24]**rhum** rum [25]**creux**
hollow [26]**se faire pitié** have pity on oneself [27]**ce fut l'affaire d'un moment**
it was over in a moment [28]**Laurette, Laure** first name of the prisoner's wife
[29]**col** neck [30]**tremper** dip [31]**corde** rope [32]**chercher** try [33]**goémon** seaweed [34]**semblable** resembling [35]**grappe de raisin** bunch of grapes

son ami s'appuyait[36] sur elle, et se penchait,[37] et ne regardait pas l'eau, parce qu'il la regardait d'un air tout ému.

Je fis signe à ce jeune homme de venir me parler sur le gaillard d'arrière.[38] Elle se retourna. Je ne sais quelle figure
5 j'avais, mais elle laissa tomber sa corde; elle le prit violemment[39] par le bras, et lui dit:

—Oh! n'y va pas, il est tout pâle.

Cela se pouvait bien; il y avait de quoi pâlir.[40] Il vint cependant près de moi sur le gaillard; elle nous regardait, appuyée
10 contre le grand mât.[41] Nous nous promenâmes longtemps sans rien dire. Je fumais un cigare que je trouvais amer,[42] et je le crachai[43] dans l'eau. Il me suivait de l'œil; je lui pris le bras: j'étouffais,[44] ma foi,[45] ma parole d'honneur! j'étouffais.

—Ah çà![46] lui dis-je enfin, contez-moi donc, mon petit ami,
15 contez-moi un peu[47] votre histoire. Que diable avez-vous donc fait à ces chiens d'avocats? Il paraît qu'ils vous en veulent![48] C'est drôle!

Il haussa les épaules en penchant la tête[49] (avec un air si doux, le pauvre garçon!) et me dit:
20 —O mon Dieu! Capitaine, pas grand'chose, allez:[50] trois couplets de vaudeville[51] sur le Directoire,[52] voilà tout.

—Pas possible! dis-je.

—O mon Dieu, si! Les couplets n'étaient même pas trop bons. J'ai été arrêté le 15 fructidor[53] et conduit à la Force,[54] jugé
25 le 16, et condamné à mort d'abord, et puis à la déportation.

---

[36]s'appuyer lean [37]se pencher bend over [38]gaillard d'arrière poop
[39]violemment fiercely [40]il y avait de quoi pâlir there was enough to turn pale about [41]grand mât mainmast [42]amer bitter [43]cracher spit out
[44]étouffer choke [45]ma foi indeed [46]Ah çà! Now then! [47]contez-moi un peu just tell me [48]Que diable . . . veulent! What the devil did you do to those bloody lawyers? It appears that they intend you harm! [49]pencher la tête bend one's head on one's side [50]pas grand'chose, allez not a great deal, to be sure [51]couplet de vaudeville a vaudevillian ditty [52]The Directoire, composed of five directeurs, governed France from 1795 to 1799. [53]fructidor twelfth month of the Republican calendar used during the revolutionary period (August–September) [54]la Force prison in Paris, famous during the Revolution

—C'est drôle! dis-je. Les Directeurs sont des camarades bien susceptibles;[55] car cette lettre que vous savez me donne ordre de vous fusiller.[56]

Il ne répondit pas, et sourit en faisant une assez bonne conte-
5 nance[57] pour un jeune homme de dix-neuf ans. Il regarda seulement sa femme, et s'essuya[58] le front, d'où tombaient des gouttes de sueur.[59] J'en avais autant au moins sur la figure, moi, et d'autres gouttes aux yeux.

Je repris:
10 —Il paraît que ces citoyens-là n'ont pas voulu se débarrasser de vous sur terre, ils ont pensé qu'ici ça serait moins visible. Mais pour moi c'est fort triste; car vous avez beau être un bon enfant, je ne peux pas m'en dispenser;[60] l'arrêt de mort[61] est là, et l'ordre d'exécution signé, scellé;[62] il n'y manque rien.
15 Il me salua[63] très poliment en rougissant.

—Je ne demande rien, capitaine, dit-il avec une voix aussi douce que de coutume;[64] je serais désolé[65] de vous faire manquer à vos devoirs.[66] Je voudrais seulement parler un peu à Laure, et vous prier de la protéger dans le cas où elle me survi-
20 vrait, ce que je ne crois pas.

—Oh! pour cela, c'est juste,[67] lui dis-je, mon garçon; si cela ne vous déplait pas,[68] je la conduirai à sa famille à mon retour en France, et je ne la quitterai que quand elle ne voudra plus me voir. Mais, à mon avis, vous pouvez vous flatter qu'elle ne re-
25 viendra pas de ce coup-là;[69] pauvre petite femme!

Il me prit les deux mains, les serra[70] et me dit:

—Mon brave capitaine, vous souffrez plus que moi de ce qu'il vous reste à faire, je le sens bien; mais qu'y pouvons-nous? Je compte sur vous pour lui conserver[71] le peu qui m'appartient,

---

[55]susceptible thin-skinned [56]fusiller shoot [57]faire bonne contenance put a good face on it [58]s'essuyer wipe [59]gouttes de sueur beads (drops) of perspiration [60]vous avez beau ... dispenser no matter how much of a good child you are, I can't get out of this [61]arrêt de mort death warrant [62]scellé sealed [63]saluer bow [64]de coutume usual [65]désolé sorry [66]manquer à ses devoirs neglect one's duty [67]pour cela, c'est juste as for that, that's all right [68]si cela ne vous déplaît pas if you don't mind [69]elle ne reviendra pas de ce coup-là she won't get over that blow [70]serrer clasp [71]conserver keep

pour la protéger, pour veiller à ce qu'elle reçoive ce que sa vieille mère pourrait lui laisser,[72] n'est-ce pas? pour garantir[73] sa vie, son honneur, n'est-ce pas? et aussi pour qu'on ménage[74] toujours sa santé. —Tenez,[75] ajouta-t-il plus bas, j'ai à vous dire
5 qu'elle est très délicate; elle s'évanouit[76] souvent plusieurs fois par jour; il faut qu'elle se couvre bien[77] toujours. Enfin vous remplacerez son père, sa mère et moi autant que possible, n'est-il pas vrai? Si elle pouvait conserver les bagues[78] que sa mère lui a données, cela me ferait bien plaisir. Mais si on a
10 besoin de les vendre pour elle, il le faudra bien. Ma pauvre Laurette! voyez comme elle est belle!

Comme ça commençait à devenir trop tendre, cela m'ennuya,[79] et je me mis à froncer le sourcil;[80] je lui avais parlé d'un air gai pour ne pas m'affaiblir;[81] mais je n'y tenais plus:[82]
15 —Enfin, suffit![83] lui dis-je, entre braves gens on s'entend d'ailleurs. Allez lui parler, et dépêchons-nous.

Je lui serrai la main en ami; et, comme il ne quittait pas la mienne et me regardait avec un air singulier: Ah çà! si j'ai un conseil à vous donner, ajoutai-je, c'est de ne pas lui parler de ça.
20 Nous arrangerons la chose sans qu'elle s'y attende, ni vous non plus, soyez tranquille; ça me regarde.[84]

—Ah! c'est différent, dit-il, je ne savais pas... cela vaut mieux, en effet.[85] D'ailleurs, les adieux![86] les adieux! cela affaiblit.

—Oui, oui, lui dis-je, ne soyez pas enfant, ça vaut mieux. Ne
25 l'embrassez pas, mon ami, ne l'embrassez pas, si vous pouvez, ou vous êtes perdu.

Je lui donnai encore une bonne poignée de main,[87] et je le laissai aller. Oh! c'était dur pour moi, tout cela.

Il me parut qu'il gardait, ma foi, bien le secret: car ils se
30 promenèrent, bras dessus bras dessous, pendant un quart

---

[72]**pour veiller ... laisser** to see to it that she receives what her old mother might leave her   [73]**garantir** safeguard   [74]**ménager** take care   [75]**Tenez** Look here   [76]**s'évanouir** faint   [77]**se bien couvrir** wrap oneself up   [78]**bague** ring   [79]**ennuyer** bother   [80]**froncer le sourcil** frown   [81]**affaiblir** weaken   [82]**je n'y tenais plus** I could bear it no longer   [83]**Enfin, suffit!** Well, enough of that!   [84]**ça me regarde** that's my business   [85]**cela vaut mieux, en effet** that's better indeed   [86]**adieu** parting   [87]**poignée de main** handshake

d'heure, et ils revinrent, au bord de l'eau, reprendre la corde et
la robe qu'un de mes mousses[88] avait repêchées.[89]

La nuit vint tout à coup. C'était le moment que j'avais réso-
lu[90] de prendre. Mais ce moment a duré pour moi jusqu'au jour
5 où nous sommes, et je le traînerai toute ma vie comme un
boulet.[91]

Ici le vieux Commandant[92] fut forcé de s'arrêter. Je me gardai de[93] parler, de peur de détourner[94] ses idées; il reprit en se
frappant la poitrine:[95]

10 —Ce moment-là, je vous le dis, je ne peux pas encore le comprendre. Je sentis la colère me prendre aux cheveux,[96] et en
même temps je ne sais quoi me faisait obéir et me poussait en
avant. J'appelai les officiers, et je dis à l'un d'eux:

—Allons,[97] un canot[98] à la mer... puisque à présent nous som-
15 mes des bourreaux![99] Vous y mettrez cette femme, et vous
l'emmènerez au large,[1] jusqu'à ce que vous entendiez des
coups de fusils. Alors vous reviendrez. — Obéir à un morceau
de papier! car ce n'était que cela enfin![2] Il fallait qu'il y eût
quelque chose dans l'air qui me poussât. Je vis de loin ce jeune
20 homme... oh! c'était affreux[3] à voir!... s'agenouiller[4] devant sa
Laurette, et lui baiser les genoux et les pieds. N'est-ce pas que
vous trouvez que j'étais bien malheureux?

Je criai comme un fou: —Séparez-les... nous sommes tous
des scélérats![5] —Séparez-les... La pauvre République est un
25 corps mort! Directeurs, Directoire, c'en est la vermine![6] Je
quitte la mer! Je ne crains pas tous vos avocats; qu'on leur dise
ce que je dis, qu'est-ce que ça me fait?[7] —Ah! je me souciais
bien d'eux, en effet![8] J'aurais voulu les tenir, je les aurais fait

---

[88]**mousse** ship's boy [89]**repêcher** fish out [90]**résoudre** resolve [91]**et je le
traînerai . . . boulet** and I'll carry it all of my life, like a millstone around my
neck [92]**Commandant** Major [93]**se garder de** take care not to [94]**détourner**
distract [95]**se frapper la poitrine** beat one's chest [96]**Je sentis . . . cheveux** I
felt anger coming over me [97]**Allons** All right [98]**canot** boat [99]**bourreau**
executioner [1]**emmener au large** take away out to sea [2]**car . . . enfin** for it
was only that after all [3]**affreux** horrible [4]**s'agenouiller** kneel down
[5]**scélérat** villain [6]**c'en est la vermine** they are its vermin [7]**qu'est-ce que ça
me fait** what difference does it make to me [8]**je me souciais bien d'eux, en
effet!** I cared about them, all right!

fusiller tous les cinq, les coquins![9] Oh! je l'aurais fait... Je m'en souciais bien!... une vie comme la mienne... Ah bien, oui! pauvre vie... va!...[10]

Et la voix du Commandant s'éteignit peu à peu[11] et devint
5 aussi incertaine que ses paroles; et il marcha en se mordant les lèvres et en fronçant le sourcil. Il avait de petits mouvements convulsifs et donnait à son mulet des coups de fourreau de son épée,[12] comme s'il eût voulu le tuer. Ce qui m'étonna, ce fut de voir la peau jaune de sa figure devenir d'un rouge foncé.[13] Il
10 défit[14] et entr'ouvrit[15] violemment son habit sur la poitrine, la découvrant[16] au vent et à la pluie. Nous continuâmes ainsi à marcher dans un grand silence. Je vis bien qu'il ne parlerait plus de lui-même, et qu'il fallait me résoudre à questionner.

—Je comprends bien, lui dis-je, comme s'il eût fini son his-
15 toire, qu'après une aventure aussi cruelle on prenne son métier en horreur.[17]

—Oh! le métier; êtes-vous fou? me dit-il brusquement,[18] ce n'est pas le métier! Jamais le capitaine d'un bâtiment ne sera obligé d'être un bourreau, sinon[19] quand viendront des gou-
20 vernements d'assassins et de voleurs, qui profiteront[20] de l'habitude[21] qu'a un pauvre homme d'obéir aveuglément,[22] d'obéir toujours, malgré son cœur.

En même temps, il tira de sa poche un mouchoir[23] rouge dans lequel il se mit à pleurer comme un enfant. Je m'arrêtai un
25 moment, et, restant derrière la charrette,[24] je marchai quelque temps à la suite,[25] sentant qu'il serait humilié si je voyais trop clairement ses larmes abondantes.

J'avais deviné juste,[26] car au bout[27] d'un quart d'heure envi-ron, il vint aussi derrière son pauvre équipage,[28] et me demanda
30 si je n'avais pas de rasoirs;[29] à quoi je lui répondis simplement

---

[9]**coquin** rascal [10]**pauvre vie . . . va!** that poor life [11]**s'éteindre peu à peu** fade gradually [12]**donnait . . . épée** was hitting his mule with the scabbard of his sword [13]**rouge foncé** dark red [14]**défaire** unbutton [15]**entr'ouvrir** half open [16]**découvrir** expose [17]**prendre en horreur** hate [18]**brusquement** suddenly [19]**sinon** except [20]**profiter** take advantage [21]**habitude** custom [22]**aveuglément** blindly [23]**mouchoir** handkerchief [24]**charrette** cart [25]**à la suite** behind [26]**j'avais deviné juste** my guess was right [27]**au bout** after [28]**équipage** equipment [29]**rasoir** razor

que, n'ayant pas encore de barbe, cela m'était fort inutile. Mais il n'y tenait pas,[30] c'était pour parler d'autre chose. Je m'aperçus cependant avec plaisir qu'il revenait à son histoire, car il me dit tout à coup:

5   —Vous n'avez jamais vu de vaisseau[31] de votre vie, n'est-ce pas?

—Je n'en ai vu, dis-je, qu'au Panorama de Paris, et je ne me fie[32] pas beaucoup à la science maritime que j'en ai tirée.[33]

—Vous ne savez pas, par conséquent, ce que c'est que le
10   bossoir?[34]

—Je ne m'en doute pas,[35] dis-je.

—C'est une espèce de terrasse de poutres[36] qui sort de l'avant[37] du navire, et d'où l'on jette l'ancre[38] en mer. Quand on fusille un homme, on le fait placer là ordinairement, ajouta-t-il
15   plus bas.

—Ah! je comprends, parce qu'il tombe de là dans la mer.

Il ne répondit pas, et se mit à décrire toutes les sortes de canots que peut porter un brick,[39] et leur position dans le bâtiment; et puis, sans ordre dans ses idées, il continua son récit
20   avec cet air affecté d'insouciance que de longs services donnent infailliblement,[40] parce qu'il faut montrer à ses inférieurs le mépris[41] du danger, le mépris des hommes, le mépris de la vie, le mépris de la mort et le mépris de soi-même; et tout cela cache, sous une dure enveloppe, presque toujours une sensi-
25   bilité[42] profonde. — La dureté[43] de l'homme de guerre est comme un masque de fer sur un noble visage, comme un cachot de pierre[44] qui renferme[45] un prisonnier royal.[46]

—Ces canots tiennent six hommes, reprit-il. Ils s'y jetèrent[47] et emportèrent Laure avec eux, sans qu'elle eût le temps de

---

[30]**il n'y tenait pas** he did not care to get any   [31]**vaisseau** vessel   [32]**se fier** rely   [33]**tirer** draw   [34]**bossoir** cathead   [35]**je ne m'en doute pas** I have no idea   [36]**terrasse de poutres** platform of beams   [37]**avant** bow   [38]**jeter l'ancre** cast anchor   [39]**brick** brig   [40]**avec cet air . . . infailliblement** with that affected look of unconcern that long (military) service never fails to impart   [41]**mépris** contempt   [42]**sensibilité** sensitiveness   [43]**dureté** harshness   [44]**cachot de pierre** stone dungeon   [45]**renfermer** lock up   [46]**prisonnier royal** (*reference to a legend according to which King Louis XIV had a twin brother whom he kept in prison*)   [47]**ils s'y jetèrent** they jumped into it

crier et de parler. Oh! voici une chose dont aucun honnête homme ne peut se consoler quand il en est cause.[48] On a beau dire,[49] on n'oublie pas une chose pareille!... Ah! quel temps il fait! —Quel diable m'a poussé à raconter ça! Quand je raconte
5 cela, je ne peux plus m'arrêter, c'est fini. C'est une histoire qui me grise[50] comme le vin. —Ah! quel temps il fait! —Mon manteau est trempé.

Je vous parlais, je crois, encore de cette petite Laurette! —La pauvre femme! —Qu'il y a des gens maladroits[51] dans le
10 monde! l'officier fut assez sot[52] pour conduire le canot en avant du brick. Après cela, il est vrai de dire qu'on ne peut pas tout prévoir.[53] Moi je comptais[54] sur la nuit pour cacher l'affaire,[55] et je ne pensais pas à la lumière des douze fusils[56] faisant feu[57] à la fois.[58] Et, ma foi! du canot elle vit son mari tomber à la mer,
15 fusillé.

S'il y a un Dieu là-haut, il sait comment arriva ce que je vais vous dire; moi je ne le sais pas, mais on l'a vu et entendu comme je vous vois et vous entends. Au moment du feu, elle porta la main à sa tête comme si une balle[59] l'avait frappée au
20 front, et s'assit dans le canot sans s'évanouir, sans crier, sans parler, et revint au brick quand on voulut et comme on voulut. J'allai à elle, je lui parlai longtemps et le mieux que je pus. Elle avait l'air de m'écouter et me regardait en face,[60] en se frottant le front. Elle ne comprenait pas, et elle avait le front rouge et le
25 visage tout pâle. Elle tremblait de tous ses membres[61] comme ayant peur de tout le monde. Ça lui est resté. Elle est encore de même, la pauvre petite! idiote, ou comme imbécile, ou folle, comme vous voudrez. Jamais on n'en a tiré une parole, si ce n'est quand elle dit qu'on lui ôte ce qu'elle a dans la tête.[62]
30 De ce moment-là je devins aussi triste qu'elle, et je sentis

---

[48]**dont aucun honnête homme . . . cause** that no honest man can get over when he was the cause of it [49]**on a beau dire** in spite of what they say [50]**griser** intoxicate [51]**maladroit** clumsy [52]**sot** idiotic [53]**prévoir** foresee [54]**compter** rely [55]**affaire** matter [56]**fusil** gun [57]**faire feu** fire [58]**à la fois** at the same time [59]**balle** bullet [60]**regarder en face** look straight in someone's face
[61]**elle tremblait de tous ses membres** her whole body was trembling [62]**Jamais . . . dans la tête.** She has never been made to speak, except when she asks to have that thing in her head removed.

quelque chose en moi qui me disait: *Reste devant elle jusqu'à
la fin de tes jours, et garde-la:* je l'ai fait. Quand je revins en
France, je demandai à passer avec mon grade[63] dans les troupes
de terre, ayant pris la mer en haine[64] parce que j'y avais jeté du
5 sang innocent. Je cherchai la famille de Laure. Sa mère était
morte. Ses sœurs, à qui je la conduisais folle, n'en voulurent
pas, et m'offrirent de la mettre à Charenton.[65] Je leur tournai le
dos, et je la gardai avec moi.

*Le Commandant est tué dans la bataille de Waterloo en 1815.
Laurette meurt trois jours après lui.*

EXERCISES

A. Forms of the conditional.

Rewrite the following sentences, replacing the endings of the future with the endings of the conditional.

   EXAMPLE: Il lira la lettre.
             Il lirait la lettre.

   1. Il faudra ouvrir la lettre.
   2. Il n'y croira pas.
   3. Il fera fusiller le jeune homme.
   4. Vous ne sourirez pas.
   5. Laurette verra l'exécution.
   6. Les officiers pourront comprendre.
   7. Vous voudrez quitter l'armée.
   8. Vous ne craindrez pas les avocats.
   9. Cela déplaira au Directoire.
  10. Personne ne rira.

B. Forms of the conditional perfect.

Rewrite each of these sentences in the conditional perfect, making
sure to use the correct auxiliary verb.

---

[63]**grade** rank [64]**prendre en haine** conceive a strong aversion for [65]**Charenton**
lunatic asylum near Paris

EXAMPLE: J'ai voulu fusiller les avocats.
J'aurais voulu fusiller les avocats.

1. Le jeune homme et le capitaine se sont compris.
2. Cela a déplu au Directoire.
3. Le capitaine n'a pas pu désobéir.
4. Il a fallu conduire le canot à l'arrière du brick.
5. Laurette n'a rien aperçu.
6. Elle ne s'est pas évanouie.
7. Elle n'est pas devenue folle.
8. Le capitaine n'est pas devenu commandant.
9. Il n'a pas voulu quitter Laurette.
10. Il n'a pas craint d'être tué.

C. The past definite.

The past definite is used to describe events that happened, as opposed to the imperfect, which describes actions in progress or existing conditions. Rewrite the following passage, using the tense that best suits the context.

Un beau matin le capitaine *s'éveilla / s'éveillait*, étonné de ne plus sentir le roulis. Il *alla / allait* sur le pont. La mer *fut / était* lisse et les voiles *tombèrent / tombaient*. Il *attendit / attendait* jusqu'au soir pour ouvrir la lettre. Au coucher du soleil, après l'avoir lue, il *se frotta / frottait* les yeux. Il la *relut / relisait* plusieurs fois. Il n'y *crut / croyait* pas. Ses jambes *tremblèrent / tremblaient* sous lui. Il *s'assit / s'asseyait*. Il *se fit / se faisait* pitié d'être ainsi. Puis il *monta / montait* sur le pont. Laurette *s'amusa / s'amusait* à tremper sa robe dans la mer et *rit / riait*. Il *fit / faisait* signe au jeune homme de venir lui parler. Elle *se retourna / se retournait, laissa / laissait* tomber sa corde et *prit / prenait* son mari par le bras. Il *vint / venait* près de lui. Ils *se promenèrent / se promenaient* longtemps sans rien dire. Le capitaine *fuma / fumait* un cigare qu'il *trouva / trouvait* amer et il le *cracha / crachait* dans l'eau. Enfin il lui *dit / disait* qu'il *eut / avait* ordre de le fusiller.

D. Vocabulary.

Create sentences using one or more of the following expressions in each sentence.

le capitaine	le mât, le grand mât
les officiers	la voile
le mousse	la corde
le bâtiment (de guerre), le	mettre un canot à la mer
vaisseau	flotter dans l'eau
le brick	jeter l'ancre
l'avant / l'arrière	emmener au large
le gaillard d'arrière	repêcher (un objet, une per-
le bossoir	sonne)
le pont	

E. Vocabulary.

Rewrite each of these sentences, substituting the appropriate expression in the following list for the near-equivalent in italics.

en vouloir beaucoup à qqn	se frotter
d'avoir fait qqch.	être l'affaire d'un moment
se mettre à	prendre qqch. en haine
tirer une parole de qqn	manquer à qqch.

1. Quand on ne comprend pas, on *se passe la main sur* le front parfois.
2. La chose *dura très peu de temps.*
3. Les directeurs *n'aiment pas beaucoup* ce que le jeune homme leur a fait.
4. Il ne faut pas *oublier* ses devoirs.
5. Le capitaine *commença* à froncer le sourcil.
6. Le capitaine *a pris* la mer *en horreur.*
7. On n'a jamais pu *faire parler* Laurette.

F. Reading comprehension.

Rewrite the following statements, where necessary, to make them agree with the facts presented in the story.

1. Le capitaine n'a pas voulu attendre pour lire la lettre en arrivant au premier degré de latitude.
2. Le jeune homme était condamné à mort parce qu'il avait écrit un livre sur le Directoire.
3. Le capitaine ne voulait pas désobéir aux ordres.

4. Le jeune homme a demandé au capitaine de s'occuper de sa femme après l'exécution.
5. Le capitaine lui a conseillé de ne pas en parler à sa femme.
6. Le jeune homme devait être fusillé la nuit afin que les officiers ne puissent pas le voir tomber à la mer.
7. Le jeune homme a été fusillé à l'arrière du brick.
8. Sa femme a vu l'exécution à la lumière du jour.
9. Le capitaine est devenu commandant dans les troupes de terre parce qu'il avait tué un innocent.
10. Il a gardé Laurette parce que ses sœurs voulaient la mettre dans une maison de fous.

G. Reading comprehension.

Be prepared to read aloud sentences or parts of sentences from the text in support of the following statements.

1. L'émotion des personnages romantiques s'exprime par des réactions physiques qui sont
   a. extrêmes chez le capitaine
   b. extrêmes chez Laurette
   c. modérées chez le condamné à mort

2. Le capitaine essaie de cacher ses émotions par une certaine façon de parler.

3. Le capitaine n'aime pas le Directoire, mais il a le sens du devoir.

4. Le capitaine aime le jeune homme et sa femme.

EUGÉNIE GRANDET

HONORÉ DE BALZAC (1799–1850)   Balzac, père du roman contemporain, est l'auteur de *La Comédie humaine*, composée de romans où
les mêmes personnages reviennent souvent et où il décrit avec un
réalisme et une pénétration psychologique extraordinaires la
société française de la première moitié du 19e siècle, époque où la
bourgeoisie s'enrichit, tandis que l'ancienne aristocratie essaie
vainement de garder sa prééminence traditionnelle.   Balzac excelle à montrer ce que la passion de l'argent peut produire chez
l'homme: une énergie et une concentration extrêmes dans la conduite des affaires et des intrigues, mais aussi la dureté, l'aveuglement à tout ce qui n'est pas l'argent, et même le crime.

Dans *Eugénie Grandet*, Grandet représente le type de l'avare.
Pour ce monstre, la fortune compte plus que le bonheur de sa
famille.   Dans le passage suivant, le monde de l'amour et de la
générosité est représenté par deux femmes admirables.   Eugénie,
jeune fille pure, aime son cousin Charles à qui elle a donné toute
sa fortune personnelle pour l'aider à recommencer sa vie dans les
Indes.   La mère d'Eugénie, une autre sainte, souffre tellement de
voir sa fille maltraitée par son père qu'elle finit par tomber
malade.   S'opposant à ces deux femmes, le père Grandet se
montre particulièrement odieux.   Une première fois lorsqu'il confisque la part d'héritage qu'Eugénie devait recevoir à la mort de sa
mère.   Une dernière fois, lorsqu'il meurt, ne pensant qu'à l'or qu'il
doit quitter.

Malgré les souhaits fervents que Grandet faisait pour la santé
de sa femme, dont la succession ouverte[1] était une première
mort pour lui; malgré les soins les plus tendres prodigués[2] par
Eugénie, madame Grandet marcha rapidement vers la mort.
5 Chaque jour elle s'affaiblissait[3] et dépérissait[4] comme dépérissent la plupart des femmes atteintes, à cet âge, par la maladie.[5]
Elle était frêle[6] autant que[7] les feuilles des arbres en automne.

---

[1]**succession ouverte** open estate (*In case his wife dies, Grandet would have to
share her estate with his daughter.*) [2]**prodiguer des soins tendres** lavish tender care [3]**s'affaiblir** weaken [4]**dépérir** waste [5]**atteint par la maladie** attacked by sickness [6]**frêle** frail [7]**autant que** as much as

Les rayons[8] du ciel la faisaient resplendir[9] comme ces feuilles que le soleil traverse et dore.[10]   Ce fut une mort digne[11] de sa vie, une mort toute chrétienne;[12] n'est-ce pas dire sublime? Au mois d'octobre 1822 se manifestèrent particulièrement ses
5 vertus, sa patience d'ange et son amour pour sa fille; elle s'éteignit[13] sans avoir laissé échapper[14] la moindre plainte.[15] Elle allait au ciel, et ne regrettait ici-bas que la douce compagne de sa froide vie, à laquelle ses derniers regards semblaient prédire mille maux.[16]   Elle tremblait de laisser cette
10 brebis,[17] blanche comme elle, seule au milieu d'un monde égoïste[18] qui voulait lui arracher ses trésors.

—Mon enfant, lui dit-elle avant d'expirer, il n'y a de bonheur que dans le ciel, tu le sauras un jour.

Le lendemain de cette mort, Eugénie trouva de nouveaux
15 motifs de s'attacher à cette maison où elle était née, où elle avait tant souffert, où sa mère venait de mourir. Elle ne pouvait contempler la fenêtre et la chaise dans la salle sans verser des pleurs.[19]   Elle crut avoir méconnu[20] l'âme de son vieux père en se voyant l'objet de ses soins les plus tendres: il venait lui don-
20 ner le bras pour descendre au déjeuner; il la regardait d'un œil presque bon pendant des heures entières; enfin il la couvait[21] comme si elle eût été d'or.   Le vieux bonhomme se ressemblait si peu à lui-même, il tremblait tellement devant sa fille, que Nanon[22] et les Cruchotins,[23] témoins de sa faiblesse,[24] l'attribuè-
25 rent à son grand âge, et craignirent ainsi quelque affaiblisse-ment dans ses facultés;[25] mais le jour où la famille prit le deuil,[26] après le dîner auquel fut invité maître[27] Cruchot, qui seul con-

---

[8]**rayon** sun's rays [9]**resplendir** glow [10]**dorer** gild [11]**digne** worthy
[12]**chrétien** Christian [13]**s'éteindre** pass away [14]**laisser échapper** express
[15]**plainte** complaint [16]**prédire mille maux** prophesy a thousand sorrows
[17]**brebis** ewe lamb [18]**égoïste** selfish [19]**verser des pleurs** to shed tears
[20]**méconnaître** mistake [21]**couver** brood over [22]**Nanon** name of the maid
[23]**Cruchotins** Cruchotines (*members of the Cruchot family who had designs on the rich heiress*) [24]**témoins de sa faiblesse** who witnessed his weakness
[25]**affaiblissement de ses facultés** weakening of his faculties [26]**prendre le deuil** put on mourning [27]**maître** title given to a **notaire**. (*A notary takes care of deeds, sales of real estate, wills, and marriage contracts.*)

naissait le secret de son client, la conduite du bonhomme s'expliqua.

—Ma chère enfant, dit-il à Eugénie lorsque la table fut ôtée[28] et les portes soigneusement closes, te voilà héritière de ta mère,
5 et nous avons de petites affaires à régler[29] entre nous deux. Pas vrai, Cruchot?

—Oui.

—Est-il donc si nécessaire de s'en occuper aujourd'hui, mon père?

10 —Oui, oui, fifille.[30] Je ne pourrais pas durer[31] dans l'incertitude[32] où je suis. Je ne crois pas que tu veuilles me faire de la peine.[33]

—Oh! mon père.

—Hé, bien, il faut arranger tout cela ce soir.

15 —Que voulez-vous donc que je fasse?

—Mais, fifille, ça ne me regarde pas.[34] Dites-lui donc, Cruchot.

—Mademoiselle, monsieur votre père ne voudrait ni partager,[35] ni vendre ses biens,[36] ni payer des droits[37] énormes pour
20 l'argent qu'il peut posséder. Donc, pour cela, il faudrait se dispenser de faire l'inventaire de toute la fortune qui aujourd'hui se trouve indivise entre vous et monsieur votre père...[38]

—Cruchot, êtes-vous bien sûr de cela, pour en parler devant un enfant?

25 —Laissez-moi dire, Grandet.

—Oui, oui, mon ami. Ni vous ni ma fille ne voulez me dépouiller.[39] N'est-ce pas, fifille?

—Mais, monsieur Cruchot, que faut-il que je fasse? demanda Eugénie impatientée.

30 —Eh! bien, dit le notaire, il faudrait signer cet acte par lequel vous renonceriez à la succession de madame votre mère.[40]

---

[28]ôter clear [29]régler des affaires settle matters [30]fifille my little girl
[31]durer go on [32]incertitude uncertainty [33]faire de la peine hurt [34]ça ne me
regarde pas it is not for me to say [35]partager divide [36]les biens the estate
[37]droits taxes [38]il faudrait ... père he would have to be released from making the inventory of the whole fortune that you and your father hold jointly
[39]dépouiller rob [40]il faudrait ... votre mère you would have to sign this deed by which you renounce your rights to your mother's estate

—Je ne comprends rien à tout ce que vous me dites, répondit Eugénie, donnez-moi l'acte, et montrez-moi la place où je dois signer.

Le père Grandet regardait alternativement l'acte et sa fille, sa 5 fille et l'acte, en éprouvant[41] de si violentes émotions qu'il s'essuya quelques gouttes de sueur venues sur son front.

—Fifille, dit-il, au lieu de signer cet acte qui coûtera gros à faire enregistrer,[42] si tu voulais renoncer purement et simplement à la succession de ta pauvre chère mère, j'aimerais 10 mieux[43] ça. Je te ferais alors tous les mois une bonne grosse rente[44] de cent francs. Tu pourrais payer autant de messes que tu voudrais à ceux pour lesquels tu en fais dire... Hein! cent francs par mois?

—Je ferai tout ce qu'il vous plaira, mon père.

15 —Mademoiselle, dit le notaire, il est de mon devoir de vous faire observer que vous vous dépouillez...

—Eh! mon Dieu, dit-elle, qu'est-ce que cela me fait?[45]

—Tais-toi,[46] Cruchot. C'est dit, c'est dit, s'écria Grandet en prenant la main de sa fille. Eugénie, tu ne te dédiras[47] point, tu 20 es une honnête fille, hein?

—Oh! mon père?...

Il l'embrassa avec effusion, la serra dans ses bras à l'étouffer.[48]

—Va, mon enfant, tu donnes la vie à ton père; mais tu lui 25 rends[49] ce qu'il t'a donné: nous sommes quittes.[50] Voilà comment doivent se faire les affaires. La vie est une affaire. Je te bénis![51] Tu es une vertueuse fille, qui aime bien son papa. Fais ce que tu voudras maintenant. A demain donc, Cruchot, dit-il en regardant le notaire épouvanté.[52] Vous verrez à bien 30 préparer l'acte de renonciation.[53]

---

[41]**éprouver** undergo   [42]**qui coûtera ... enregistrer** which will cost plenty to record   [43]**aimer mieux** like better   [44]**faire une grosse rente** pay a large pension   [45]**qu'est-ce que cela me fait?** what is all that to me?   [46]**se taire** hold one's tongue   [47]**se dédire** go back on one's word   [48]**la serra ... l'étouffer** he smothered her in his arms   [49]**rendre** return   [50]**quittes** quits (*Eugénie had given her cousin Charles the allowance she had been receiving from her father.*)   [51]**bénir** bless   [52]**épouvanté** horrified   [53]**Vous verrez ... renonciation.** You'll see about preparing the deed of relinquishment.

Le lendemain, vers midi, fut signée la déclaration par laquelle Eugénie accomplissait elle-même sa spoliation. Cependant, malgré sa parole, à la fin de la première année, le vieux bonhomme n'avait pas encore donné un sou[54] des cent
5 francs par mois si solennellement promis à sa fille. Aussi,[55] quand Eugénie lui en parla, ne put-il s'empêcher de rougir;[56] il monta vivement[57] à son cabinet,[58] revint, et lui présenta environ le tiers des bijoux[59] qu'il avait pris à son neveu.

—Tiens, petite, dit-il d'un accent plein d'ironie, veux-tu ça
10 pour tes douze cents francs?

—O mon père! vrai, me les donnez-vous?

—Je t'en rendrai autant l'année prochaine, dit-il en les lui jetant dans son tablier.[60] Ainsi en peu de temps tu auras toutes *ses* breloques,[61] ajouta-t-il en se frottant les mains, heureux de
15 pouvoir spéculer sur le sentiment de sa fille.

Néanmoins[62] le vieillard,[63] quoique robuste encore, sentit la nécessité d'initier sa fille aux secrets du ménage.[64] Pendant deux années consécutives il lui fit ordonner en sa présence le menu de la maison, et recevoir les redevances.[65] Il lui apprit
20 lentement et successivement les noms, la contenance de ses clos,[66] de ses fermes. Vers la troisième année il lui laissa sans crainte les clefs du ménage.

Cinq ans se passèrent sans qu'aucun événement[67] marquât dans l'existence monotone d'Eugénie et de son père. Ce fut les
25 mêmes actes constamment accomplis avec la régularité chronométrique des mouvements de la vieille pendule.[68] La profonde mélancolie de mademoiselle Grandet n'était un secret pour personne; mais, si chacun put en deviner la cause, jamais un mot prononcé par elle ne justifia les soupçons que toutes les

---

[54]**sou** *sou* (A *sou* *was* *worth* *five* **centimes.**)   [55]**aussi** and so   [56]**ne put-il s'empêcher de rougir** he could not help blushing   [57]**vivement** hastily
[58]**cabinet** room, closet   [59]**environ le tiers des bijoux** about one third of the jewels (*At the death of his ruined brother, Grandet had been in charge of liquidating his complicated estate and had asked his nephew to give up all his jewels in payment of debts.*)   [60]**tablier** apron   [61]**breloque** trinket
[62]**néanmoins** nevertheless   [63]**vieillard** old man   [64]**ménage** housekeeping
[65]**redevance** rent   [66]**la contenance de ses clos** the content of his vineyards
[67]**événement** event   [68]**pendule** clock

sociétés de Saumur[69] formaient sur l'état[70] du cœur de la riche
héritière. Sa seule compagnie se composait des trois Cruchot
et de quelques-uns de leurs amis qu'ils avaient insensiblement[71] introduits au logis. Ils lui avaient appris à jouer au
5 whist, et venaient tous les soirs faire la partie.[72]

Dans l'année 1827, son père, sentant le poids[73] des infirmités,
fut forcé de l'initier aux secrets de sa fortune territoriale.[74]
Puis, vers la fin de cette année, le bonhomme fut enfin, à l'âge
de quatre-vingt-deux ans, pris par une paralysie qui fit de
10 rapides progrès. Grandet fut condamné[75] par monsieur Bergerin.[76] En pensant qu'elle allait bientôt se trouver seule dans le
monde, Eugénie se tint, pour ainsi dire, plus près de son père.
Dans sa pensée, comme dans celle de toutes les femmes
aimantes, l'amour était le monde entier, et Charles n'était pas
15 là. Elle fut sublime de soins et d'attentions pour son vieux
père, dont les facultés commençaient à baisser,[77] mais dont
l'avarice se soutenait instinctivement.[78] Aussi la mort de cet
homme ne contrasta-t-elle point avec sa vie.

Le matin il se faisait rouler[79] entre la cheminée de sa chambre
20 et la porte de son cabinet, sans doute[80] plein d'or. Il restait là
sans mouvement, mais il regardait tour à tour,[81] avec anxiété,
ceux qui venaient le voir et la porte de fer. Il se faisait
expliquer les moindres bruits qu'il entendait; et, au grand étonnement du notaire,[82] il entendait le bâillement[83] de son chien
25 dans la cour.[84] Il se réveillait de sa stupeur apparente au jour et
à l'heure où il fallait recevoir des redevances ou donner des
quittances.[85] Il agitait[86] alors son fauteuil jusqu'à ce qu'il se
trouvât en face[87] de la porte de son cabinet. Il le faisait ouvrir

---

[69]**toutes les sociétés de Saumur** all the social circles of Saumur *(The action
takes place in Saumur, a town lying on the Loire river.)* [70]**état** state
[71]**insensiblement** little by little [72]**faire la partie** play a game [73]**poids** weight
[74]**fortune territoriale** landed property [75]**être condamné** be given up
[76]**Bergerin** *(name of the family doctor)* [77]**baisser** weaken [78]**dont l'avarice se
soutenait instinctivement** whose avarice remained instinctively alive [79]**il se
faisait rouler** he made them roll him [80]**sans doute** probably [81]**tour à tour** in
turn [82]**au grand étonnement** to the great astonishment [83]**bâillement** yawn-
ing [84]**cour** yard [85]**quittance** receipt [86]**agiter** move [87]**en face** opposite

par sa fille, et veillait à ce qu'elle[88] plaçât en secret elle-même
les sacs d'argent les uns sur les autres, à ce qu'elle fermât la
porte. Puis il revenait à sa place silencieusement aussitôt
qu'elle lui avait rendu la précieuse clef, toujours placée dans sa
5 poche, et qu'il tâtait[89] de temps en temps. D'ailleurs[90] son vieil
ami le notaire, sentant que la riche héritière épouserait nécessairement son neveu si Charles Grandet ne revenait pas, re-
doubla de soins et d'attentions: il venait tous les jours se mettre
aux ordres de Grandet, allait à son commandement aux terres,[91]
10 aux prés,[92] aux vignes,[93] vendait les récoltes,[94] et transmutait tout
en or et en argent qui venait se réunir secrètement aux sacs
empilés dans le cabinet. Enfin arrivèrent les jours d'agonie,[95]
pendant lesquels le bonhomme fut aux prises[96] avec la destruc-
tion. Il voulut rester assis au coin de son feu,[97] devant la porte
15 de son cabinet. Il attirait à lui[98] et roulait toutes les couver-
tures[99] que l'on mettait sur lui, et disait à Nanon: —Serre,[1] serre
ça, pour qu'on ne me vole pas. Quand il pouvait ouvrir les
yeux, où toute sa vie s'était réfugiée, il se tournait aussitôt vers
la porte du cabinet où étaient ses trésors en disant à sa fille: —Y
20 sont-ils? y sont-ils? d'un son de voix qui dénotait une sorte de
peur panique.

—Oui, mon père.

—Veille[2] à l'or, mets de l'or devant moi.

Eugénie lui étendait[3] des louis[4] sur la table, et il demeurait
25 des heures entières les yeux attachés sur les louis, comme un
enfant qui, au moment où il commence à voir, contemple
stupidement le même objet; et, comme à un enfant, il lui
échappait un sourire pénible.[5]

—Ça me réchauffe![6] disait-il quelquefois en laissant paraître
30 sur sa figure une expression de béatitude.[7]

---

[88]**veiller à ce qu'elle** see to it that she [89]**tâter** feel [90]**D'ailleurs** Besides
[91]**terres** fields [92]**pré** meadow [93]**vigne** vineyard [94]**récolte** crop [95]**agonie**
last struggle (*with death*) [96]**être aux prises** be at grips [97]**au coin du feu** by
the fireside [98]**attirer à soi** pull toward oneself [99]**couverture** covering
[1]**serrer** put away [2]**veiller** watch [3]**étendre** spread out [4]**louis** (*gold*) coin (*A*
louis *is worth twenty francs.*) [5]**il lui échappait un sourire pénible** a distressful smile stole across his face [6]**réchauffer** warm [7]**en laissant . . .**
béatitude showing a blissful expression on his face

Lorsque le curé de la paroisse[8] vint l'administrer,[9] ses yeux, morts en apparence depuis quelques heures, se ranimèrent[10] à la vue de la croix,[11] des chandeliers,[12] du bénitier d'argent[13] qu'il regarda fixement. Lorsque le prêtre lui approcha des
5 lèvres le crucifix pour lui faire baiser le Christ, il fit un épouvantable geste pour le saisir,[14] et ce dernier effort lui coûta la vie, il appela Eugénie, qu'il ne voyait pas quoiqu'elle fût agenouillée devant lui et qu'elle baignât de ses larmes une main déjà froide.
10   —Mon pére, bénissez-moi?... demanda-t-elle.
    —Aie bien soin de tout. Tu me rendras compte de ça là-bas,[15] dit-il en prouvant par cette dernière parole que le christianisme[16] doit être la religion des avares.[17]
    Eugénie Grandet se trouva donc seule au monde dans cette
15 maison, n'ayant que Nanon à qui elle pût jeter un regard avec la certitude d'être entendue et comprise, Nanon, le seul être qui l'aimât pour elle et avec qui elle pût causer de ses chagrins.[18] La grande Nanon était une providence pour Eugénie. Aussi ne fut-elle plus une servante, mais une humble amie.
20   Après la mort de son père, Eugénie apprit par maître Cruchot qu'elle possédait trois cent mille livres de rente dans l'arrondissement[19] de Saumur, six millions placés en trois pour cent à soixante francs, plus deux millions en or et cent mille francs en écus.[20] L'estimation totale de ses biens allait à[21] dix-sept mil-
25 lions.
    —Où donc est mon cousin? se dit-elle.
    Le jour où maître Cruchot remit[22] à sa cliente l'état de la succession,[23] Eugénie resta seule avec Nanon, assises l'une et l'autre de chaque côté de la cheminée de cette salle[24] si vide,

---

[8]**le curé de la paroisse** the parish priest [9]**administrer** administer the last sacrament [10]**se ranimer** kindle [11]**croix** cross [12]**chandelier** candlestick [13]**bénitier d'argent** holy water vessel of silver [14]**il fit . . . saisir** he made a frightful gesture as if to seize it [15]**Aie bien soin . . . là-bas** Take care of it all. You will render me an account yonder [16]**christianisme** Christianity [17]**avare** miser [18]**chagrin** sorrow [19]**arrondissement** district [20]**écu** crown (*An écu was worth three francs.*) [21]**allait à** reached [22]**remettre** hand in [23]**l'état de la succession** a schedule of the whole inheritance [24]**salle** living room

où tout était souvenir, depuis la chaise sur laquelle s'asseyait sa mère jusqu'au verre dans lequel avait bu son cousin.

—Nanon, nous sommes seules...

—Oui, mademoiselle; et, si je savais où il est, ce mignon,[25]
5 j'irais de mon pied[26] le chercher.

—Il y a la mer entre nous, dit-elle.

Pendant que la pauvre héritière pleurait ainsi en compagnie de sa vieille servante, dans cette froide et obscure maison, qui pour elle composait tout l'univers, il n'était question de Nantes
10 à Orléans[27] que des dix-sept millions de mademoiselle Grandet.

Rentré des Indes où il a fait fortune, l'ambitieux Charles ne pense qu'à se marier avec la fille d'un marquis. Il apprend trop tard que sa cousine est devenue millionnaire. Eugénie fait un mariage de raison avec le neveu de son notaire, mais elle ne connaîtra jamais le bonheur, s'en consolant en faisant le bonheur d'autrui.

EXERCISES

A. Comparison of adjectives with **autant que.**

Rewrite the following sentences, replacing **autant que** with **aussi . . . que.**

EXAMPLE: Elle était frêle autant que les feuilles d'automne.
Elle était aussi frêle que les feuilles d'automne.

1. Eugénie était blanche autant qu'une brebis.
2. Elle était vertueuse autant que sa mère.
3. Grandet trouvait sa fille précieuse autant que l'or.
4. Eugénie était seule autant que sa servante.
5. L'existence de Grandet était monotone autant que celle d'Eugénie.

B. The subjunctive.

The subjunctive is used with **ne pas croire.**

---

[25]**ce mignon** the darling *(Charles)* [26]**j'irais de mon pied** I'd go on foot [27]**il n'était question de Nantes à Orléans** the only thing they talked about from Nantes to Orléans *(Nantes and Orléans also lie on the Loire River.)*

Rewrite each of these sentences, replacing **je crois** with **je ne crois pas** and making any other necessary change.

EXAMPLE: Je crois que tu veux me faire du mal.
Je ne crois pas que tu veuilles me faire du mal.

Je crois que...
1. Grandet veut partager sa fortune avec Eugénie.
2. Grandet fait le bonheur de sa femme.
3. Grandet est capable de tuer sa femme.
4. Grandet sent l'amour de sa famille.
5. Grandet sait vivre.
6. Grandet peut comprendre la générosité.
7. Grandet craint la mort plus que les voleurs.
8. Grandet connaît la béatitude.

C. Word order of object pronouns.

me te nous vous	followed by	le la les

le la les	followed by	lui leur

Rewrite each of the following sentences, replacing the italic word with a pronoun.

EXAMPLE: Me donnez-vous *les bijoux?*
Me les donnez-vous?

1. Me rendrez-vous *les breloques?*
2. Grandet lui rendra-t-il *les breloques?*
3. Vous nous donnerez *l'argent.*
4. Leur donnera-t-il *l'argent?*
5. Grandet lui jeta *les bijoux* dans son tablier.
6. Lui explique-t-on *la succession?*
7. Me fera-t-il *la rente* tous les mois?
8. Il ne leur vendra pas *la maison.*
9. Elle me laissera *la fortune.*
10. On lui a montré *l'acte à signer.*

11. Grandet lui fit ordonner *le menu.*
12. Il lui apprit *les noms des fermes.*
13. M'apprendrez-vous *le whist?*
14. Grandet lui faisait ouvrir *la porte du cabinet.*
15. Eugénie lui étendait *les louis* sur la table.
16. Maître Cruchot lui remit *l'état de la succession.*
17. Irais-tu me chercher *mon cousin?*
18. Charles ne vous présentera pas *les bijoux.*

D. Vocabulary.

Create sentences using one or more of the following expressions in each sentence.

1. Les affaires:

l'argent liquide
serrer l'argent dans un sac, dans un cabinet
placer l'argent à trois pour cent
un bijou en argent, en or
coûter
la dépense
valoir
transmuter en or
faire l'inventaire d'une fortune
partager ses biens
faire à qqn une rente de cent francs par mois, par an
spéculer sur qqch.
préparer, signer un acte
régler une affaire
donner une quittance
être quitte
être héritier (héritière) d'une grosse fortune
renoncer à une succession, à un héritage
la renonciation
dépouiller qqn, se dépouiller
la spoliation

2. Sentiments et émotions:

une personne aimante
une douce compagne
embrasser

serrer qqn dans ses bras à l'étouffer
baiser qqch. (partie du corps ou objet)
prodiguer des soins tendres
redoubler de soins
couver qqn ou qqch.
l'avarice
un avare
être égoïste
faire de la peine à qqn
craindre
la crainte
éprouver de l'anxiété, une peur panique
être épouvanté
rougir
sentir, éprouver du chagrin, de la mélancolie
souffrir
laisser échapper une plainte
pleurer
verser des pleurs, des larmes
baigner qqch. de larmes
prendre le deuil

E. Vocabulary.

Rewrite each of these sentences, substituting the appropriate expression in the following list for the near-equivalent in italics.

sans doute	gros
expirer	méconnaître
le motif	s'empêcher de
être question de	l'agonie

1. Avant de *s'éteindre*, Madame Grandet bénit sa fille.
2. Après sa mort, Eugénie a trouvé de nouvelles *raisons* d'aimer la maison.
3. Eugénie croyait qu'elle *n'avait pas bien compris* son père.
4. Quand Eugénie lui a rappelé sa promesse, Grandet n'a pas pu *éviter de* rougir.
5. Les bijoux de Charles ne coûtaient pas *beaucoup*.
6. Le cabinet était *probablement* plein d'or.
7. Pendant *les derniers moments de sa vie*, Grandet regardait son or.
8. À Saumur, on ne *parlait* que *des* millions d'Eugénie.

F. Reading comprehension.

Rewrite the following statements, where necessary, to make them agree with the facts presented in the story.

1. Madame Grandet ne s'est jamais plainte de ne pas avoir connu le bonheur dans sa vie.
2. Grandet tremblait devant sa fille parce que le mort de sa femme avait affaibli ses facultés.
3. Le notaire était épouvanté parce que Grandet n'avait rien donné à sa fille pour qu'elle renonce à la succession de sa mère.
4. Grandet a proposé une partie des bijoux de Charles parce qu'il ne voulait pas lui donner les douze cents francs.
5. Grandet l'a initiée aux secrets du ménage parce qu'il se faisait vieux.
6. Selon le médecin, Grandet allait mourir bientôt à cause de sa paralysie.
7. Le notaire a prodigué beaucoup de soins au malade parce qu'il espérait qu'Eugénie épouserait son neveu.
8. Grandet est mort en voulant saisir le crucifix.
9. Si les avares sont chrétiens, c'est parce qu'ils espèrent retrouver leur argent dans une autre vie.
10. Eugénie, héritière d'une très grande fortune, souffrait d'être seule.

G. Reading comprehension.

Be ready to read aloud sentences or parts of sentences from the text in support of the following statements.

1. Grandet s'occupe de sa femme et de sa fille aussi longtemps que sa fortune est menacée.
2. Grandet n'hésite pas à dépouiller sa fille.
3. Le notaire, plus honnête, essaie d'empêcher la spoliation.
4. Eugénie se laisse facilement dépouiller parce que l'argent ne l'intéresse pas. Elle est une femme essentiellement aimante.
5. Grandet se ranime chaque fois qu'il est en contact avec l'argent.
6. On s'intéresse beaucomp à Eugénie dans la ville de Saumur.
7. Les paroles que prononcent Eugénie sont en contraste avec les phrases relatives à l'argent ou à l'avarice de Grandet.

LES SEPT COMBATS
DE LA PUCELLE[1]

JULES MICHELET (1798–1874) Né dans le peuple, aimant le peuple, le grand historien Jules Michelet donne à l'histoire un sens dans sa monumentale *Histoire de France*, montrant la lente unification du pays et la marche du progrès. Il avait une admiration toute particulière pour Jeanne d'Arc, l'humble gardeuse de moutons qui apparut miraculeusement à l'un des moments les plus sombres de la guerre de Cent Ans, alors que le puissant duc de Bourgogne et le roi d'Angleterre risquaient de mettre fin au royaume de France. L'intervention de Jeanne fut décisive: les Anglais furent finalement chassés et les ducs trop puissants furent remis à leur place. Il n'est pas étonnant que Michelet ait conçu son récit comme la légende d'une sainte.

I. DOMRÉMY[2]

Un jour d'été, en 1423, jour de jeûne,[3] à midi, Jeanne étant dans le jardin de son père, tout près de l'église, elle vit de ce côté une éblouissante[4] lumière, et elle entendit une voix: « Jeanne, sois bonne et sage enfant;[5] va souvent à l'église. » La pauvre
5 fille avait grand'peur.

Une autre fois, elle entendit encore la voix et vit la clarté,[6] mais dans cette clarté de nobles figures dont l'une avait des ailes; c'était saint Michel: archange des jugements et des batailles. Il lui dit, « Jeanne, va au secours du roi de France,[7] et
10 tu lui rendras son royaume. »[8] Elle répondit, toute tremblante: « Messire,[9] je ne suis qu'une pauvre fille; je ne saurais chevaucher,[10] ni conduire les hommes d'armes. » La voix con-

---

[1]**Pucelle** Maid [2]**Domrémy** little village in the Vosges mountains, southwest of Nancy [3]**jeûne** fast [4]**éblouissant** dazzling [5]**une sage enfant** a good child [6]**clarté** light [7]**aller au secours de qqn** go to someone's aid [8]**royaume** kingdom *(The Dauphin Charles VII had himself crowned king of France at Bourges, but he was not considered by all to be the legitimate heir to the throne. The English were occupying all of France north of the Loire River, aided by their Burgundian allies.)* [9]**Messire** Sir [10]**chevaucher** ride (a horse)

tinua: « Tu iras trouver M. de Baudricourt, capitaine de Vaucouleurs,[11] et il te fera mener[12] au roi. Sainte Catherine et sainte
Marguerite viendront t'assister. » Elle resta stupéfaite et en
larmes, comme si elle avait déjà vu sa destinée tout entière.
5 Saint Michel revint encore, lui rendit courage, et lui « raconta
la pitié[13] qui était au royaume de France. » Puis vinrent les
blanches figures des saintes, parmi d'innombrables[14] lumières,
la tête parée[15] de riches couronnes,[16] la voix douce et attendris-
sante,[17] à en pleurer. Mais Jeanne pleurait surtout quand les
10 saintes et les anges la quittaient. « J'aurais bien voulu, dit-elle,
que les anges m'eussent emportée. »
   Il fallait qu'elle quittât pour le monde, pour la guerre, ce petit
jardin sous l'ombre de l'église, où elle n'entendait que les
cloches et où les oiseaux du ciel mangeaient dans sa main.
15 Deux autorités, paternelle et céleste, commandaient des choses
contraires. L'ange lui disait de prendre les armes; le père,
rude[18] et honnête paysan, jurait que, si sa fille s'en allait avec
les gens de guerre, il la noierait plutôt de ses propres mains.[19]
De part ou d'autre,[20] il fallait qu'elle désobéît. Ce fut là sans
20 doute son plus grand combat.

II. VAUCOULEURS

Elle arriva dans cette ville de Vaucouleurs, avec ses gros habits
rouges de paysanne, et alla loger avec son oncle chez la femme
d'un charron,[21] qui la prit en amitié.[22] Elle se fit amener chez
Baudricourt, et lui dit avec fermeté « qu'elle venait vers lui de
25 la part de son Seigneur, pour qu'il mandât au Dauphin de se
bien maintenir, et qu'il ne donnât point de bataille à ses ennemis; parce que son Seigneur lui donnerait secours dans la

---

[11]**Vaucouleurs** small town north of Domrémy [12]**faire mener** take [13]**pitié**
plight [14]**innombrable** innumerable [15]**paré** decked [16]**couronne** crown
[17]**attendrissant** moving [18]**rude** harsh [19]**il la noierait . . . mains** he'd rather
drown her with his own hands [20]**de part ou d'autre** on one side or the other
[21]**charron** cartwright [22]**prendre en amitié** befriend

mi-carême...[23] Le royaume n'appartenait pas au Dauphin, mais à son Seigneur; toutefois, son Seigneur voulait que le Dauphin devînt roi, et qu'il eût ce royaume en dépôt. »[24]

Le capitaine fut bien étonné. Il soupçonna[25] qu'il y avait là
5 quelque diablerie[26] et consulta le curé qui vint la prier de s'éloigner,[27] si elle était envoyée du mauvais esprit.[28] Mais le peuple ne doutait point. De toutes parts,[29] on venait la voir. Elle se plaignit à un gentilhomme[30] du refus de Baudricourt. « Et cependant, dit-elle, avant qu'il soit la mi-carême, il faut
10 que je sois devant le roi, même s'il me faut, pour m'y rendre,[31] user mes jambes jusqu'aux genoux.[32] Car personne au monde, ni roi, ni ducs, ni fille du roi d'Écosse, ne peuvent reprendre le royaume de France, et il n'y a pour lui de secours que moi-même, quoique j'aimasse mieux rester à filer[33] près de ma
15 pauvre mère; car ce n'est pas là mon ouvrage.[34] Mais il faut que j'aille et que je le fasse, parce que mon Seigneur le veut. » « Et quel est votre Seigneur? » « C'est Dieu!... » Le gentilhomme fut touché. Il lui promit « par sa foi,[35] la main dans la sienne, que sous la conduite de Dieu, il la mènerait au roi. » Bau-
20 dricourt enfin envoya demander[36] l'autorisation du roi et l'obtint. Alors, les gens de Vaucouleurs se cotisèrent[37] pour équiper Jeanne et lui acheter un cheval, le capitaine ne voulant lui donner qu'une épée. Elle coupa ses longs cheveux, prit des vêtements d'homme, et, malgré les dernières résistances de sa
25 famille, elle partit de Vaucouleurs, sous la conduite de six hommes d'armes, au commencement de février 1429.

---

[23]**de la part ... mi-carême** on behalf of her Lord, so that he could send word to the Dauphin to hold out and not to engage his enemies in battle, because his Lord would come to his help at mid-Lent (**Dauphin:** *title given to the heir presumptive to the throne*) [24]**et qu'il eût ce royaume en dépôt** and to hold this kingdom in trust [25]**soupçonner** suspect [26]**diablerie** devilry
[27]**s'éloigner** move away [28]**mauvais esprit** evil spirit [29]**De toutes parts** From everywhere [30]**gentilhomme** gentleman [31]**pour m'y rendre** to get there
[32]**user mes jambes jusqu'aux genoux** to wear my legs down to the knees
[33]**filer** spin [34]**ouvrage** work [35]**foi** faith [36]**envoyer demander** send for [37]**se cotiser** united to raise the money

III. CHINON[38]

Après un terrible voyage des bords de la Meuse[39] aux rives[40] de la Loire, elle arriva à Chinon où était Charles VII. Le conseil[41] discuta pendant deux jours si le roi devait la voir: on s'y résolut à la fin, car les choses allaient bien mal à Orléans.

5   Jeanne fut reçue au milieu d'une pompe qui ne la déconcerta[42] point; sans timidité comme sans hardiesse,[43] elle reconnut du premier coup d'œil ce roi dont l'image la préoccupait depuis tant d'années, alla droit à lui et lui dit: « Gentil[44] dauphin, pourquoi ne me croyez-vous pas? Je vous dis que
10   Dieu a pitié de vous, de votre royaume et de votre peuple; car saint Louis et saint Charlemagne sont à genoux devant lui en faisant prière pour vous. Si vous me donnez des gens, je lèverai le siège [45] d'Orléans, et je vous mènerai sacrer à Reims,[46] car tel est le plaisir de Dieu que ses ennemis les Anglais s'en aillent
15   en leur pays et que le royaume vous demeure. »

Il n'était pas facile de convaincre la cour[47] railleuse[48] de Charles VII que Jeanne avait une mission miraculeuse. Il lui fallut s'assurer[49] si la nouvelle venue[50] n'était pas une envoyée du diable. Évêques,[51] moines,[52] docteurs et professeurs de
20   l'université de Poitiers[53] l'interrogèrent solennellement. Elle triompha de toutes leurs ruses[54] et de toutes leurs questions. Mais ce n'était pas cette cour, ce n'étaient pas ces juges qu'il importait[55] de convaincre, c'était le peuple, et le peuple était convaincu; l'opinion populaire persuada le gouvernement qui
25   hésitait. Jeanne d'Arc fut équipée, armée, envoyée où elle se disait appelée, à Orléans.[56]

---

[38]**Chinon** town on the Vienne River, south of Tours   [39]**Meuse** river in eastern France   [40]**rive** bank   [41]**conseil** council   [42]**déconcerter** ruffle   [43]**hardiesse** boldness   [44]**gentil** noble   [45]**lever le siège** lift the siege   [46]**je vous mènerai sacrer à Reims** I'll take you to Rheims to be crowned *(The ceremony of consecration was associated with legality; hence Charles, who had been crowned at Bourges, could get official sanction in the eyes of the people.)*   [47]**cour** court   [48]**railleur** mocking   [49]**s'assurer** make sure   [50]**nouvelle venue** newcomer   [51]**evêque** bishop   [52]**moine** monk   [53]**Poitiers** capital of the Poitou province, south of the Loire river   [54]**ruse** wile   [55]**il importait** it was important   [56]**Orléans** This town, on the Loire river, was the military key to the south of France. If it fell, all of France would be lost.

IV. ORLÉANS

Orléans courait un bien grand danger,[57] mais les Anglais qui
l'assiégeaient ne se trouvaient pas dans une situation beaucoup
meilleure. Les fatigues d'un siège d'hiver, les pertes éprouvées[58] dans les combats, les désertions avaient considéra-
5 blement affaibli leur armée, qui ne montait[59] alors qu'à quatre
ou cinq mille hommes, dispersés dans une douzaine de forteresses sans communication entre elles.

Pour réduire de si faibles ennemis il fallait seulement de la
discipline, de l'union chez ceux qui les attaqueraient. Or, rien
10 de plus désordonné[60] que ces bandes[61] et ces capitaines d'a-
venture qui s'étaient jetés dans la ville pour la défendre, et qui
ne cherchaient dans la guerre que les profits et les plaisirs
qu'ils y trouvaient. Discipliner ces natures sauvages et rudes,
c'était une entreprise au-dessus de l'autorité royale à cette
15 époque; les capitaines du roi n'étaient pas habitués[62] à obéir au
roi. Il fallait l'autorité d'un envoyé de Dieu, de la Vierge[63]
descendue sur la terre, une vierge populaire, jeune, belle,
douce, hardie.[64]

Voilà Jeanne d'Arc dans son armure blanche et sur son beau
20 cheval noir, au côté une petite hache[65] et l'épée de Sainte-
Catherine, et tenant à la main un étendard blanc fleurdelisé,[66]
sur lequel était Dieu avec le monde dans ses mains, et de
chaque côté un ange tenant une fleur-de-lys.[67] Elle fait signe;
on voit ces pillards[68] renoncer aux orgies, se confesser, com-
25 munier même dans la route, sous le ciel. La Hire,[69] qui disait sa
petite prière gasconne quand il allait au butin:[70] « Sire[71] Dieu,
je te prie de faire pour La Hire ce que La Hire ferait pour toi, si
tu étais capitaine et si La Hire était Dieu, » devient un petit
saint.

---

[57]**courir un danger** be in danger [58]**les pertes éprouvées** the losses that they
had suffered [59]**monter** amount [60]**désordonné** disorderly [61]**bande** gang
[62]**habitué** used [63]**Vierge** Virgin [64]**hardi** courageous [65]**hache** hatchet
[66]**étendard blanc fleurdelisé** white lilied banner [67]**fleur-de-lys** fleur-de-lis
(*royal emblem of the kings of France*) [68]**pillard** looter [69]**La Hire** one of the
most famous soldiers of fortune, from Gascony, who had been terrorizing
many provinces [70]**butin** loot [71]**Sire** Lord

Le 29 avril, 1429, la Pucelle entra dans Orléans avec un convoi de vivres[72] et une faible escorte. Le 4 mai, elle introduisit l'armée.

Les Anglais croyaient toutes les puissances de l'enfer conjurées contre eux.[73] Jeanne, qui était une sainte dans les murs d'Orléans, était une sorcière[74] dans les forteresses anglaises. Ils avaient une peur effroyable[75] d'elle, pensant qu'elle pouvait faire des prodiges, et évacuèrent eux-mêmes leurs positions, à l'exception de deux, qu'elle prit à l'assaut,[76] à la tête de son armée et suivie de tout le peuple de la ville. Elle pleura, en voyant tant d'hommes morts sans confession, et défendit qu'on pousuivît les Anglais en retraite.[77] Dimanche, le 8 mai, il ne restait plus un Anglais au sud de la Loire; on dressa un autel[78] dans la plaine, on y dit la messe, et le peuple rendit grâce[79] à Dieu.

V. REIMS

L'effet de la délivrance d'Orléans fut prodigieux. Tout le monde y reconnut une puissance surnaturelle et on commença à croire généralement que Charles VII avait pour lui le bon droit.[80] La Pucelle était d'avis qu'il devait saisir ce moment, aller hardiment[81] d'Orléans à Reims mettre la main sur la couronne. Elle était seule de cet avis; les conseillers[82] du roi lui donnaient tous des avis intéressés[83] et contraires. On attendait. Puis, à l'improviste,[84] on tomba sur l'armée anglaise dans la plaine de la Beauce[85] et en tua 2.500 hommes. Maintenant l'avis de Jeanne devint irrésistible. On se mit en route pour Reims.

Maître de toutes les villes sur sa route, le roi fit son entrée à Reims le 15 juillet, et le 17 il fut sacré. Toutes les cérémonies

---

[72]**vivres** food supplies   [73]**les puissances . . . eux** the powers of Hell conspiring against them   [74]**sorcière** witch   [75]**effroyable** tremendous   [76]**prendre à l'assaut** storm   [77]**en retraite** retreating   [78]**dresser un autel** set up an altar   [79]**rendre grâce** give thanks   [80]**avait pour lui le bon droit** had right on his side   [81]**hardiment** courageously   [82]**conseiller** advisor   [83]**intéressé** self-seeking   [84]**à l'improviste** unexpectedly   [85]**Beauce** province south of Paris

furent accomplies.[86]   Il se trouva le vrai roi,[87] et le seul, selon les croyances[88] du temps.

Au moment où le roi fut sacré, la Pucelle se jeta à genoux, lui embrassant les jambes et pleurant à chaudes larmes.[89]   Tout le 5 monde pleurait aussi.   Elle lui dit: « O gentil roi, maintenant est fait le plaisir de Dieu, qui voulait que je fisse lever le siège d'Orléans et que je vous amenasse en votre cité de Reims recevoir votre saint sacre. »

Et elle pensait à Domremy:... « Je voudrais bien qu'il plût à 10 Dieu que je m'en allasse garder les moutons[90] avec ma sœur et mes frères... Ils seraient si joyeux de me revoir! »

Mais son rôle n'était point fini, car les Anglais tenaient encore une grande partie du royaume et Paris[91] restait à gagner.   En route!

VI. COMPIÈGNE[92]

15 À Paris, Jeanne franchit seule le fossé[93] de la ville et fut blessée par un trait[94] qui lui traversa la jambe.   À Chinon, le roi se mit à l'abri[95] derrière la Loire et donna l'ordre d'évacuer Saint-Denis.

Les Anglais voulaient entrer dans Compiègne; Jeanne, touchée du sort[96] de ces pauvres bourgeois[97] qui s'étaient don-20 nés[98] à Charles VII, se jeta dans la ville pour le défendre.

Le jour même[99] de son arrivée, le 23 mai 1430, elle fit une sortie; mais les Anglais la repoussèrent,[1] et, quand elle arriva à la barrière,[2] elle la trouva fermée.   Abandonnée au milieu de ses ennemis, elle fut renversée de cheval[3] par un archer picard[4] 25 et prise.   Elle fut vendue ensuite au duc de Bourgogne, qui, ayant besoin des Anglais, la revendit aux Anglais pour la somme

---

[86]**accompli** performed   [87]**Il se trouva le vrai roi** He was found to be the real king   [88]**croyance** belief   [89]**pleurer à chaudes larmes** weep copiously   [90]**Je voudrais . . . moutons** I wished it pleased God that I might go to tend the sheep   [91]**Paris** Paris was then occupied by the Duke of Burgundy.
[92]**Compiègne** city lying northeast of Paris   [93]**franchir le fossé** cross over the moat   [94]**trait** arrow   [95]**se mettre à l'abri** take shelter   [96]**sort** fate   [97]**bourgeois** burgher   [98]**se donner** rally   [99]**le jour même** on the very day   [1]**repousser** push back   [2]**barrière** fence   [3]**être renversé de cheval** be knocked down from one's horse   [4]**archer picard** Picard archer

de 10.000 francs. On la conduisit à Rouen et la mit en prison. Le roi ne fit aucun effort pour reprendre la Pucelle ou pour payer sa rançon.[5]

VII. ROUEN

Pour les Français, Jeanne était une envoyée de Dieu; pour les
5 Anglais, une envoyée du diable. Un homme violent, Pierre Cauchon, évêque de Beauvais et bourguignon, se chargea[6] de le prouver par un procès de sorcellerie en bonne forme.[7] Il fit porter l'accusation[8] sur les quatre points suivants: Manquement aux lois[9] de l'Église, pour avoir employé des pratiques de
10 magie;[10] pour avoir pris les armes, malgré la volonté contraire de ses parents; pour avoir revêtu[11] des habits qui n'étaient pas ceux de son sexe; enfin, pour avoir affirmé[12] des révélations que l'autorité ecclésiastique n'avait point sanctionnées.

Jeanne fut condamnée à être brûlée. Le 30 mai 1431, on la
15 mena à sa mort.

Sur le Vieux-Marché, le marché au poisson, on avait dressé trois échafauds:[13] le premier, pour le cardinal d'Angleterre et ses prélats; le deuxième, pour les personnages[14] de ce drame, le prédicateur,[15] les juges, et, plus tard, la condamnée; le
20 troisième, chargé de bois et avec un poteau[16] au centre, destiné pour cette jeune fille de dix-neuf ans, coiffée d'une mitre de papier[17] où on lisait: « Hérétique, relapse, apostate, idolâtre », montée sur une charrette à côté du bourreau,[18] sous une garde de 800 Anglais armés de lances et d'épées.

25 La cérémonie commença par un sermon sur le texte: « Quand un membre de l'Église est malade, toute l'Église est malade », et conclut par la formule: « Jeanne, allez en paix, l'Église ne

---

[5]**rançon** ransom [6]**se charger** undertake [7]**un procès . . . forme** a regular witchcraft trial [8]**faire porter l'accusation** bring the charges [9]**Manquement aux lois** Violation of the laws [10]**pratique de magie** magic practice [11]**revêtir** put on [12]**affirmer** state [13]**échafaud** scaffold [14]**personnage** character [15]**prédicateur** preacher [16]**poteau** post [17]**coiffée . . . papier** wearing on her head a paper miter [18]**bourreau** executioner

peut plus vous défendre. » Ensuite vinrent la lecture de la condamnation par le juge, et des prières. On s'impatientait. Les capitaines disaient: « Comment! prêtres, nous ferez-vous dîner ici?... » On la saisit et la traîna[19] au bourreau, lui disant:
5 « Fais ton office. »[20]

Elle monta sur le tas de bois et fut liée[21] au poteau. Et alors le bourreau mit le feu... Elle le vit d'en haut et poussa un cri... « Jésus! » puis, ayant peur pour le frère dominicain qui l'exhortait, elle le fit descendre, disant: « Tenez-vous en bas;[22]
10 levez la croix devant moi pour que je la voie en mourant. » La flamme monta. On l'entendit qui répétait « Jésus » plusieurs fois; puis, elle inclina[23] la tête et rendit l'esprit.[24]

Dix mille hommes pleuraient... Un Anglais, qui avait juré de mettre un fagot[25] sur le bûcher,[26] dit: « J'ai vu de sa bouche,
15 avec le dernier soupir,[27] s'envoler une colombe. »[28]... D'autres avaient lu dans les flammes le mot qu'elle répétait: « Jésus! »... Un secrétaire du roi d'Angleterre disait tout haut: « Nous sommes perdus; nous avons brûlé une sainte. »

EXERCISES

A. The subjunctive.

The present subjunctive is used after **il faut que.**
Rewrite the following sentences according to the example.

EXAMPLE: Je dois aller au secours du roi.
           Il faut que j'aille au secours du roi.

1. Je dois aller trouver Monsieur de Baudricourt.
2. Je dois le convaincre.
3. Je dois partir pour Chinon.
4. Je dois me mettre en route.

---

[19]**traîner** drag [20]**Fais ton office.** Do your duty. [21]**lier** bind [22]**Tenez-vous en bas** Stand below [23]**incliner** bend [24]**rendre l'esprit** give up the ghost [25]**fagot** bundle of firewood [26]**bûcher** stake [27]**soupir** breath, sigh [28]**colombe** dove

5. Je dois être bientôt devant le roi.
6. Je dois le voir.
7. Je dois prendre les armes.
8. Je dois lever le siège d'Orléans.
9. Je dois rendre le royaume au roi.
10. Je dois introduire l'armée à Orléans.
11. Je dois mener le roi à Reims.
12. Je dois le conduire à Reims.
13. Je dois le faire sacrer.
14. Je dois défendre la ville de Compiègne.

B. The past subjunctive in former literary French.

Rewrite the following sentences in modern spoken French.

EXAMPLE: Il fallait qu'elle *quittât* le petit jardin.
Il fallait qu'elle **quitte** *le petit jardin.*

1. J'aurais voulu que les anges m'*eussent* emportée.
2. Dieu voulait que je vous *amenasse* à Reims.
3. Dieu voulait que je *fisse* lever le siège.
4. Dieu voulait que le roi *eût* le royaume en dépot.
5. Je voudrais qu'il *plût* à Dieu que je m'en *allasse* garder les moutons.
6. Dieu voulait que le Dauphin *devînt* roi.
7. Jeanne défendait qu'on *poursuivît* les Anglais.

C. Use of conditional sentences in the present and the past.

Rewrite the following sentences according to the example.

EXAMPLE: Le père dit que si sa fille s'en va, il la noiera.
Le père a dit que si sa fille s'en allait, il la noierait.

1. Jeanne sait que si elle mène le roi à Reims, il sera sacré.
2. Elle sait que si elle va trouver Baudricourt, il la fera mener au roi.
3. Saint Michel promet que si elle prend les armes, Sainte Catherine l'assistera.
4. Jeanne sait que si le roi la croit, il lui donnera des soldats.
5. Elle sait que si elle convainc le roi, il dira oui.
6. Elle dit que si elle est équipée, elle pourra délivrer Orléans.
7. Elle dit que si on attend trop longtemps, les Anglais attaqueront.

8. Elle dit que si elle fait sacrer le roi, on le respectera plus.
9. La Hire dit que si Dieu est capitaine, il fera quelque chose pour La Hire.
10. Jeanne dit que si elle part pour Domrémy, elle désobéira à Dieu.

D. Vocabulary.

Complete these sentences with the appropriate preposition: à, aux, de, du. Leave a blank if no preposition is required.

1. Dieu avait pitié _____ royaume de France.
2. Le royaume appartenait _____ Dieu.
3. Sainte Catherine viendra _____ assister Jeanne.
4. En partant, Jeanne a désobéi _____ son père.
5. Elle alla _____ trouver Baudricourt.
6. Elle se plaignit _____ refus de Baudricourt.
7. Elle triompha _____ toutes les ruses des gens d'église.
8. Un curé vint _____ prier Jeanne de s'éloigner.
9. Les capitaines n'étaient pas habitués _____ obéir au roi.
10. Les pillards ont renoncé _____ leurs orgies.
11. À Reims, Jeanne se jeta _____ genoux du roi.
12. Elle pleura _____ chaudes larmes.
13. L'évêque Cauchon se chargea _____ prouver qu'elle était une sorcière.
14. Elle fut condamnée _____ être brûlée.
15. Un Anglais vit s'envoler _____ sa bouche une colombe.

E. Vocabulary.

Create sentences using one or more of the following expressions in each sentence.

le roi	prendre à l'assaut
le royaume	poursuivre les ennemis
le Dauphin = l'héritier de la couronne	réduire les ennemis
	repousser
le sacre	courir un danger
être sacré	se mettre à l'abri
se faire sacrer	éprouver des pertes
la cour	affaiblir
le conseil	les bourgeois de la ville
le conseiller	le fossé (de la ville)
la fleur-de-lys	faire une sortie

l'étendard fleurdelisé	la délivrance
un homme d'armes	payer une rançon
les gens de guerre	le butin
un capitaine d'aventures	le pillard
une armure blanche	condamner à être brûlé
la hache	l'échafaud
l'épée	le bûcher
chevaucher = aller ou être à cheval	le bourreau

F. Reading comprehension.

Rewrite the following statements, where necessary, to make them agree with the facts presented in the story.

1. Les voix disaient à Jeanne d'aller au secours du roi parce que les choses allaient mal en France.
2. Jeanne ne savait pas à qui obéir, à Saint Michel ou à son père.
3. Jeanne a dit à Baudricourt que le roi ne devait pas attaquer les Anglais parce que Dieu l'aiderait plus tard.
4. Baudricourt a d'abord cru que Jeanne était envoyée par le diable.
5. Le roi a permis à Jeanne de venir le voir à Chinon.
6. Jeanne a tout de suite reconnu le roi.
7. L'opinion de la cour a persuadé le roi d'équiper Jeanne.
8. Orléans était assiégée par un nombre considérable d'Anglais.
9. Le roi était incapable de discipliner ses troupes.
10. La Hire a renoncé aux profits et aux plaisirs de la guerre à cause de la Pucelle.
11. Les Anglais ont évacué toutes leurs positions parce qu'ils avaient peur de la sorcière.
12. Après la délivrance d'Orléans, le roi s'est fait sacrer à Paris.
13. Jeanne n'a pas voulu retourner à Domrémy parce qu'une grande partie du royaume était encore aux mains des Anglais.
14. Jeanne a été capturée par les bourgeois de Compiègne qui n'aimaient pas le roi.
15. Le roi de France n'avait pas assez d'argent pour payer la rançon.
16. L'évêque de Beauvais a prouvé que Jeanne était une sorcière,
17. Jeanne a été brûlée à Rouen après une courte cérémonie.
18. En mourant, elle a répété plusieurs fois le mot *France*.
19. Le secrétaire du roi de France a dit qu'elle était une envoyée de Dieu.

MATEO FALCONE

PROSPER MÉRIMÉE (1803–1870) Cet écrivain romantique, mais détaché et impersonnel, est l'auteur de nombreuses nouvelles qui se déroulent souvent dans le passé, ou dans un cadre exotique comme l'Espagne dans *Carmen*, et la Corse dans *Mateo Falcone*. Le thème de cette nouvelle a bouleversé et révolté des générations d'écoliers français.

La situation dramatique dans laquelle se trouvent les personnages a la figure d'un triangle: la famille de Mateo Falcone, Gianetto le bandit, et les représentants de la force publique. Le petit Fortunato, dont le prénom annonce fortune et succès, obéit d'abord à la loi corse de l'hospitalité en aidant Gianetto à échapper aux militaires; puis il le trahit pour obtenir une montre. Son père n'hésite pas à commetre une action terrible, ne voulant pas excuser la faiblesse de son fils de onze ans: l'honneur est plus important que l'amour paternel.

Mateo Falcone, quand j'étais en Corse en 18.., avait sa maison près du maquis.[1] C'était un homme assez riche pour le pays; vivant noblement, c'est-à-dire sans rien faire, du produit[2] de ses troupeaux,[3] que des bergers, espèces de nomades, menaient
5 paître[4] çà et là[5] sur les montagnes. Lorsque je le vis, deux années après l'événement[6] que je vais raconter, il me parut âgé de cinquante ans tout au plus. Figurez-vous un homme petit, mais robuste, avec des cheveux crépus,[7] noirs comme le jais,[8] un nez aquilin, les lèvres minces, les yeux grands et vifs,[9] et un teint[10]
10 couleur de cuir. Son habileté au tir du fusil[11] passait pour extraordinaire, même dans son pays, où il y a tant de bons tireurs.

---

[1]**maquis** *maquis (The* **maquis** *in Corsica is made up of many small impenetrable trees and shrubs, so that it has been traditionally used as a shelter by criminals or outlaws. The word was used to designate the French resistance movement against the Germans occupying France during World War II.)*
[2]**produit** produce [3]**troupeau** flock [4]**mener paître** pasture [5]**çà et là** here and there [6]**événement** incident [7]**crépu** frizzy [8]**noirs comme le jais** jet black [9]**vif** quick [10]**teint** complexion [11]**son habileté au tir du fusil** his skill with the gun

La nuit, il se servait de ses armes aussi facilement que le jour, et l'on m'a cité de lui ce trait d'adresse[12] qui paraîtra peut-être incroyable[13] à qui n'a pas voyagé en Corse. A quatre-vingts pas,[14] on plaçait une chandelle[15] allumée derrière un transparent de 5 papier,[16] large comme une assiette. Il mettait en joue,[17] puis on éteignait la chandelle, et, au bout d'une minute dans l'obscurité la plus complète, il tirait et perçait le transparent trois fois sur quatre.[18]

Avec un tel mérite Mateo Falcone s'était attiré[19] une grande 10 réputation. On le disait aussi bon ami que dangereux ennemi: d'ailleurs généreux, il vivait en paix avec tout le monde dans le district de Porto-Vecchio. Mais on contait de lui[20] qu'à Corte, où il avait pris femme, il s'était débarrassé fort vigoureusement d'un rival qui passait pour aussi redoutable[21] en guerre qu'en 15 amour: du moins on attribuait à Mateo certain coup de fusil[22] qui surprit ce rival comme il était à se raser[23] devant un petit miroir pendu à sa fenêtre. L'affaire assoupie,[24] Mateo se maria. Sa femme Giuseppa lui avait donné d'abord trois filles (dont il enrageait), et enfin un fils, qu'il nomma Fortunato: c'était l'es-20 poir de sa famille, l'héritier du nom. Les filles étaient bien mariées: leur père pouvait compter au besoin sur les poignards[25] et les escopettes[26] de ses gendres.[27] Le fils n'avait que dix ans, mais il annonçait déjà d'heureuses dispositions.

Un certain jour d'automne, Mateo sortit de bonne heure avec 25 sa femme pour aller visiter un de ses troupeaux. Le petit Fortunato voulait l'accompagner, mais la clairière[28] était trop loin; d'ailleurs, il fallait bien que quelqu'un restât pour garder la maison; le père refusa donc: on verra s'il n'eut pas lieu de s'en repentir.[29]

30   Il était absent depuis quelques heures et le petit Fortunato

---

[12]**l'on m'a cité ... d'adresse** I heard this proof of his skill   [13]**incroyable** incredible   [14]**pas** pace   [15]**chandelle** candle   [16]**un transparent de papier** a transparent piece of paper   [17]**mettre en joue** aim   [18]**trois fois sur quatre** three times out of four   [19]**s'attirer** win   [20]**on contait de lui** it was said of him   [21]**redoutable** formidable   [22]**coup de fusil** shot   [23]**comme il était à se raser** as he was shaving   [24]**L'affaire assoupie** When everything quieted down   [25]**poignard** dagger   [26]**escopette** blunderbuss   [27]**gendre** son-in-law   [28]**clairière** clearing   [29]**on verra ... repentir** we shall see if he had not good reason to regret it

était tranquillement étendu[30] au soleil, regardant les montagnes bleues, et pensant que, le dimanche prochain, il irait dîner à la ville, chez son oncle le *caporal*,[31] quand il fut soudainement interrompu dans ses méditations par l'explosion d'une arme à
5 feu. Il se leva et se tourna du côté de la plaine d'où partait ce bruit. D'autres coups de fusil se succédèrent, tirés à intervalles inégaux, et toujours de plus en plus rapprochés; enfin, dans le sentier[32] qui menait de la plaine à la maison de Mateo parut un homme, coiffé d'un bonnet pointu[33] comme en portent les
10 montagnards,[34] barbu,[35] couvert de haillons, et se traînant avec peine en s'appuyant sur son fusil.[36] Il venait de recevoir un coup de feu dans la cuisse.[37]

Cet homme était un *bandit*,[38] qui, étant parti de nuit pour aller chercher de la poudre[39] à la ville, était tombé en route dans
15 une embuscade[40] de voltigeurs corses.[41] Après une vigoureuse défense, il avait réussi à faire sa retraite, vivement poursuivi et tiraillant de rocher en rocher.[42] Mais il avait peu d'advance sur les soldats et sa blessure le mettait hors d'état de gagner le maquis avant d'être rejoint.[43]
20 Il s'approcha de Fortunato et lui dit:

—Tu es le fils de Mateo Falcone?

—Oui.

—Moi, je suis Gianetto Sanpiero. Je suis poursuivi par les collets jaunes.[44] Cache-moi, car je ne puis aller plus loin.
25 —Et que dira mon père si je te cache sans sa permission?

—Il dira que tu as bien fait.

—Qui sait?

—Cache-moi vite; ils viennent.

---

[30]**étendu** stretched [31]**le caporal** the corporal *(prominent citizen in the town administration at the time)* [32]**sentier** path [33]**bonnet pointu** pointed cap
[34]**montagnard** mountaineer [35]**barbu** bearded [36]**couvert de haillons, . . . fusil** in tatters, dragging himself with difficulty, leaning on his gun [37]**cuisse** thigh
[38]**bandit** outlaw [39]**poudre** gunpowder [40]**embuscade** ambush [41]**voltigeurs corses** Corsican light infantry [42]**vivement poursuivi . . . rocher** hotly pursued, and firing from rock to rock [43]**le mettait . . . rejoint** made it impossible for him to reach the maquis before being captured [44]**les collets jaunes** the yellow collars *(The uniform of the **voltigeurs** was at that time a brown tunic with a yellow collar.)*

—Attends que mon père soit revenu.

—Que j'attende? malédiction![45] Ils seront ici dans cinq minutes. Allons, cache-moi, ou je te tue.

Fortunato lui répondit avec le plus grand sang-froid:[46]

5 —Ton fusil est déchargé,[47] et il n'y a plus de cartouches[48] dans ta carchera.[49]

—J'ai mon poignard.

—Mais courras-tu aussi vite que moi?

Il fit un saut, et se mit hors d'atteinte.[50]

10 —Tu n'es pas le fils de Mateo Falcone! Me laisseras-tu donc arrêter devant ta maison?

L'enfant parut touché.

—Que me donneras-tu si je te cache? dit-il en se rapprochant.

Le bandit fouilla[51] dans une poche de cuir qui pendait[52] à sa 15 ceinture,[53] et il en tira une pièce de cinq francs qu'il avait réservée sans doute pour acheter de la poudre. Fortunato sourit à la vue de la pièce d'argent; il s'en saisit, et dit à Gianetto:

—Ne crains rien.

Aussitôt il fit un grand trou dans un tas de foin[54] placé auprès 20 de la maison. Gianetto s'y cacha, et l'enfant le recouvrit de manière à lui laisser un peu d'air pour respirer, sans qu'il fût possible cependant de soupçonner[55] que ce foin cachât un homme. Il eut de plus une idée assez ingénieuse. Il alla prendre une chatte et ses petits, et les établit sur le tas de foin 25 pour faire croire qu'il n'avait pas été remué depuis peu. Ensuite, remarquant des traces de sang sur le sentier près de la maison, il les couvrit de poussière[56] avec soin, et, cela fait, il se recoucha au soleil avec la plus grande tranquillité.

Quelques minutes après, six hommes en uniforme brun à 30 collet jaune, et commandés par un adjudant, étaient devant la porte de Mateo. Cet adjudant était quelque peu parent[57] de

---

[45]**Que j'attende? malédiction!** Wait? Confound it! [46]**sang-froid** calm
[47]**déchargé** not loaded [48]**cartouche** cartridge [49]**carchera** *carchera* (*leather belt used to carry cartridges and also used as a purse*) [50]**se mettre hors d'atteinte** put oneself out of reach [51]**fouiller** rummage [52]**pendre** hang
[53]**ceinture** belt [54]**tas de foin** haystack [55]**soupçonner** suspect [56]**poussière** dust [57]**quelque peu parent** distantly connected

Falcone. Il se nommait Tiodoro Gamba: c'était un homme actif, fort redouté[58] des bandits dont il avait déjà traqué[59] plusieurs.

—Bonjour, petit cousin, dit-il à Fortunato en l'accostant;
5 comme te voilà grandi! As-tu vu passer un homme tout à l'heure?[60]

—Oh! je ne suis pas encore si grand que vous, mon cousin, répondit l'enfant d'un air niais.[61]

—Cela viendra. Mais n'as-tu pas vu passer un homme, dis-
10 moi?

—Si j'ai vu passer un homme?

—Oui, un homme avec un bonnet pointu en velours[62] noir, et une veste brodée de rouge[63] et de jaune?

—Un homme avec un bonnet pointu, et une veste brodée de
15 rouge et de jaune?

—Oui, réponds vite, et ne répète pas mes questions.

—Ce matin, M. le curé est passé devant notre porte, sur son cheval Piero. Il m'a demandé comment papa se portait, et je lui ai répondu . . .

20 —Ah! petit drôle,[64] tu fais le malin![65] Dis-moi vite par où est passé Gianetto, car c'est lui que nous cherchons; et, j'en suis certain, il a pris par ce sentier.

—Qui sait?

—Qui sait? C'est moi qui sais que tu l'as vu.

25 —Est-ce qu'on voit les passants[66] quand on dort?

—Tu ne dormais pas, vaurien;[67] les coups de fusil t'ont ré-veillé.

—Vous croyez donc, mon cousin, que vos fusils font tant de bruit? L'escopette de mon père en fait bien davantage.

30 —Que le diable te confonde, maudit garnement![68] Je suis bien sûr que tu as vu le Gianetto. Peut-être même l'as-tu caché.

---

[58]**fort redouté** much feared   [59]**traquer** run down   [60]**tout à l'heure** just now
[61]**d'un air niais** with a simple air   [62]**velours** velvet   [63]**une veste brodée de rouge et de jaune** a waistcoat embroidered in red and yellow   [64]**petit drôle** young scamp   [65]**faire le malin** play the fool   [66]**passant** passerby   [67]**vaurien** rogue   [68]**Que le diable . . . garnement!** May the devil take you, cursed scamp that you are!

Allons, camarades, entrez dans cette maison et voyez si notre homme n'y est pas.

—Et que dira papa? demanda Fortunato en ricanant;[69] que dira-t-il s'il sait qu'on est entré dans sa maison pendant qu'il
5 était sorti?

—Vaurien! dit l'adjudant Gamba en le prenant par l'oreille, sais-tu qu'il ne tient qu'à moi de te faire changer de note?[70] Peut-être qu'en te donnant une vingtaine de coups de plat de sabre[71] tu parleras enfin.

10 Et Fortunato ricanait toujours.

—Mon père est Mateo Falcone! dit-il avec emphase.

—Sais-tu bien, petit drôle, que je puis t'emmener à Corte ou à Bastia. Je te ferai coucher dans un cachot,[72] sur la paille,[73] les fers aux pieds, et je te ferai guillotiner si tu ne dis où est
15 Gianetto Sanpiero.

L'enfant éclata de rire[74] à cette ridicule menace. Il répéta:

—Mon père est Mateo Falcone!

—Adjudant, dit tout bas un des voltigeurs, ne nous brouillons pas[75] avec Mateo.

20 Gamba paraissait évidemment embarrassé.[76] Il causait à voix basse avec ses soldats, qui avaient déjà visité toute la maison. Ce n'était pas une opération fort longue, car la cabane[77] d'un Corse ne consiste qu'en une seule pièce carrée.[78] L'ameublement[79] se compose d'une table, de bancs,[80] de coffres[81] et d'us-
25 tensiles de chasse ou de ménage.[82] Cependant le petit Fortunato caressait sa chatte, et semblait jouir[83] de la confusion des voltigeurs et de son cousin.

Un soldat s'approcha du tas de foin. Il vit la chatte, et donna un coup de baïonnette dans le foin avec négligence,[84] et haus-

---

[69]**ricaner** chuckle [70]**il ne tient . . . note** do you know that, if I like, I can make you change your tune [71]**en te donnant . . . sabre** by giving you twenty blows or so with the flat of my sword [72]**cachot** cell [73]**paille** straw [74]**éclater de rire** burst out laughing [75]**ne nous brouillons pas** let us not get into trouble
[76]**Gamba paraissait évidement embarrassé.** It was clear that Gamba did not know what to do. [77]**cabane** hut [78]**pièce carrée** square room [79]**ameublement** furniture [80]**banc** bench [81]**coffre** chest [82]**ustensile de chasse ou de ménage** household or hunting utensil [83]**jouir** enjoy [84]**donna . . . négligence** carelessly stuck a bayonet in the hay

sant les épaules,[85] comme s'il sentait que sa précaution était ridicule. Rien ne remua; et le visage de l'enfant ne trahit[86] pas la plus légère émotion.

L'adjudant et sa troupe ne savaient que faire; déjà ils regardaient sérieusement du côté de la plaine, comme disposés à s'en retourner par où ils étaient venus, quand leur chef, convaincu que les menaces ne produiraient aucune impression sur le fils de Falcone, voulut faire un dernier effort et essayer le pouvoir des caresses et des présents.

10 —Petit cousin, dit-il, tu me parais un gaillard bien éveillé![87] Tu iras loin. Mais tu joues un vilain[88] jeu avec moi; et, si je ne craignais de faire de la peine à mon cousin Mateo, le diable m'emporte![89] je t'emmènerais avec moi.

—Bah!

15 —Mais, quand mon cousin sera revenu, je lui conterai l'affaire, et, pour ta peine d'avoir menti, il te donnera le fouet jusqu'au sang.[90]

—Savoir?[91]

—Tu verras... Mais, tiens...[92] sois brave garçon,[93] et je te don-
20 nerai quelque chose.

—Moi, mon cousin, je vous donnerai un avis:[94] c'est que, si vous tardez davantage,[95] le Gianetto sera dans le maquis.

L'adjudant tira de sa poche une montre d'argent qui valait bien dix écus;[96] et, remarquant que les yeux du petit Fortunato
25 étincelaient[97] en la regardant, il lui dit en tenant la montre suspendue au bout de sa chaîne d'acier.[98]

—Fripon![99] tu voudrais bien avoir une montre comme celle-ci suspendue à ton col,[1] et tu te promènerais dans les rues de Porto-Vecchio, fier comme un paon;[2] et les gens te deman-

---

[85]**hausser les épaules** shrug one's shoulders   [86]**trahir** betray   [87]**un gaillard
bien éveillé** a bright chap   [88]**vilain** nasty   [89]**le diable m'emporte** I'll be
hanged   [90]**je lui conterai ... sang** I'll tell him the whole story, and he will
give you the whip till the blood comes, for telling lies   [91]**Savoir?** How do you
know?   [92]**tiens** look here   [93]**sois brave garçon** be a good boy   [94]**avis** piece of
advice   [95]**si vous tardez davantage** if you wait any longer   [96]**qui valait bien
dix écus** worth a good ten crowns   [97]**étinceler** sparkle   [98]**chaîne d'acier** steel
chain   [99]**Fripon!** You naughty boy!   [1]**col** neck   [2]**paon** peacock

deraient: « Quelle heure est-il? » et tu leur dirais: « Regardez à
ma montre. »

—Quand je serai grand, mon oncle le caporal me donnera une
montre.

5 —Oui; mais le fils de ton oncle en a déjà une...pas aussi belle
que celle-ci, à la vérité... Cependant il est plus jeune que toi.

L'enfant soupira.[3]

—Eh bien, la veux-tu cette montre, petit cousin? Fortunato,
lorgnant la montre du coin de l'œil,[4] ressemblait à un chat à qui
10 l'on présente un poulet[5] tout entier. Et comme il sent qu'on se
moque de lui, il n'ose y porter la griffe,[6] et de temps en temps il
détourne[7] les yeux pour ne pas s'exposer à succomber à la tentation;[8] mais il se lèche les babines[9] à tout moment, il a l'air de
dire à son maître: « Que votre plaisanterie[10] est cruelle! »

15 Cependant l'adjudant Gamba semblait de bonne foi[11] en pré-
sentant sa montre. Fortunato n'avança pas la main; mais il lui
dit avec un sourire amer:[12]

—Pourquoi vous moquez-vous de moi?

—Par Dieu! je ne me moque pas. Dis-moi seulement où est
20 Gianetto, et cette montre est à toi.

Fortunato laissa échapper un sourire d'incrédulité;[13] et, fixant
ses yeux noirs sur ceux de l'adjudant, il essayait d'y lire la foi
qu'il devait avoir en ses paroles.

—Que je perde[14] mon épaulette, sécria l'adjudant, si je ne te
25 donne pas la montre à cette condition! Les camarades sont témoins;[15] et je ne puis m'en dédire.

En parlant ainsi, il approchait toujours la montre, tant, qu'elle
touchait presque la joue[16] pâle de l'enfant. Celui-ci montrait
bien sur sa figure le combat que se livraient en son âme la con-
30 voitise et le respect dû à l'hospitalité.[17] Sa poitrine nue se

---

[3]**soupirer** sigh [4]**lorgnant ... l'œil** ogling the watch from the corner of his eye
[5]**poulet** chicken [6]**porter sa griffe** put a claw [7]**détourner** turn away [8]**pour
ne pas s'exposer ... tentation** so as not be in danger of succumbing to temptation [9]**se lécher les babines** lick one's lips [10]**plaisanterie** joke [11]**semblait
de bonne foi** seemed to be sincere [12]**amer** bitter [13]**laissa échapper un
sourire d'incrédulité** let an incredulous smile escape him [14]**Que je perde**
May I lose [15]**témoin** witness [16]**joue** cheek [17]**le combat ... l'hospitalité**
the fight that greed and the respect for hospitality were waging in his soul

soulevait avec force,[18] et il semblait près d'étouffer.[19] Cependant la montre oscillait, tournait, et quelquefois lui heurtait[20] le bout du nez. Enfin, peu à peu, sa main droite s'éleva vers la montre; le bout de ses doigts la toucha; et elle pesait tout entière dans sa main[21] sans que l'adjudant lâchât[22] le bout de la chaîne... Le cadran était azuré... la boîte nouvellement fourbie...[23] au soleil, elle paraissait toute de feu... La tentation était trop forte.

Fortunato éleva aussi sa main gauche, et indiqua du pouce,[24] par-dessus son épaule, le tas de foin auquel il était adossé.[25] L'adjudant le comprit aussitôt. Il abandonna l'extrémité de la chaîne; Fortunato se sentit seul possesseur de la montre. Il se leva avec l'agilité d'un daim,[26] et s'éloigna de dix pas[27] du tas de foin, que les voltigeurs se mirent aussitôt à culbuter.[28]

On ne tarda pas à voir le foin s'agiter;[29] et un homme sanglant,[30] le poignard à la main, en sortit; mais, comme il essayait de se lever, sa blessure ne lui permit plus de se tenir debout.[31] Il tomba. L'adjudant se jeta sur lui et lui arracha[32] son poignard. Aussitôt on le lia fortement malgré sa résistance.

Gianetto, couché par terre et lié comme un fagot, tourna la tête vers Fortunato qui s'était rapproché.

—Fils de...! lui dit-il avec plus de mépris que de colère.

L'enfant lui jeta la pièce d'argent qu'il en avait reçue, sentant qu'il avait cessé de la mériter; mais le proscrit[33] n'eut pas l'air de faire attention à ce mouvement. Il dit avec beaucoup de sang-froid à l'adjudant:

—Mon cher Gamba, je ne puis marcher; vous allez être obligé de me porter à la ville.

—Tu courais tout à l'heure plus vite qu'un chevreuil,[34] répondit le cruel vainqueur;[35] mais sois tranquille: je suis si con-

---

[18]**se soulevait avec force** heaved convulsively [19]**étouffer** choke [20]**heurter** bump [21]**elle pesait . . . main** its whole weight was in his hand [22]**lâcher** let go [23]**Le cadran . . . fourbie** The face was sky blue, the case, newly burnished [24]**pouce** thumb [25]**être adossé** lean [26]**daim** deer [27]**s'éloigna de dix pas** moved ten paces away [28]**culbuter** knock over [29]**On ne tarda pas . . . s'agiter** It was not long before they saw the hay stir [30]**sanglant** bleeding [31]**se tenir debout** keep upright [32]**arracher** wrest away [33]**proscrit** outlaw [34]**chevreuil** roebuck [35]**vainqueur** victor

tent de te tenir, que je te porterais une lieue sur mon dos sans
être fatigué. D'ailleurs, mon camarade, nous allons te faire une
litière[36] avec des branches et ta capote;[37] et à la ferme de Cres-
poli nous trouverons des chevaux.

5   —Bien, dit le prisonnier; vous mettrez aussi un peu de paille
sur votre litière, pour que je sois plus à mon aise.[38]

Pendant que les voltigeurs s'occupaient, les uns à faire une
espèce de brancard[39] avec des branches de châtaignier,[40] les
autres à panser la blessure[41] de Gianetto, Mateo Falcone et sa
10 femme parurent tout d'un coup[42] dans un sentier qui conduisait
au maquis. La femme s'avançait courbée péniblement sous le
poids d'un énorme sac de châtaignes,[43] tandis que son mari ne
portait qu'un fusil à la main et un autre en bandoulière;[44] car il
est indigne[45] d'un homme de porter d'autre fardeau[46] que ses
15 armes.

A la vue des soldats, la première pensée de Mateo fut qu'ils
venaient pour l'arrêter. Mais pourquoi cette idée? Mateo
craignait-il donc la justice? Non. Il jouissait d'une bonne
réputation. Mais il était corse et montagnard, et il y a peu de
20 Corses montagnards qui, en examinant bien leur mémoire, n'y
trouvent quelque peccadille,[47] telle que coups de fusil, coups
de poignard et autres bagatelles.[48] Mateo, plus qu'un autre,
avait la conscience nette;[49] car depuis plus de dix ans il n'avait
dirigé son fusil contre un homme; mais toutefois il était pru-
25 dent, et il se mit en posture de faire une belle défense,[50] s'il en
était besoin.

—Femme, dit-il à Giuseppa, pose ton sac et tiens-toi prête.[51]

Elle obéit sur-le-champ.[52] Il lui donna le fusil qu'il avait en
bandoulière et qui aurait pu le gêner.[53] Il arma celui qu'il avait

---

[36]**litière** litter [37]**capote** cloak [38]**à l'aise** comfortable [39]**brancard** stretcher
[40]**châtaignier** chestnut tree [41]**panser la blessure** dress the wound [42]**tout
d'un coup** all at once [43]**courbée ... châtaignes** bending heavily under the
weight of an enormous bag of chestnuts [44]**porter un fusil en bandoulière**
carry a gun slung on one's back [45]**indigne** unworthy, unfit [46]**fardeau** burden [47]**peccadille** peccadillo [48]**bagatelle** bagatelle, trifle [49]**net** clear [50]**se
mit ... défense** got ready to make a good defense [51]**se tenir prêt** be ready
[52]**sur-le-champ** on the spot [53]**gêner** inconvenience

à la main, et il s'avança lentement vers sa maison, longeant[54] les arbres qui bordaient[55] le chemin, et prêt, à la moindre démonstration hostile, à se jeter derrière le plus gros tronc,[56] d'où il aurait pu faire feu à couvert.[57] Sa femme marchait sur ses ta-
5 lons,[58] tenant son second fusil. L'emploi d'une bonne femme, en cas de combat, est de charger les armes de son mari.

D'un autre côté, l'adjudant était fort embarrassé voyant Mateo s'avancer ainsi, le fusil en avant et le doigt sur la détente.[59]

« Si par hasard,[60] pensa-t-il, Mateo se trouvait parent de
10 Gianetto, ou s'il était son ami, et qu'il voulût le défendre, les balles de ses deux fusils arriveraient à deux d'entre nous, aussi sûr qu'une lettre à la poste,[61] et s'il me visait,[62] malgré la parenté!... »[63]

Dans cette perplexité,[64] il prit un parti[65] fort courageux, ce fut
15 de s'avancer seul vers Mateo pour lui conter l'affaire, en l'accostant comme une vieille connaissance;[66] mais le court intervalle qui le séparait de Mateo lui parut terriblement long.

—Holà! eh! mon vieux camarade, criait-il, comment cela va-t-il, mon brave?[67] C'est moi, je suis Gamba, ton cousin.
20 Mateo, sans répondre un mot, s'était arrêté, et, à mesure que l'autre parlait,[68] il relevait[69] doucement[70] le canon[71] de son fusil, de sorte qu'il était dirigé vers le ciel au moment où l'adjudant le joignit.[72]

—Bonjour, frère,[73] dit l'adjudant en lui donnant la main. Il y
25 a bien longtemps que je ne t'ai vu.

—Bonjour, frère.

—J'étais venu pour te dire bonjour en passant, et à ma cousine Pepa. Nous avons fait une longue marche aujourd'hui; mais il ne faut pas plaindre notre fatigue, car nous avons fait une
30 fameuse prise.[74] Nous venons d'empoigner[75] Gianetto Sanpiero.

---

[54]**longer** walk along [55]**border** line [56]**tronc** trunk [57]**à couvert** under cover [58]**sur ses talons** at his heels [59]**détente** trigger [60]**par hasard** by chance [61]**aussi sûr ... poste** as sure as a letter by mail [62]**viser** aim [63]**parenté** relationship [64]**perplexité** difficulty [65]**prendre un parti** make a resolve [66]**connaissance** acquaintance [67]**mon brave** old man [68]**à mesure ... parlait** as the other spoke [69]**relever** raise [70]**doucement** slowly [71]**canon** barrel [72]**joindre** join [73]**Bonjour, frère.** Corsican way of greeting [74]**une fameuse prise** a terrific catch [75]**empoigner** seize

—Dieu soit loué![76] s'écria Giuseppa. Il nous a volé une
chèvre laitière[77] la semaine passée.

Ces mots réjouirent[78] Gamba.

—Pauvre diable! dit Mateo, il avait faim.

5 —Le drôle s'est défendu comme un lion, poursuivit l'adjudant un peu mortifié; il m'a tué un de mes voltigeurs, et, non
content de cela, il a cassé le bras au caporal Chardon; mais il n'y
a pas grand mal, ce n'était qu'un Français...[79] Ensuite, il s'était
si bien caché, que le diable ne l'aurait pu découvrir. Sans mon
10 petit cousin Fortunato, je ne l'aurais jamais pu trouver.

—Fortunato! s'écria Mateo.

—Fortunato! répéta Giuseppa.

—Oui, le Gianetto s'était caché sous ce tas de foin là-bas;
mais mon petit cousin m'a montré où. Aussi je le dirai à son
15 oncle le caporal, afin qu'il lui envoie un beau cadeau[80] pour sa
peine.[81] Et son nom et le tien seront dans le rapport[82] que j'en-
verrai à M. l'avocat général.[83]

—Malédiction![84] dit tout bas Mateo.

Ils avaient rejoint[85] les voltigeurs. Gianetto était couché sur
20 la litière et prêt à partir. Quand il vit Mateo en la compagnie de
Gamba, il sourit d'un sourire étrange; puis, se tournant vers la
porte de la maison, il cracha[86] en disant:

—Maison d'un traître![87]

Il n'y avait qu'un homme décidé à mourir qui eût osé pro-
25 noncer le mot de traître en l'appliquant à Falcone. Un bon
coup de poignard, qui n'aurait pas eu besoin d'être répété, aurait immédiatement payé l'insulte. Cependant Mateo ne fit pas
d'autre geste que celui de porter sa main à son front comme un
homme accablé.[88]

30 Fortunato était entré dans la maison en voyant arriver son
père. Il reparut bientôt avec une jatte[89] de lait qu'il présenta les
yeux baissés[90] à Gianetto.

---

[76]**Dieu soit loué!** God be praised!   [77]**une chèvre laitière** a milch goat
[78]**réjouir** cheer   [79]**ce n'était qu'un Français** (*Corsica had been French for
only a short while when the story was written.*)   [80]**cadeau** gift   [81]**pour sa
peine** for his pains   [82]**rapport** report   [83]**avocat général** Public Prosecutor
[84]**malédiction** curse   [85]**rejoindre** rejoin   [86]**cracher** spit   [87]**traître** traitor
[88]**accablé** overcome   [89]**jatte** bowl   [90]**les yeux baissés** with downcast eyes

—Loin de moi! lui cria le proscrit d'une voix foudroyante.[91]

Puis, se tournant vers un des voltigeurs:

—Camarade, donne-moi à boire, dit-il.

Le soldat remit[92] sa gourde[93] entre ses mains, et le bandit but
5 l'eau que lui donnait un homme avec lequel il venait
d'échanger des coups de fusil. Ensuite il demanda qu'on lui
attachât les mains de manière qu'il les eût croisées[94] sur sa poitrine, au lieu de les avoir liées[95] derrière le dos.

—J'aime, disait-il, à être couché à mon aise.

10 On se hâta de le satisfaire; puis l'adjudant donna le signal du
départ, dit adieu[96] à Mateo, qui ne lui répondit pas, et descendit
vers la plaine.

Il se passa près de dix minutes avant que Mateo ouvrît la
bouche. L'enfant regardait d'un œil inquiet[97] tantôt sa mère et
15 tantôt[98] son père, qui, s'appuyant sur son fusil, le considérait
avec une expression de colère concentrée.

—Tu commences bien! dit enfin Mateo d'une voix calme,
mais effrayante[99] pour qui connaissait l'homme.

—Mon père! s'écria l'enfant en s'avançant, les larmes aux
20 yeux, comme pour se jeter à ses genoux.

Mais Mateo lui cria:

—Arrière de moi![1]

Et l'enfant s'arrêta et sanglota,[2] immobile, à quelques pas de
son père.

25 Giuseppa s'approcha. Elle venait d'apercevoir la chaîne de
la montre, dont un bout sortait de la chemise de Fortunato.

—Qui t'a donné cette montre? demanda-t-elle d'un ton sévère.

—Mon cousin l'adjudant.

30 Falcone saisit la montre, et, la jetant avec force contre une
pierre, il la mit en mille pièces.

—Femme, dit-il, cet enfant est-il de moi?

Les joues brunes de Giuseppa devinrent d'un rouge de
brique.

---

[91]**foudroyant** thundering [92]**remettre** put [93]**gourde** flask [94]**croisé** crossed
[95]**lié** tied [96]**dire adieu** say good-bye [97]**inquiet** uneasy [98]**tantôt...tantôt** now
...now [99]**effrayant** terrifying [1]**Arrière de moi!** Stay away! [2]**sangloter** sob

—Que dis-tu, Mateo? et sais-tu bien à qui tu parles?

—Eh bien, cet enfant est le premier de sa race qui ait fait une trahison.[3]

Les sanglots et les hoquets[4] de Fortunato redoublèrent, et
5 Falcone tenait ses yeux de lynx toujours attachés sur lui. Enfin
il frappa la terre de la crosse[5] de son fusil, puis le jeta sur son
épaule et reprit le chemin du maquis en criant à Fortunato de le
suivre. L'enfant obéit.

Giuseppa courut après Mateo et lui saisit le bras.

10 —C'est ton fils, lui dit-elle d'une voix tremblante en attachant
ses yeux noirs sur ceux de son mari, comme pour lire ce qui se
passait dans son âme.

—Laisse-moi, répondit Mateo: je suis son père.

Giuseppa embrassa son fils et entra en pleurant dans sa
15 cabane. Elle se jeta à genoux devant une image de la Vierge[6] et
pria avec ferveur. Cependant Falcone marcha quelque deux
cents pas dans le sentier et ne s'arrêta que dans un petit ravin[7]
où il descendit. Il sonda[8] la terre avec la crosse de son fusil et la
trouva molle et facile à creuser.

20 —Fortunato, va auprès de cette grosse pierre.

L'enfant fit ce qu'il lui commandait, puis il s'agenouilla.

—Dis tes prières.

—Mon père, mon père, ne me tuez pas.

—Dis tes prières! répéta Mateo d'une voix terrible.

25 L'enfant, tout en balbutiant[9] et en sanglotant, récita le *Pater*
et le *Credo*. Le père, d'une voix forte, répondait *Amen!* à la fin
de chaque prière.

—Sont-ce là toutes les prières que tu sais?

—Mon père, je sais encore l'*Ave Maria* et la litanie que ma
30 tante m'a apprise.

—Elle est bien longue, n'importe.

L'enfant acheva la litanie d'une voix éteinte.[10]

—As-tu fini?

—Oh! mon père, grâce! pardonnez-moi! Je ne le ferai plus!

---

[3]**trahison** treachery, treason [4]**hoquet** choking [5]**crosse** butt [6]**Vierge** Virgin
[7]**ravin** ravine [8]**sonder** feel [9]**balbutier** stammer [10]**acheva … éteinte**
finished the litany in a stifled voice

Je prierai tant mon cousin le caporal qu'on fera grâce[11] au Gianetto!

Il parlait encore; Mateo avait armé[12] son fusil et le couchait en joue[13] en lui disant:

5 —Que Dieu te pardonne!

L'enfant fit un effort désespéré pour se relever[14] et embrasser les genoux de son père; mais il n'en eut pas le temps. Mateo fit feu, et Fortunato tomba raide mort.[15]

Sans jeter un coup d'œil sur le cadavre, Mateo reprit le che-
10 min de sa maison pour aller chercher une bêche[16] afin d'enter-rer[17] son fils. Il avait fait à peine quelques pas qu'il rencontra Giuseppa, qui accourait alarmée du coup de feu.

—Qu'as-tu fait? s'écria-t-elle.

—Justice.

15 —Où est-il?

—Dans le ravin. Je vais l'enterrer. Il est mort en chrétien; je lui ferai chanter une messe. Qu'on dise à mon gendre Tiodoro Bianchi de venir demeurer avec nous.

EXERCISES

A. The imperfect of **venir de** + infinitive.

Venir de in the imperfect tense is used to express an action that immediately precedes a prior past action. Rewrite the following sentences according to the example.

EXAMPLE: Il avait reçu un coup de feu.
Il venait de recevoir un coup de feu.

1. Les parents de Fortunato étaient sortis.
2. L'explosion avait interrompu les méditations de Fortunato.
3. Un coup de feu avait mis Gianetto hors d'état de marcher.
4. Fortunato avait recouvert le bandit de foin.
5. Fortunato avait reçu une montre.
6. L'adjudant avait compris.

---

[11]**faire grâce** pardon [12]**armer** cock [13]**coucher en joue** aim [14]**se relever** get up [15]**tomber raide mort** fall stone dead [16]**bêche** spade [17]**enterrer** bury

7. Au retour des parents, on avait pris le bandit.
8. Ils avaient rejoint les voltigeurs.
9. La mère avait aperçu la montre.
10. Fortunato avait fait une trahison.

B. **Quand + future.**

The future is used after **quand** where the present would be used in English.

Rewrite the following sentences according to the example.

EXAMPLE: Si j'étais grand, mon oncle me donnerait une montre.
Quand je serai grand, mon oncle me donnera une montre.

1. Si j'avais quinze ans, mon oncle me donnerait une montre.
2. Si Fortunato entendait des coups de feu, il se réveillerait.
3. Si le bandit recevait des coups de feu, il se cacherait.
4. Si on tenait le bandit, on le mettrait en prison.
5. Que dirait mon père s'il savait qu'on est entré?
6. Si tu me disais où est Gianetto, cette montre serait à toi.
7. Si Fortunato pouvait recevoir la montre, il ferait une trahison.
8. Si les parents voyaient Fortunato, ils seraient en colère.

C. The imperative, second person singular, in the affirmative.

Rewrite the following sentences according to the example.

EXAMPLE: Fortunato demande à Gianetto d'attendre son père.
Attends mon père.

1. Gianetto demande à Fortunato de faire un trou.
2. L'adjudant demande à Fortunato d'être bon garçon.
3. L'adjudant demande à Fortunato de répondre vite.
4. Mateo demande à sa femme de poser son sac.
5. Mateo demande à Fortunato d'aller auprès de la pierre.
6. Mateo demande à Fortunato de dire ses prières.

D. The imperative, second person singular, in the negative.

Rewrite the following sentences according to the example.

EXAMPLE: L'adjudant demande à Fortunato de ne pas répéter les questions.
Ne répète pas les questions.

1. Gianetto demande à Fortunato de ne pas attendre trop longtemps.
2. Fortunato dit à Gianetto de ne rien craindre.
3. L'adjudant demande à Fortunato de ne pas faire le malin.
4. Il lui demande de ne pas rire.
5. Il lui demande de ne pas mentir.
6. Fortunato demande à l'adjudant de ne pas aller dans la maison.

E. Use of pronouns with the imperative.

Rewrite the following sentences according to the example.

EXAMPLE: Gianetto demande à Fortunato de le cacher.
Cache-moi.

1. Gianetto demande à Fortunato de le recouvrir de foin.
2. L'adjudant demande à Fortunato de lui répondre.
3. L'adjudant demande à Fortunato de lui dire où est Gianetto.
4. Gianetto demande au voltigeur de lui donner à boire.
5. Mateo demande à Fortunato de le suivre.
6. Fortunato demande à son père de lui pardonner.

F. Vocabulary.

Meaning of **que** + subjunctive to express a wish or an order.

Indicate whether the subjunctive expresses a wish *(W)* or an order *(O)* in the following sentences.

EXAMPLE: Que Dieu soit loué.   (W)
Qu'on dise à mon gendre de venir. (O)

1. Que le diable te confonde.
2. Que le diable m'emporte.
3. Que je perde mon épaulette.
4. Que mon gendre vienne.
5. Que Dieu te pardonne.
6. Qu'on ne fasse pas le malin avec moi.
7. Que je meure si je ne dis pas la vérité.
8. Qu'on se tienne prêt.

G. Vocabulary.

Match the words under Column A with the appropriate comparisons under Column B; then write a sentence of your own with each phrase.

Column A	Column B
1. lier	a. comme un lion
2. accoster	b. comme le jais
3. noir	c. comme une brique
4. fier	d. comme une vieille connaissance
5. étinceler	e. comme un chevreuil
6. large	f. comme un fagot
7. se défendre	g. comme un paon
8. rouge	h. comme une assiette
9. agile	i. comme le soleil

H. Vocabulary.

Create sentences using one or more of the following expressions in each sentence.

l'adjudant	recevoir un coup de feu
porter un uniforme	donner un coup de poignard
une épaulette	donner un coup de sabre
porter un fusil en bandoulière ou à la main	poursuivre l'ennemi
	traquer qqn
une arme à feu	lier qqn
la crosse	empoigner
le canon	faire une prise
la balle	faire sa retraite
armer son fusil	faire une trahison
mettre en joue qqn ou coucher qqn en joue	trahir
	le traître
viser qqn ou qqch.	le cachot
avoir le doigt sur la détente	mettre les pieds aux fers à qqn
faire feu ou tirer sur qqn	être blessé
être bon tireur	panser la blessure

I. Vocabulary.

Complete each of the following sentences with the appropriate preposition: **de** (or **d'**, **du**), **en**, **hors**, **par**, **sur**.

1. Mateo vivait ___ produit de ses troupeaux.
2. Il se servait ___ ses armes avec habileté.
3. Il s'est débarrassé ___ un rival en le tuant.
4. Il pouvait compter ___ ses gendres en cas de besoin.
5. Le bandit s'appuyait ___ son fusil pour marcher.
6. Il avait fait sa retraite ___ rocher ___ rocher.

7. En sautant, Fortunato s'était mis ____ d'atteinte.
8. Il a couvert les traces de sang ____ foin.
9. Il a éclaté ____ rire quand l'adjudant l'a menacé.
10. Le bandit était couché ____ terre.

J. Vocabulary.

Rewrite each of these sentences, substituting the appropriate expression in the following list for the near-equivalent in italics.

à mesure que   passer pour
gêner   faire croire
jouir de   mettre hors d'état de
ne pas tarder à   se jeter
valoir   être embarrassé

1. On vit *bientôt* le foin s'agiter.
2. Mateo *avait* une bonne réputation.
3. Le rival de Mateo *avait la réputation d'être* redoutable.
4. La blessure *rendait* le bandit *incapable* de gagner le maquis.
5. La chatte devait *donner l'impression* que personne n'était caché.
6. L'adjudant *ne savait pas quoi faire.*
7. La montre *coûtait* beaucoup d'argent.
8. Le fusil que Mateo portait en bandoulière pouvait *l'embarrasser.*
9. Mateo relevait son fusil *pendant* que l'adjudant parlait.
10. Fortunato *est tombé* à genoux.

K. Reading comprehension.

Rewrite the following statements, where necessary, to make them agree with the facts presented in the story.

1. Mateo avait dû attendre quelque temps avant de se marier parce qu'il avait tué un rival.
2. Ses trois filles étaient héritières de son nom.
3. Le bandit poursuivi par les voltigeurs serait vite rejoint si Fortunato ne le cachait pas.
4. Ayant reçu une montre, Fortunato a caché Gianetto dans le foin.
5. Les soldats portaient un uniforme jaune à collet brun.
6. Les voltigeurs ne sont pas entrés dans la maison pour ne pas se brouiller avec Mateo.

7. Fortunato n'a pas tardé à succomber à la tentation à cause de sa convoitise.
8. On a fait une litière pour transporter le bandit jusqu'à une ferme où il y avait des chevaux.
9. En voyant les soldats, Mateo a d'abord cru qu'on voulait l'arrêter, car il avait tué beaucoup d'hommes en dix ans.
10. Mateo a relevé son fusil parce que l'adjudant s'est avancé seul.
11. Mateo n'a pas répondu à l'insulte du bandit parce qu'il la méritait.
12. Giuseppa a rougi parce que son mari lui a demandé s'il était bien le père de Fortunato.
13. Elle a essayé d'empêcher son mari de tuer l'enfant.
14. Mateo a choisi un endroit où la terre lui permettait de faire facilement un trou pour le cadavre.

L. Reading comprehension.

Be prepared to read aloud sentences or parts of sentences from the text in support of the following statements.

1. Mateo était un homme redoutable.
2. Fortunato était un garçon éveillé: il savait ce qu'il fallait dire et faire en présence du bandit et de l'adjutant.

Nous apprenons de nombreux détails sur la Corse du 19e siècle:

3. détails relatifs à la géographie (terrain, végétation, faune, habitat, moyens de vivre, moyens de transport, villes et villages);
4. détails relatifs aux rôles traditionnels de l'homme et de la femme dans une société patriarcale;
5. détails relatifs aux relations familiales et sociales;
6. détails relatifs à la justice et à la répression des crimes;
7. détails relatifs à la loi du plus fort et au code social de l'hospitalité, de l'honneur et du respect;
8. détails relatifs au rôle de la religion.

UN CŒUR SIMPLE

GUSTAVE FLAUBERT (1821–1880) Les romans de Flaubert sont soit
historiques, comme *Salammbô*, soit contemporains, comme
Madame Bovary, L'Éducation sentimentale, mais leur sujet
fondamental est le même: l'échec des aspirations romantiques
vers l'amour et le bonheur. Le romancier reste impassible devant
le spectacle des misères intellectuelles et morales, se contentant
de décrire ce qu'il observe de façon réaliste et impersonnelle, et
dans une forme parfaite.

Le conte *Un cœur simple* décrit la vie d'une humble servante
portant ironiquement le nom de Félicité. Du début à la fin du
conte, elle est admirable par sa générosité et par son dévouement, donnant plus qu'elle ne reçoit. Madame Aubain, sa maîtresse, lui ayant fait cadeau d'un perroquet, Félicité finit par reporter son besoin d'affection réciproque sur cet oiseau exotique.

Il s'appelait Loulou. Son corps était vert, le bout de ses ailes
rose, son front bleu, et sa gorge[1] dorée. Mais il avait la fatigante
manie de mordre son baton,[2] s'arrachait les plumes, répandait[3]
l'eau de sa baignoire; Mme Aubain, qu'il ennuyait,[4] le donna
5 pour toujours à Félicité.

Elle entreprit[5] de l'instruire; bientôt il répéta: «Charmant
garçon! Serviteur, Monsieur![6] Je vous salue, Marie! »[7] Il était
placé auprès de la porte, et plusieurs s'étonnaient qu'il ne ré-
pondît pas au nom de Jacquot, puisque tous les perroquets
10 s'appellent Jacquot. On le comparait à une dinde,[8] à une
bûche:[9] autant de coups de poignard[10] pour Félicité! Étrange
obstination de Loulou, ne parlant plus du moment qu'on le regardait!

---

[1]**gorge** breast [2]**il avait la fatigante ... bâton** he had the tiresome trick of biting his perch [3]**répandre** spill [4]**ennuyer** bother [5]**entreprendre** undertake
[6]**Serviteur, Monsieur!** Your servant, sir! [7]**Je vous salue, Marie!** Hail, Mary!
(*Beginning of prayer to the Virgin.*) [8]**dinde** goose (*A dinde, actually a
turkey-hen, indicates a stupid person.*) [9]**bûche** blockhead (*Normally, a
bûche means a log.*) [10]**autant de coups de poignard** they were as many
taunts

Néanmoins[11] il recherchait la compagnie; car le dimanche,
pendant que *ces*[12] demoiselles Rochefeuille, M. de Houppe-
ville et de nouveaux habitués:[13] Onfroy l'apothicaire,[14] M.
Varin et le capitaine Mathieu, faisaient leurs partie de cartes, il
5 cognait[15] les vitres avec ses ailes, et s'agitait si furieusement
qu'il était impossible de s'entendre.

La figure de Bourais, sans doute, lui paraissait très drôle.
Dès qu'il l'apercevait, il commençait à rire, à rire de toutes ses
forces.[16] Les voisins se mettaient à leurs fenêtres, riaient aussi;
10 et, pour n'être pas vu du perroquet, M. Bourais se coulait le
long du mur,[17] en dissimulant[18] son profil avec son chapeau, at-
teignait la rivière, puis entrait par la porte du jardin; et les regards qu'il envoyait à l'oiseau manquaient de tendresse.[19]

Loulou avait reçu du garçon boucher[20] une chiquenaude,[21]
15 s'étant permis d'enfoncer[22] la tête dans sa corbeille;[23] et depuis
lors[24] il essayait toujours de le pincer à travers sa chemise.
Fabu menaçait de lui tordre le cou,[25] bien qu'il ne fût pas cruel,
malgré le tatouage[26] de ses bras et ses gros favoris. Au contraire! il avait plutôt de l'affection pour le perroquet, jusqu'à
20 vouloir,[27] par humeur joviale,[28] lui apprendre des jurons.[29]
Félicité, que ces manières effrayaient,[30] le plaça dans la cuisine.
Sa chaînette fut retirée,[31] et il circulait par la maison.

Quand il descendait l'escalier, il appuyait sur les marches la
courbe de son bec,[32] levait la patte droite, puis la gauche; et elle
25 avait peur qu'une telle gymnastique ne lui causât des étourdis-
sements.[33] Il devint malade, ne pouvait plus parler ni manger.
C'était sous sa langue une épaisseur,[34] comme en ont les poules

---

[11]**Néanmoins** Nevertheless   [12]**ces** these (*Italicized to indicate that they were
much made of.*)   [13]**habitué** *habitué* (*person who is accustomed to come for a
visit*)   [14]**apothicaire** apothecary   [15]**cogner** strike   [16]**rire de toutes ses forces**
roar with laughter   [17]**se couler le long du mur** edge along the wall
[18]**dissimuler** hide   [19]**manquaient de tendresse** lacked affection   [20]**garçon
boucher** butcher boy   [21]**chiquenaude** slap   [22]**enfoncer** stick in   [23]**corbeille**
basket   [24]**depuis lors** from that time   [25]**de lui tordre le cou** to wring his neck
[26]**tatouage** tattooing   [27]**jusqu'à vouloir** to the point of wanting   [28]**par humeur
joviale** in a pleasant mood   [29]**juron** swearword   [30]**effrayer** alarm   [31]**retirer**
take off   [32]**il appuyait . . . bec** he rested his curved beak on the steps
[33]**étourdissement** vertigo   [34]**une épaisseur** a thick layer

quelquefois. Elle le guérit[35] en arrachant cette pellicule avec ses ongles.[36] M. Paul, un jour, eut l'imprudence de lui souffler aux narines la fumée[37] d'un cigare; enfin, il se perdit.

Elle l'avait posé sur l'herbe pour le rafraîchir,[38] s'absenta une
5 minute; et, quand elle revint, plus de perroquet! D'abord elle le chercha dans les buissons,[39] au bord de l'eau et sur les toits, sans écouter sa maîtresse qui lui criait: « Prenez donc garde![40] vous êtes folle! » Ensuite elle inspecta tous les jardins de Pont-l'Évêque; et elle arrêtait les passants:[41] « Vous n'auriez
10 pas vu, quelquefois, par hasard, mon perroquet? »[42] A ceux qu ne connaissaient pas le perroquet, elle en faisait la description. Tout à coup, elle crut distinguer derrière les moulins,[43] au bas de la côte,[44] une chose verte qui voltigeait.[45] Mais au haut de la côte, rien! Enfin elle rentra, épuisée,[46] la mort dans l'âme;[47] et,
15 assise au milieu du banc, près de Madame, elle lui disait où elle avait cherché, quand un poids léger lui tomba sur l'épaule: Loulou! Que diable[48] avait-il fait? Peut-être qu'il s'était promené aux environs![49]

Elle eut du mal à s'en remettre,[50] ou plutôt ne s'en remit
20 jamais.

Par suite d'un refroidissement,[51] il lui vint une angine;[52] peu de temps après, un mal d'oreilles.[53] Trois ans plus tard, elle était sourde;[54] et elle parlait très haut, même à l'église. Bien que ses péchés[55] auraient pu sans déshonneur pour elle, ni in-
25 convénient pour le monde, se répandre à tous les coins du dio-cèse, M. le curé jugea convenable[56] de ne plus recevoir sa confession que dans la sacristie.

---

[35]**guérir** cure [36]**en arrachant . . . ongles** by pulling off this skin with her nails [37]**lui souffler aux narines la fumée** to blow in his nostrils the smoke [38]**rafraîchir** cool [39]**buisson** bush [40]**prendre garde** take care, be careful [41]**passant** passerby [42]**Vous n'auriez pas vu, . . . perroquet?** You wouldn't happen to have seen my parrot by any chance? [43]**moulin** mill [44]**côte** hill [45]**voltiger** flutter [46]**épuisé** exhausted [47]**la mort dans l'âme** with despair in her heart [48]**que diable** what the devil [49]**aux environs** in the neighborhood [50]**se remettre** get over [51]**Par suite d'un refroidissement** As a result of a chill [52]**angine** sore throat [53]**mal d'oreilles** earache [54]**sourd** deaf [55]**péché** sin [56]**sans déshonneur . . . convenable** might have been proclaimed throughout the diocese without any shame to herself or ill effects to people, the curé found it advisable

Souvent sa maitresse lui disait: « Mon Dieu! comme vous êtes bête! »[57] elle répondait: « Oui, Madame », en cherchant quelque chose autour d'elle.

Le petit cercle de ses idées se rétrécit[58] encore, et le carillon 5 des cloches, le mugissement des bœufs,[59] n'existaient plus. Tous les êtres fonctionnaient avec le silence des fantômes. Un seul bruit arrivait maintenant à ses oreilles, la voix du perroquet.

Comme pour la distraire,[60] il reproduisait le tic tac du tour-10 nebroche,[61] l'appel aigu d'un vendeur de poisson,[62] la scie du menuisier qui logeait en face;[63] et, aux coups de la sonnette,[64] imitait Mme Aubain: « Félicité! la porte! la porte! »

Ils avaient des dialogues, lui, répétant sans cesse les trois phrases de son répertoire, et elle, y répondant par des mots sans 15 suite,[65] mais où son cœur s'épanchait.[66] Loulou, dans son isolement,[67] était presque un fils, un amoureux.[68] Il grimpait sur ses doigts, mordillait ses lèvres, se cramponnait à son fichu; et, comme elle penchait son front en branlant la tête, les grandes ailes du bonnet et les ailes de l'oiseau frémissaient en-20 semble.[69]

Quand le tonnerre[70] grondait,[71] il poussait des cris, se rappelant peut-être les pluies de ses forêts natales. Le ruisselle-ment[72] de l'eau excitait son délire;[73] il montait au plafond,[74] renversait tout, et par la fenêtre allait barboter[75] dans le 25 jardin; mais revenait vite auprès de la cheminée, et, sautillant pour sécher ses plumes[76] montrait tantôt sa queue tantôt son bec.

---

[57]**bête** stupid [58]**se rétrécir** shrink [59]**le carillon . . . bœufs** the chime of the bells, the lowing of the oxen [60]**Comme pour la distraire** As if to amuse her [61]**tournebroche** spit [62]**l'appel . . . poisson** the shrill cry of the fish vendor [63]**la scie . . . en face** the saw of a carpenter who lived across the street [64]**aux coups de la sonnette** when the bell rang [65]**sans suite** that made no sense [66]**s'épancher** pour out [67]**isolement** isolation [68]**amoureux** lover [69]**Il grimpait . . . ensemble.** He climbed upon her fingers, nibbled at her lips, clung to her shawl; and, when she bent forward rocking her head, the large wings of her cap and the wings of the bird fluttered together. [70]**tonnerre** thunder [71]**gronder** rumble [72]**ruissellement** streaming [73]**délire** frenzy [74]**plafond** ceiling [75]**barboter** splash [76]**sautillant pour sécher ses plumes** hopping around to dry his feathers

Un matin du terrible hiver de 1837, qu'elle l'avait mis devant la cheminée, à cause du froid, elle le trouva mort, au milieu de sa cage, la tête en bas, et les ongles dans les fils de fer.[77] Une congestion l'avait tué, sans doute? Elle crut à un empoisonne-
5 ment; et, malgré l'absence de toutes preuves, elle soupçonna Fabu.

Elle pleura tellement que sa maîtresse lui dit: «Eh bien! faites-le empailler! »[78]

Elle demanda conseil au pharmacien,[79] qui avait toujours été
10 bon pour le perroquet.

Il écrivit au Havre. Un certain Fellacher se chargea[80] de ce travail. Mais, comme la diligence[81] égarait parfois les colis,[82] elle résolut de le porter elle-même jusqu'à Honfleur.

Les pommiers[83] sans feuilles se succédaient aux bords de
15 la route. De la glace couvrait les fossés.[84] Des chiens aboyaient[85] autour des fermes et les mains sous son manteau, avec ses petits sabots[86] noirs et son panier, elle marchait sur le milieu de la route.

Elle traversa la forêt, atteignit Saint-Gatien.
20 Derrière elle, dans un nuage de poussière, une malle-poste au grand galop se précipitait comme une trombe.[87] En voyant cette femme qui ne se dérangeait[88] pas, le conducteur se dressa,[89] releva le bras, et furieux, avec son grand fouet, il lui cingla du ventre au chignon un tel coup qu'elle tomba sur le
25 dos.[90]

Son premier geste, quand elle reprit connaissance,[91] fut d'ouvrir son panier. Loulou n'avait rien, heureusement. Elle sentit une brûlure[92] à la joue droite; ses mains qu'elle y porta étaient rouges. Le sang coulait.

---

[77]**fils de fer** wire bars [78]**empailler** stuff [79]**pharmacien** pharmacist [80]**se charger** take on [81]**diligence** stagecoach [82]**égarait parfois les colis** some-times lost the packages [83]**pommier** apple tree [84]**fossé** ditch [85]**aboyer** bark [86]**sabot** wooden shoe [87]**une malle-poste . . . trombe** a mail coach at full gallop was rushing like a whirlwind [88]**se déranger** get out of the way [89]**le conducteur se dressa** the driver stood up [90]**releva le bras, . . . dos** raised his arm and with his great whip furiously he lashed her from her belly to her hair, with such violence that she fell on her back [91]**reprendre connaissance** regain consciousness [92]**brûlure** sting

Elle s'assit sur des cailloux,[93] se tamponna le visage[94] avec
son mouchoir,[95] puis elle mangea une croûte de pain,[96] et se
consolait de sa blessure[97] en regardant l'oiseau.

Arrivée au sommet[98] d'Ecquemauville, elle aperçut les
5 lumières d'Honfleur qui brillaient dans la nuit comme une
quantité d'étoiles. Alors une faiblesse l'arrêta; et la misère de
son enfance,[99] la déception[1] du premier amour, le départ de son
neveu,[2] la mort de Virginie,[3] comme les flots d'une marée,[4] revinrent à la fois, et, lui montant à la gorge, l'étouffaient.

10 Puis elle voulut parler au capitaine du bateau; et, sans dire ce
qu'elle envoyait, lui fit des recommandations.[5]

Fellacher garda longtemps le perroquet. Il le promettait
toujours pour la semaine prochaine; au bout de six mois, il annonça le départ d'une caisse;[6] et il n'en fut plus question.[7]
15 C'était à croire que jamais Loulou ne reviendrait. « Ils me l'auront volé! » pensait-elle.

Enfin il arriva, — et splendide, droit sur une branche d'arbre,
une patte[8] en l'air, la tête oblique, et mordant une noix,[9] que
l'empailleur,[10] par amour du grandiose, avait dorée.[11]
20 Elle l'enferma dans sa chambre.

Cet endroit, où elle admettait peu de monde, avait l'air tout à
la fois d'une chapelle et d'un bazar tant il contenait d'objets
religieux et de choses hétéroclites.[12]

Au moyen d'une planchette,[13] Loulou fut établi sur un mur de
25 cheminée qui avançait dans l'appartement. Chaque matin, en
s'éveillant, elle l'apercevait à la clarté de l'aube,[14] et se rap-
pelait alors les jours disparus, et d'insignifiantes actions
jusqu'en leurs moindres détails, sans douleur,[15] pleine de tranquillité.

---

[93]**caillou** pebble   [94]**se tamponner le visage** mop her face   [95]**mouchoir** handkerchief   [96]**croûte de pain** crust of bread   [97]**blessure** wound   [98]**sommet** top
[99]**enfance** childhood   [1]**déception** disappointment (*Her first love had jilted
her.*)   [2]**neveu** nephew (*She had loved her nephew, but he died abroad.*)
[3]**Virginie** (*Madame Aubain's daughter, who died young*)   [4]**les flots d'une
marée** the swelling tide   [5]**recommandation** instruction   [6]**caisse** box   [7]**et il
n'en fut plus question** and that was the end of it   [8]**patte** leg   [9]**noix** walnut
[10]**empailleur** taxidermist   [11]**dorer** gild   [12]**hétéroclite** nondescript   [13]**planchette**
small board   [14]**à la clarté de l'aube** in the light of dawn   [15]**douleur** pain

Ne communiquant avec personne, elle vivait dans une torpeur de somnambule.[16] Les processions de la Fête-Dieu[17] la ranimaient.[18] Elle allait demander aux voisines des flambeaux,[19] et afin d'embellir le reposoir[20] que l'on dressait dans la
5 rue.

À l'église, elle contemplait toujours le Saint-Esprit, et observa qu'il avait quelque chose du perroquet. Sa ressemblance lui parut encore plus manifeste sur une image représentant le baptême de Notre-Seigneur. Avec ses ailes rouges et son corps
10 vert c'était vraiment le portrait de Loulou.

L'ayant acheté, elle le suspendit à côté du perroquet de sorte qu'elle les voyait ensemble. Ils s'associèrent dans sa pensée, le perroquet se trouvant sanctifié par ce rapport avec le Saint-Esprit, qui devenait plus vivant à ses yeux et intelligible. Et
15 Félicité priait en regardant l'image, mais de temps à autre se tournait un peu vers l'oiseau.

Un événement considérable surgit:[21] le mariage de Paul.

Après avoir été d'abord clerc de notaire,[22] puis dans le commerce,[23] dans la douane,[24] à trente-six ans, tout à coup, par une
20 inspiration du ciel, il avait découvert sa voie: l'enregistrement![25] et y montrait de si hautes qualités qu'un inspecteur lui avait offert sa fille, en lui promettant sa protection.

Paul, devenu sérieux, l'amena chez sa mère.

Elle critiqua les manières de Pont-l'Évêque, fit la princesse,[26]
25 blessa Félicité. Mme Aubain, à son départ, sentit un allègement.[27]

La semaine suivante, on apprit la mort de M. Bourais, dans une auberge.[28] La rumeur d'un suicide se confirma; des doutes s'élevèrent sur son honnêteté. Mme Aubain étudia ses comp-
30 tes,[29] et ne tarda pas à connaître toutes ses mauvaises actions: détournements,[30] ventes de bois dissimulées,[31] fausses quit-

---

[16]**une torpeur de somnambule** a torpor of a somnambulist [17]**Fête-Dieu** Corpus Christi [18]**ranimer** bring back to life [19]**flambeau** candlestick [20]**reposoir** (temporary) altar [21]**surgir** occur suddenly [22]**clerc de notaire** notary's clerk [23]**commerce** trade [24]**douane** customs [25]**enregistrement** registry (*for the recording of official deeds*) [26]**faire la princesse** put on airs [27]**allègement** relief [28]**auberge** inn [29]**compte** account [30]**détournement** embezzlement [31]**dissimulé** concealed

tances,[32] etc. De plus, il avait un enfant naturel,[33] et « des relations avec une personne de Dozulé ».

Cette conduite immorale l'affecta beaucoup. Au mois de
mars 1853, elle fut prise d'une douleur dans la poitrine; sa
langue paraissait couverte de fumée; et le neuvième soir elle
expira, ayant juste soixante-douze ans.

On la croyait moins vieille, à cause de ses cheveux bruns. Peu
d'amis la regrettèrent, ses façons étant d'une hauteur[34] qui éloignait.

Félicité la pleura, comme on ne pleure pas les maîtres. Que
Madame mourût avant elle, cela troublait ses idées, lui semblait
contraire à l'ordre des choses, inadmissible et monstrueux.

Dix jours après, les héritiers arrivèrent. La bru[35] fouilla[36] les
tiroirs, choisit des meubles, vendit les autres, puis ils regagnè-
rent[37] Besançon.

Le lendemain il y avait sur la porte une affiche;[38] l'apothicaire
lui cria dans l'oreille que la maison était à vendre.

Elle chancela,[39] et fut obligée de s'asseoir.

Ce qui la désolait principalement, c'était d'abandonner sa
chambre, — si commode[40] pour le pauvre Loulou. En l'en-
veloppant d'un regard d'angoisse,[41] elle implorait le Saint-
Esprit, et contracta l'habitude idolâtre de dire ses prières
agenouillée[42] devant le perroquet. Quelquefois, le soleil entrant par la fenêtre frappait son œil de verre, et en faisait jaillir
un grand rayon lumineux[43] qui la mettait en extase.

Elle avait une rente[44] de trois cent quatre-vingts francs,
léguée[45] par sa maîtresse. Le jardin lui fournissait des légumes.
Quant aux habits, elle possédait de quoi se vêtir jusqu'à la fin
de ses jours.

Elle ne sortait guère, afin d'éviter la boutique du brocanteur,[46] où s'étalaient quelques-uns des anciens meubles. De-

---

[32]**fausse quittance** false receipt [33]**enfant naturel** illegitimate child [34]**hauteur**
haughtiness [35]**bru** daughter-in-law [36]**fouiller** search [37]**regagner** go back to
[38]**affiche** poster [39]**chanceler** totter [40]**commode** convenient [41]**angoisse** despair [42]**agenouillé** kneeling [43]**en faisait . . . lumineux** lighted a bright ray
[44]**rente** pension [45]**léguée** bequeathed [46]**brocanteur** second-hand dealer

puis son étourdissement, elle traînait une jambe;[47] et, ses forces diminuant,[48] la mère Simon venait tous les matins fendre[49] son bois et pomper de l'eau.

Ses yeux s'affaiblirent. Les persiennes[50] n'ouvraient plus. 5 Bien des années se passèrent. Et la maison ne se louait[51] pas, et ne se vendait pas.

Dans la crainte qu'on ne la renvoyât,[52] Félicité ne demandait aucune réparation. Le toit pourrissait;[53] pendant tout un hiver son lit fut mouillé. Après Pâques, elle cracha du sang. 10 Alors la mère Simon fit venir un docteur. Félicité voulut savoir ce qu'elle avait.[54] Mais, trop sourde pour entendre, un seul mot lui parvint:[55] « Pneumonie ». Il lui était connu, et elle répondit doucement:

« Ah! comme Madame », trouvant naturel de suivre sa maî- 15 tresse.

Le moment des reposoirs approchait.

Le premier était toujours au bas[56] de la côte, le second devant la poste, le troisième vers le milieu de la rue. Il y eut des riva- lités[57] à propos de celui-là; et on choisit finalement la cour de 20 Mme Aubain.

Les oppressions et la fièvre augmentaient. Félicité se cha- grinait[58] de ne rien faire pour le reposoir. Au moins, si elle avait pu y mettre quelque chose! Alors elle songea au per- roquet. Ce n'était pas convenable,[59] objectèrent les voisines. 25 Mais le curé accorda cette permission; elle en fut tellement heureuse qu'elle le pria d'accepter, quand elle serait morte, Loulou, sa seule richesse.

Du mardi au samedi, veille de la Fête-Dieu, elle toussa[60] plus fréquemment. Le soir des vomissements[61] parurent; et le 30 lendemain, se sentant très bas, elle fit appeler un prêtre.

Trois bonnes femmes l'entouraient pendant l'extrême- onction. Puis elle déclara qu'elle avait besoin de parler à Fabu.

---

[47]**traîner une jambe** limp, drag a leg [48]**diminuer** weaken [49]**fendre** split [50]**persienne** shutter [51]**se louer** be rented [52]**renvoyer** put out [53]**pourrir** rot [54]**ce qu'elle avait** what was the matter with her [55]**parvenir** reach [56]**au bas** at the bottom [57]**rivalité** rivalry [58]**se chagriner** be sorry [59]**convenable** proper [60]**tousser** cough [61]**vomissement** vomiting

Il arriva en toilette des dimanches,[62] mal à son aise dans cette
atmosphère lugubre.[63]

—Pardonnez-moi, dit-elle avec un effort pour étendre le bras;
je croyais que c'était vous qui l'aviez tué!

5   Que signifiaient des potins[64] pareils? L'avoir soupçonné
d'un meurtre, un homme comme lui!

—Elle n'a plus sa tête, vous voyez bien!

Félicité de temps à autre parlait à des ombres.[65] Les bonnes
femmes s'éloignèrent. La Simonne[66] déjeuna.

10   Un peu plus tard, elle prit Loulou, et, l'approchant de Félicité:

—Allons![67] dites-lui adieu!

Bien qu'il ne fût pas un cadavre, les vers[68] le dévoraient.
Mais, aveugle à présent, elle le baisa au front, et le gardait con-
15 tre sa joue. La Simonne le reprit, pour le mettre sur le reposoir.

L'herbe envoyait l'odeur de l'été; des mouches bourdonnaient;[69] le soleil faisait luire la rivière, chauffait les toits. La
mère Simon, revenue dans la chambre, s'endormait doucement.

Des coups de cloche la réveillèrent; on sortait des vêpres.[70]
20 Le délire de Félicité tomba. En songeant à la procession, Félicité la voyait, comme si elle l'eût suivie... Une sueur[71] froide
mouillait ses tempes.[72] La Simonne l'épongeait[73] avec un
linge,[74] en se disant qu'un jour il lui faudrait passer par là.[75]

Le murmure de la foule grossit, fut un moment très fort,
25 s'éloignait.

Une fusillade[76] secoua les fenêtres. C'étaient les postillons
saluant l'ostensoir.[77] Félicité roula ses prunelles,[78] et elle dit,
le moins bas qu'elle put:

—Est-il bien? tourmentée[79] du perroquet.

---

[62]en toilette des dimanches in his Sunday best [63]mal à son aise ... lugubre
ill at ease in the funereal atmosphere [64]potin gossip [65]ombre shadow [66]La
Simonne another way of referring to la mère Simon [67]Allons! Now! [68]ver
worm [69]les mouches bourdonnaient flies were buzzing [70]vêpres vespers
[71]sueur sweat [72]tempe temple [73]éponger wipe [74]linge cloth [75]il lui
faudrait passer par là she would have to go through the same thing
[76]fusillade volley of musketry [77]ostensoir monstrance [78]roula ses prunelles
rolled her eyes [79]tourmentée worried

Son agonie commença. Un râle,[80] de plus en plus précipité, lui soulevait les côtes.[81] Des bouillons d'écume[82] venaient aux coins de sa bouche, et tout son corps tremblait.

Bientôt, on distingua le son des instruments, les voix claires
5 des enfants, la voix profonde des hommes. Tout se taisait par intervalles, et la battement[83] des pas faisait le bruit d'un troupeau[84] sur du gazon.[85]

Le clergé parut dans la cour. La Simonne grimpa sur une chaise pour atteindre à la petite fenêtre, et de cette manière
10 dominait le reposoir... Le prêtre gravit[86] lentement les marches, et posa sur l'autel son grand soleil d'or qui rayonnait.[87] Tous s'agenouillèrent. Il se fit un grand silence. Et les encensoirs, allant à pleine volée, glissaient sur leurs chaînettes.[88]

Une vapeur d'azur[89] monta dans la chambre de Félicité. Elle
15 avança les narines, en la humant[90] avec une sensualité mystique; puis ferma les paupières.[91] Ses lèvres souriaient. Les mouvements de son cœur se ralentirent[92] un à un, plus vagues[93] chaque fois, plus doux, comme une fontaine s'épuise,[94] comme un écho disparaît; et, quand elle exhala son dernier souffle,[95]
20 elle crut voir, dans les cieux entr'ouverts, un perroquet gigantesque, planant[96] au-dessus de sa tête.

EXERCISES

A. The definite articles.

In French, the definite article is used with parts of the body, where possessive adjectives are used in English. Rewrite the following sentences according to the example.

---

[80]**râle** death rattle [81]**soulever les côtes** lift the chest [82]**bouillon d'écume** froth [83]**battement** beating, trampling [84]**troupeau** herd [85]**gazon** grass [86]**gravir** climb [87]**rayonner** shine [88]**Et les encensoirs, . . . chaînettes** And the censers, swinging high in the air, glided on their chains [89]**d'azur** blue [90]**humer** smell [91]**paupière** eyelid [92]**se ralentir** slow down [93]**plus vagues** fainter [94]**comme une fontaine s'épuise** like a fountain giving out [95]**souffle** breath [96]**planer** hover

EXAMPLE: Félicité branlait (tête).
Félicité branlait la tête.

1. Le conducteur releva (bras).
2. Félicité tomba sur (dos).
3. Elle sentit du sang à (joue droite).
4. Elle avait une douleur dans (poitrine).
5. Elle étendait (main).
6. En mourant, elle avança (narines).
7. Elle ferma (paupières).

B. Reflexive verbs.

In French, reflexive verbs and definite articles are used with parts of the body, where simple verbs and possessive articles are used in English. Rewrite the following sentences according to the example.

EXAMPLE: Le perroquet / arrachait / plumes.
Le perroquet s'arrachait les plumes.

1. Le perroquet / mordillait / plumes
2. Le perroquet / mouillait / plumes.
3. Le perroquet / séchait / plumes en sautillant.
3. Le perroquet / cognait / ailes contre les fenêtres.
5. Le perroquet / frappait / ailes contre les fenêtres.
6. Félicité / tamponnait / visage avec un mouchoir.
7. Félicité / épongeait / front avec un mouchoir.

C. Indirect object pronouns.

In French, indirect object pronouns and definite articles are used with parts of the body, where possessive adjectives only are used in English. Rewrite the following sentences according to the example.

EXAMPLE: Fabu voulait tordre le cou *du perroquet.*
Fabu voulait lui tordre le cou.

1. Fabu voulait arracher les plumes *du perroquet.*
2. Paul soufflait de le fumée aux narines *du perroquet.*
3. Le perroquet mordillait les lèvres *de Félicité.*
4. Les souvenirs montèrent à la gorge *de Félicité.*
5. On cria dans l'oreille *de Félicité* que la maison était à vendre.
6. La sueur mouillait les tempes *de Madame Aubain.*
7. La mère Simon épongeait le front *de Félicité.*

D. The gerund (**en** + present participle)

Rewrite the following sentences according to the example.

EXAMPLE: Loulou fatiguait Madame Aubain (mordre toujours son
bâton).
Loulou fatiguait Madame Aubain en mordant toujours
son bâton.

1. Les invités parlaient beaucoup (faire leur partie de cartes).
2. Le perroquet éclatait de rire (apercevoir Bourais).
3. Les voisins riaient aussi (se mettre aux fenêtres).
4. Fabu effrayait Félicité (vouloir apprendre des jurons à Loulou).
5. Madame Aubain fut affligée (apprendre le suicide de Bourais).
6. Félicité répondait à Madame Aubain (dire toujours: « Oui,
Madame »).
7. Le pharmacien fit plaisir à Félicité (écrire au Havre).
8. Félicité ouvrit son panier (reprendre connaissance).
9. Un inspecteur avait offert sa fille à Paul (promettre sa protection).
10. La Simonne épongeait Félicité (se dire qu'un jour elle mourrait
aussi).
11. Félicité souriait (mourir).

E. Vocabulary.

Create sentences using one or more of the following expressions, in
each sentence.

branler la tête	le ventre
porter un chignon	le bout du doigt
la sueur qui mouille les tempes	l'ongle
s'éponger ou se tamponner le front	traîner une jambe
la joue	tomber ou devenir malade
le nez	s'affaiblir
la narine	se sentir bas
humer l'air ou une odeur	chanceler
étouffer	perdre connaissance
expirer	être pris de douleurs
exhaler son dernier souffle	avoir la fièvre
avoir un mal d'oreilles = avoir mal aux oreilles	un empoisonnement
	un étourdissement
être sourd	un refroidissement
	une oppression

la lèvre	une congestion
mordre	une brûlure
mordiller	le délire
dévorer	l'agonie
avoir une angine = avoir mal à la	guérir (d'une maladie)
gorge	se remettre d'un choc ou
monter à la gorge	d'une maladie
avoir des vomissements	guérir un malade
cracher du sang	ranimer qqn
tordre le cou à qqn	reprendre connaissance
tomber sur le dos	

F. Vocabulary.

Rewrite each of these sentences, substituting the appropriate expression in the following list for the near-equivalents in italics.

avoir la manie de	avoir la mort dans l'âme
épuisée	de toutes ses forces
prendre garde	

1. Loulou *avait l'habitude de* mordre son bâton.
2. Il riait *très fort.*
3. Félicité était *très fatigu*ée.
4. Madame Aubain dit à Félicité de *faire attention.*
5. Ne retrouvant pas le perroquet, Félicité *était très triste.*

G. Reading comprehension.

Rewrite the following statements, where necessary, to make them agree with the facts presented in the story.

1 Madame Aubain a donné le perroquet à Félicité parce que celle-ci voulait l'instruire.
2. Félicité souffrait d'entendre les gens comparer Loulou à une dinde.
3. Loulou volait partout quand il y avait du monde dans la maison.
4. Bourais n'aimait pas le perroquet parce qu'il éclatait de rire en le voyant.
5. Fabu aimait le perroquet même quand Loulou essayait de le pincer.
6. Quand le perroquet s'est perdu, Félicité a facilement pu le retrouver.

7. Félicité devait se confesser à la sacristie à cause de la noirceur de ses péchés.
8. Loulou distrayait Félicité en imitant des bruits ou en la mordillant.
9. Loulou est mort empoisonné.
10. Félicité est partie pour Honfleur pour faire empailler Loulou.
11. Le conducteur de la diligence a frappé Félicité parce qu'il était furieux qu'elle ne les ait pas laissés passer.
12. Arrivée près d'Honfleur, Félicité a pleuré de voir la mer si belle.
13. L'empailleur a fait du bon travail.
14. Le fils de Madame Aubain est revenu chez sa mère pour lui présenter sa bru.
15. Bourais avait volé Madame Aubain.
16. La maison était en si mauvais état que Félicité est tombée malade.
17. Les voisines ont accepté de placer Loulou sur le reposoir malgré les objections du curé.
18. Félicité a voulu parler à Fabu pour se faire pardonner ses soupçons.

H. Reading comprehension.

Be prepared to read aloud sentences or parts of sentences from the text in support of the following statements.

1. Loulou a fait le bonheur et le malheur de Félicité.
2. À part le bonheur que Loulou lui a apporté, Félicité a eu une vie dure.
3. Félicité était une femme généreuse et aimante avec les gens qui l'entouraient.
4. Après la mort du perroquet, Félicité est devenue de plus en plus mystique dans son attachement.
5. La vie quotidienne à Pont-l'Èvêque au 19e siècle est différente de la vie moderne. Cela se montre dans les détails relatifs:

   a. aux métiers et à l'activité économique
   b. aux moyens de transport
   c. à la façon de s'habiller

LA PARURE[1]

GUY DE MAUPASSANT (1850–1893)   Les romans de Maupassant, *Bel-Ami, Fort comme la mort, Notre cœur, Une vie, Pierre et Jean,* expriment le même pessimisme fondamental que ceux de son maître Flaubert. Sa réputation littéraire est surtout due à ses nombreuses nouvelles où se retrouve le thème de la désillusion et de l'échec.   Dans *La Parure,* l'une des plus caractéristiques de sa manière, Maupassant cherche à donner une image exacte et objective de la vie médiocre d'une femme d'employé qui doit payer cher le triomphe d'un soir de bal, à la suite d'un ironique et cruel malentendu.   Au lieu de se mettre à la place du personnage et d'expliquer sa psychologie, l'auteur se contente de montrer ses actions.   La lecteur est donc libre d'imaginer lui-même les motivations qui ont causé ces actions et toutes leurs conséquences psychologiques.

C'était une de ces jolies et charmantes filles, nées, comme par une erreur du destin,[2] dans une famille d'employés. Elle n'avait pas de dot,[3] pas d'espérances, aucun moyen d'être comprise, aimée, épousée par un homme riche et distingué; et elle se
5 laissa marier avec un petit commis[4] du ministère de l'Instruction publique.

Elle fut simple, mais malheureuse, se sentant née pour tous les luxes.[5]   Elle souffrait de la pauvreté de son logement,[6] de la misère[7] des murs et des meubles.   Toutes ces choses, dont une
10 autre femme de sa caste ne se serait même pas aperçue,[8] la torturaient et excitaient son indignation.   La vue de la petite bonne[9] qui faisait son humble ménage[10] éveillait en elle des regrets et des rêves éperdus.[11]   Elle songeait[12] aux antichambres silencieuses, tendues de tapisseries[13] orientales, éclairées par
15 de hauts candélabres de bronze, et aux deux grands valets en

---

[1]**parure** necklace   [2]**destin** fate   [3]**dot** dowry   [4]**petit commis** little clerk
[5]**luxe** luxury   [6]**logement** lodging   [7]**misère** shabbiness   [8]**s'apercevoir** be aware   [9]**bonne** maid   [10]**faire le ménage** do the housework   [11]**éperdu** wild
[12]**songer** dream   [13]**tendues de tapisseries** hung with tapestries

culotte courte[14] qui dorment dans les larges fauteuils, assoupis
par la chaleur lourde du calorifère.[15] Elle songeait aux grands
salons[16] tendus de soie[17] ancienne, aux meubles fins[18] portant
des objets d'art inestimables, et aux petits salons parfumés, faits
5 pour la causerie[19] de cinq heures avec les amis les plus intimes,[20] les hommes connus et recherchés[21] dont toutes les
femmes désirent l'attention.

Quand elle s'asseyait, pour dîner, devant la table ronde
couverte d'une nappe de trois jours,[22] en face de son mari qui
10 découvrait la soupière[23] en déclarant d'un air enchanté: « Ah!
la bonne soupe! je ne sais rien de meilleur que cela... » elle
songeait aux dîners fins, aux argenteries luisantes,[24] aux tapisseries peuplant[25] les murailles[26] de personnages anciens[27] et
d'oiseaux étranges au milieu d'une forêt de rêve; elle songeait
15 aux plats délicats[28] servis en des vaisselles[29] merveilleuses, aux
galanteries[30] murmurées et écoutées avec un sourire de sphinx.

Elle n'avait pas de toilettes,[31] pas de bijoux,[32] rien. Et elle
n'aimait que cela; elle se sentait faite pour cela. Ella aurait
tant désiré plaire, être séduisante[33] et recherchée.

20 Elle avait une amie riche, une camarade d'école qu'elle ne
voulait plus aller voir, tant elle souffrait en revenant. Et elle
pleurait pendant des jours entiers, de chagrin,[34] de regret, de
désespoir et de détresse.

Or,[35] un soir, son mari rentra, l'air fier, et tenant à la main une
25 large enveloppe.

—Tiens, dit-il, voici quelque chose pour toi.

Elle déchira vivement[36] le papier et en tira une carte im-
primée[37] qui portait ces mots:

---

[14]**valets en culotte courte** footmen in knee breeches [15]**assoupis . . . calorifère**
overcome by the great heat of the furnace [16]**salon** drawing room [17]**soie** silk
[18]**meubles fins** elegant furniture [19]**causerie** chat [20]**intime** intimate
[21]**recherché** sought after [22]**couverte d'une nappe de trois jours** covered with
a tablecloth that had not been changed for three days [23]**découvrir la soupière**
uncover the soup tureen [24]**argenteries luisantes** gleaming silver [25]**peupler**
people [26]**muraille** wall [27]**personnages anciens** persons of a past age [28]**plat**
délicat delicacies [29]**vaisselle** dish [30]**galanterie** compliment [31]**toilette**
dress [32]**bijou** jewel [33]**séduisante** fascinating [34]**chagrin** grief [35]**Or** Now
[36]**déchira vivement** quickly tore open [37]**imprimé** printed

Le ministre de l'Instruction publique et Mme Georges Rampon-
neau prient M. et Mme Loisel de leur faire l'honneur de venir
passer la soirée[38] à l'hôtel[39] du ministère, le lundi 18 janvier.

Au lieu d'être enchantée, comme l'espérait son mari, elle jeta
5 avec colère l'invitation sur la table, murmurant:

—Que veux-tu que je fasse de cela?

—Mais, Mathilde, je pensais que tu serais contente. Tu ne
sors jamais, et c'est une occasion, cela, une belle! J'ai eu une
peine[40] infinie à l'obtenir. Tout le monde en veut; c'est très
10 recherché et on n'en donne pas beaucoup aux employés. Tu
verras là tout le monde officiel.

Elle le regardait d'un œil irrité, et elle déclara avec impa-
tience:

—Que veux-tu que je me mette sur le dos pour aller là?
15 Il n'y avait pas songé; il répondit, en hésitant:

—Mais la robe avec laquelle tu vas au théâtre. Elle me
semble très bien, à moi...

Il s'arrêta, stupéfait, éperdu,[41] en voyant que sa femme
pleurait. Deux grosses larmes descendaient lentement des
20 coins des yeux vers les coins de la bouche. Il murmura:

—Qu'as-tu?... qu'as-tu?...

Mais, avec un effort violent, elle s'était reprise[42] et elle répondit d'une voix calme en essuyant ses joues humides:

—Rien. Seulement je n'ai pas de toilette... donc je ne peux
25 aller à cette fête. Donne ta carte à quelque collègue dont la
femme sera mieux habillée que moi.

Il était désolé.[43]

—Voyons,[44] Mathilde, dit-il. Combien cela coûterait-il, une
toilette convenable,[45] qui pourrait te servir encore en d'autres
30 occasions, quelque chose de très simple?

Elle réfléchit quelques secondes, songeant à la somme
qu'elle pouvait demander sans provoquer un refus immédiat.

Enfin, elle répondit en hésitant:

---

[38]**soirée** evening [39]**hôtel** residence [40]**peine** trouble [41]**éperdu** bewildered
[42]**se reprendre** regain one's self-control [43]**désolé** heartbroken [44]**Voyons**
Look here [45]**convenable** suitable

—Je ne sais pas exactement, mais il me semble qu'avec quatre cents francs je pourrais arriver.⁴⁶

Il avait un peu pâli, car il réservait juste cette somme pour acheter un fusil et s'offrir des parties de chasse⁴⁷ l'été suivant,
5 dans la plaine de Nanterre,⁴⁸ avec quelques amis qui y allaient chasser le dimanche.

Il dit cependant:

—Eh bien, je te donne quatre cents francs. Mais essaie d'avoir une belle robe...

10 Le jour de la fête approchait, et Mme Loisel semblait triste, inquiète, anxieuse. Sa toilette était prête cependant. Son mari lui dit un soir:

—Qu'as-tu?... tu es si étrange depuis trois jours...

Et elle répondit:

15 —Cela m'ennuie⁴⁹ de n'avoir pas un bijou, pas une pierre, rien à mettre sur moi. J'aurai l'air pauvre... J'aimerais presque mieux ne pas aller à cette soirée.

—Tu mettras des fleurs naturelles... C'est très à la mode⁵⁰ en cette saison-ci. Pour dix francs tu auras deux ou trois roses
20 magnifiques.

Elle n'était pas convaincue.⁵¹

—Non... il n'y a rien de plus humiliant que d'avoir l'air pauvre au milieu de femmes riches.

Mais son mari s'écria:

25 —Que tu es bête!⁵² Va trouver ton amie Mme Forestier et demande-lui de te prêter⁵³ des bijoux. Tu es bien assez intime avec elle pour faire cela.

Elle poussa un cri de joie:

—C'est vrai... Je n'y avais pas pensé.

30 Le lendemain, elle se rendit⁵⁴ chez son amie et lui raconta sa détresse.

---

⁴⁶**arriver** manage ⁴⁷**partie de chasse** a day's hunting ⁴⁸**Nanterre** town near Paris ⁴⁹**ennuyer** bother ⁵⁰**à la mode** fashionable ⁵¹**convaincue** convinced ⁵²**bête** silly ⁵³**prêter** lend ⁵⁴**se rendre** go

Mme Forestier alla vers son armoire,[55] prit un large coffret,[56] l'apporta, l'ouvrit, et dit à Mme Loisel:

—Choisis, ma chère.

Elle vit d'abord des bracelets, puis un collier[57] de perles, puis 5 une croix en or d'un admirable travail.[58] Elle essayait les parures[59] devant la glace,[60] hésitait, ne pouvait se décider à les quitter, à les rendre. Elle demandait toujours:

—Tu n'as plus rien d'autre?...

—Mais si![61]... Cherche. Je ne sais pas ce qui peut te plaire.

10   Tout à coup elle découvrit, dans une boîte de satin noir, une superbe rivière de diamants,[62] et son cœur se mit à battre d'un désir fou. Ses mains tremblaient en la prenant. Elle l'attacha autour de son cou et demeura en extase devant elle-même.

Puis, elle demanda, hésitante, pleine d'angoisse:[63]

15   —Peux-tu me prêter cela, rien que cela?...[64]

—Mais, oui, certainement.

Elle se jeta au cou de son amie, l'embrassa avec emportement,[65] puis s'enfuit[66] avec son trésor.

Le jour de la fête arriva. Mme Loisel eut un succès. Elle 20 était plus jolie que toutes, élégante, gracieuse, souriante et folle de joie. Tous les hommes la regardaient, demandaient son nom, cherchaient à être présentés.[67] Tous les attachés du cabinet[68] voulaient valser[69] avec elle. Le ministre la remarqua.

Elle dansait avec ivresse, avec emportement,[70] ne pensant 25 plus à rien, dans le triomphe de sa beauté, dans la gloire de son succès, dans une sorte de nuage de bonheur fait de tous ces compliments, de toutes ces admirations, de tous ces désirs éveillés,[71] de cette victoire si complète et si douce au cœur des femmes.

---

[55]**armoire** wardrobe   [56]**coffret** jewel box   [57]**collier** necklace   [58]**d'un admirable travail** of exquisite workmanship   [59]**parure** jewel   [60]**glace** mirror   [61]**Mais si!** Yes, indeed!   [62]**rivière de diamants** diamond necklace   [63]**angoisse** anguish   [64]**rien que cela** nothing but that   [65]**Elle se jeta ... emportement** She threw her arms around her friend's neck, kissed her with passion   [66]**s'enfuir** flee   [67]**présenter** introduce   [68]**attaché de cabinet** minister's staff member   [69]**valser** waltz   [70]**avec ivresse** ecstatically   [71]**désirs éveillés** aroused desires

Elle partit vers quatre heures du matin. Son mari, depuis minuit, dormait dans un petit salon désert avec trois autres messieurs dont les femmes s'amusaient[72] beaucoup.

Il lui jeta sur les épaules le manteau qu'il avait apporté pour
5 la sortie,[73] modeste vêtement de la vie ordinaire, dont la pauvreté faisait contraste avec l'élégance de la toilette de bal.[74] Elle le sentit et voulut s'enfuir, pour ne pas être remarquée par les autres femmes qui s'enveloppaient de riches fourrures.[75]

Loisel la retenait:
10 —Attends donc... Tu vas attraper froid dehors. Je vais appeler un fiacre.[76]

Mais elle ne l'écoutait pas et descendait rapidement l'escalier. Lorsqu'ils furent dans la rue, ils ne trouvèrent pas de voiture; et ils se mirent à chercher, criant après les cochers[77]
15 qu'ils voyaient passer de loin.

Ils descendaient vers la Seine, désespérés, tremblants de froid. Enfin ils trouvèrent sur le quai[78] une de ces vieilles voitures qu'on ne voit dans Paris que la nuit venue, comme si elles avaient honte de leur misère[79] pendant le jour.

20 Elle les ramena[80] jusqu'à leur porte, rue des Martyrs, et ils remontèrent tristement chez eux. C'était fini, pour elle. Et il songeait, lui, qu'il lui faudrait être au Ministère à dix heures.

Elle ôta le manteau dont elle s'était enveloppé les épaules, devant la glace, afin de se voir encore une fois dans sa gloire.
25 Mais soudain elle poussa un cri. Elle n'avait plus sa rivière autour du cou!

Son mari, à moitié déshabillé déjà, demanda:
—Qu'est-ce que tu as?...

Elle se tourna vers lui, folle de terreur:
30 —J'ai... j'ai... je n'ai plus la rivière de madame Forestier.

Il se dressa, éperdu:[81]
—Quoi!... comment!... Ce n'est pas possible!

---

[72]**s'amuser** have a good time [73]**sortie** departure [74]**toilette de bal** ball gown
[75]**s'enveloppaient de riches fourrures** wrapped rich furs around themselves
[76]**fiacre** cab [77]**cocher** driver [78]**quai** bank [79]**comme si elles avaient honte de leur misère** as though they were ashamed of their shabbiness [80]**ramener**
bring back [81]**Il se dressa, éperdu** He stood up, startled

Et ils cherchèrent dans les plis[82] de la robe, dans les plis du manteau, dans les poches, partout. Ils ne la trouvèrent point.

Il demandait:

—Tu es sûre que tu l'avais encore en quittant le bal?

5   —Oui, je l'ai touchée dans le vestibule du Ministère.

—Mais, si tu l'avais perdue dans la rue, nous l'aurions entendue tomber. Elle doit être dans le fiacre.

—Oui. C'est probable. As-tu pris le numéro?

—Non. Et toi, tu ne l'as pas regardé?

10 —Non.

Ils se contemplèrent désespérés. Enfin Loisel dit:

—Je vais refaire tout le chemin que nous avons fait à pied,[83] pour voir si je ne la retrouverai pas.

Et il sortit. Elle demeura en toilette de bal, sans force pour 15 se coucher, renversée[84] sur une chaise, sans feu, sans pensée.

Son mari rentra vers sept heures. Il n'avait rien trouvé.

Il se rendit à la Préfecture de police,[85] aux journaux, pour faire promettre une récompense,[86] aux compagnies de voitures, partout enfin où un peu d'espoir le poussait.

20 Elle attendit tout le jour, dans le même état de stupeur devant cet affreux[87] désastre.

Loisel revint le soir, avec la figure creusée,[88] pâlie; il n'avait rien découvert.

—Il faut, dit-il, écrire à ton amie que tu as brisé la rivière et 25 que tu la fais réparer. Cela nous donnera le temps de nous retourner.[89]

Elle écrivit sous sa dictée.

Au bout d'une semaine, ils avaient perdu toute espérance. Et Loisel, vieilli de cinq ans, déclara:

30 —Il faut penser à remplacer ce bijou.

Ils prirent, le lendemain, la boîte qui l'avait renfermé, et se

---

[82]**pli** fold [83]**à pied** on foot [84]**renversée** slumped back [85]**Préfecture de police** police headquarters [86]**récompense** reward [87]**affreux** frightful [88]**la figure creusée** hollow-cheeked [89]**Cela nous donnera . . . retourner** That will give us time to look about us

rendirent chez le bijoutier,[90] dont le nom se trouvait dedans.[91]
Il consulta ses livres:

—Ce n'est pas moi, madame, qui ai vendu cette rivière; j'ai
dû seulement fournir[92] la boîte.

5   Alors ils allèrent de bijoutier en bijoutier, cherchant une parure pareille à l'autre, consultant leurs souvenirs,[93] malades
tous deux de chagrin et d'angoisse.

Ils trouvèrent, dans une boutique[94] du Palais-Royal, une
rivière de diamants qui leur parut entièrement semblable à
10 celle qu'ils cherchaient. Elle valait quarante mille francs. On
la leur laisserait[95] à trente-six mille.

Ils prièrent donc le bijoutier de ne pas la vendre avant trois
jours. Et ils firent condition[96] qu'on la reprendrait, pour
trente-quatre mille francs, si la première était retrouvée avant la
15 fin de février.

Loisel possédait dix-huit mille francs que lui avait laissés son
père. Il emprunterait[97] le reste.

Il emprunta, demandant mille francs à l'un, cinq cents à l'autre, cinq louis[98] par-ci, trois louis par-là. Il fit des billets, prit des
20 engagements ruineux, eut affaire aux usuriers.[99] Il compromit
toute la fin de son existence, risqua sa signature sans savoir
même s'il pourrait y faire honneur. Effrayé[1] par les angoisses
de l'avenir, par la noire misère qui allait peser[2] sur lui, par la
perspective[3] de toutes les privations physiques et de toutes les
25 tortures morales, il alla chercher la rivière nouvelle, en comptant au marchand[4] trente-six mille francs.

Quand Mme Loisel rapporta la parure à Mme Forestier,
celle-ci lui dit, d'un air blessé:[5]

—Tu aurais dû me la rendre plus tôt, car je pouvais en avoir
30 besoin.

---

[90]**bijoutier** jeweler [91]**dedans** inside [92]**fournir** furnish [93]**souvenir** memory
[94]**boutique** shop [95]**On la leur laisserait** They could have it [96]**ils firent
condition** they stipulated [97]**emprunter** borrow [98]**louis** gold coin *(worth twenty
francs)* [99]**Il fit des billets, . . . usuriers** He gave promissory notes, entered
into ruinous agreements, and had to deal with usurers. [1]**Effrayé** Frightened
[2]**peser** weigh [3]**perspective** prospect [4]**marchand** dealer [5]**d'un air blessé**
in a wounded tone

Elle n'ouvrit pas la boîte, ce que craignait son amie. Si elle s'était aperçue[6] de la substitution, qu'aurait-elle pensé? qu'aurait-elle dit? Ne l'aurait-elle pas prise pour une voleuse?

Mme Loisel connut la vie horrible des pauvres. Elle prit son
5 parti,[7] cependant, tout à coup, avec courage. Il fallait payer cette dette. Elle payerait. On renvoya[8] la bonne; on changea de logement; on loua une chambre sous les toits.

Elle connut les gros[9] travaux du ménage. Elle lava la vaisselle, grattant[10] avec ses ongles[11] roses le fond des casseroles.[12]
10 Elle lava le linge sale, qu'elle faisait sécher sur une corde; elle descendit à la rue, chaque matin, les ordures,[13] et monta l'eau, s'arrêtant à chaque étage pour souffler.[14] Et, vêtue comme une femme du peuple, elle alla au marché, le panier au bras,[15] défendant sou à sou[16] son misérable argent.
15   Il fallait chaque mois payer des billets, en renouveler d'autres, obtenir du temps.

Le mari travaillait le soir à tenir les livres d'un marchand, et la nuit, souvent, il faisait de la copie[17] à cinq sous la page.

Et cette vie dura dix ans.
20   Au bout de dix ans, ils avaient tout payé, avec les frais[18] et l'accumulation des intérêts composés.[19]

Mme Loisel semblait vieille, maintenant. Elle était devenue la femme forte, et dure, et rude,[20] des ménages pauvres. Mal peignée,[21] avec les jupes de travers[22] et les mains rouges, elle
25 parlait haut,[23] lavait à grande eau les planchers.[24] Mais quelquefois, quand son mari était au bureau, elle s'asseyait auprès de la fenêtre, et elle songeait à cette soirée d'autrefois,[25] à ce bal, où elle avait été si belle et si admirée.

Que serait-il arrivé si elle n'avait point perdu cette parure?

---

[6]**s'apercevoir** notice [7]**Elle prit son parti** She resigned herself [8]**renvoyer** dismiss [9]**gros** rough [10]**gratter** scrape [11]**ongle** nail [12]**casserole** pan [13]**ordures** garbage [14]**souffler** breathe [15]**le panier au bras** with a basket on her arm [16]**sou** = five **centimes** [17]**faire de la copie** do copying [18]**frais** expenses [19]**intérêts composés** compound interest [20]**rude** rough [21]**mal peignée** unkempt [22]**avec les jupes de travers** with her skirts askew [23]**parler haut** speak in a loud voice [24]**laver à grande eau les planchers** wash the floors, using great quantities of water [25]**d'autrefois** of long ago

Qui sait? qui sait? Comme la vie est singulière, changeante!
Comme il faut peu de chose pour vous perdre ou vous sauver!

Or, un dimanche, comme elle était allée faire une promenade
aux Champs-Élysées[26] pour se reposer des travaux de la
5 semaine, elle aperçut tout à coup une femme qui promenait un
enfant. C'était Mme Forestier, toujours jeune, toujours belle,
toujours séduisante.

Mme Loisel se sentit émue.[27] Allait-elle lui parler? Oui,
certes.[28] Et maintenant qu'elle avait payé, elle lui dirait tout.
10 Pourquoi pas?

Elle s'approcha.

—Bonjour, Jeanne.

L'autre ne la reconnaissait point, s'étonnant[29] d'être appelée
ainsi familièrement par cette bourgeoise.[30] Elle murmura:
15 —Mais... madame!... Je ne sais... Vous devez vous tromper.

—Non. Je suis Mathilde Loisel.

Son amie poussa un cri:

—Oh!... ma pauvre Mathilde, comme tu es changée!...

—Oui, j'ai eu des jours bien durs, depuis que je ne t'ai vue; et
20 bien des misères... et cela à cause de toi!...

—De moi... Comment ça?

—Tu te rappelles bien cette rivière de diamants que tu m'as
prêtée pour aller à la fête du Ministère?

—Oui. Eh bien?

25 —Eh bien, je l'ai perdue.

—Comment! puisque tu me l'as rapportée.

—Je t'en ai rapporté une autre toute pareille. Et voilà dix ans
que nous la payons. Tu comprends que ça n'était pas aisé[31]
pour nous, qui n'avions rien... Enfin c'est fini, et je suis bien
30 contente.

Mme Forestier s'était arrêtée.

—Tu dis que tu as acheté une rivière de diamants pour remplacer la mienne?

---

[26]**Champs-Elysées** (*name of a famous Parisian avenue*) [27]**émue** moved
[28]**certes** certainly [29]**s'étonner** be astonished, surprised [30]**bourgeoise** ordinary woman (*Madame Forestier belonged to the élite class.*) [31]**aisé** easy

—Oui, tu ne t'en étais pas aperçue, hein?... Elles étaient bien pareilles...

Et elle souriait d'une joie fière et naïve.

Mme Forestier, fort émue, lui prit les deux mains.

5 —Oh! ma pauvre Mathilde! Mais la mienne était fausse. Elle valait au plus cinq cents francs!...

EXERCISES

A. Use of **c'est . . . qui** to express emphasis.

Rewrite the following sentences, according to the example.

EXAMPLE: Je n'ai pas vendu cette rivière.
Ce n'est pas moi qui ai vendu cette rivière.

1. Je n'ai pas perdu la parure.
2. Il n'a pas fait la rivière.
3. Nous n'avons pas choisi ce bijou.
4. Ils n'ont pas vendu les diamants.
5. Tu n'as pas laissé tomber la parure.
6. Vous n'avez pas perdu le bijou.

B. Variation in tense with **depuis, il y . . . que, voilà . . . que.**

These expressions are followed by the present tense in affirmative sentences and by the past indefinite in negative sentences.

Rewrite the following sentences according to the examples.

EXAMPLES: Voilà dix ans que nous (payer) la rivière.
Voilà dix ans que nous payons la rivière.

Il y a longtemps que je (ne pas te voir).
Il y a longtemps que je ne t'ai pas vue.

1. Il y a longtemps que nous (avoir) une bonne.
2. Il y a longtemps que tu (ne pas avoir) besoin de faire le ménage.
3. Nous (ne pas sortir) depuis de longues années.
4. Je (ne pas aller) au bal depuis de longues années.
5. Voilà trois jours que je (réfléchir) à ma toilette.
6. Tu (être) si étrange depuis trois jours.

7. Je (ne pas acheter) de bijou depuis longtemps.
8. Voilà des années que tu (ne pas voir) ton amie.

C. Use of **depuis** with past tenses.

Depuis is used with the imperfect in affirmative sentences, the pluperfect in negative sentences.

Rewrite the following sentences according to the examples.

EXAMPLES: Le mari (dormir) depuis minuit.
   Le mari dormait depuis minuit.

   Le mari (ne pas valser) depuis minuit.
   Le mari n'avait pas valsé depuis minuit.

1. Mathilde (ne pas être) invitée depuis longtemps.
2. Mathilde (sortir) seule avec son mari depuis longtemps.
3. Mathilde (mettre) la même robe depuis longtemps.
4. Mathilde (ne pas se sentir) admirée depuis longtemps.
5. Mathilde (ne pas faire) de soupe depuis plusieurs semaines.
6. Le bijoutier (ne pas vendre) ce type de rivière depuis des années.
7. Mathilde (descendre) les ordures depuis dix ans.
8. Mathilde (ne pas revoir) Madame Forestier depuis la fête.
9. Mathilde (souffrir) de la misère depuis dix ans.
10. Mathilde (connaître) la misère depuis dix ans.

D. The relative pronouns **ce qui** and **ce que**.

Rewrite the following sentences according to the examples.

EXAMPLES: **Qu'est-ce qui** peut te plaire? (je ne sais pas)
   Je ne sais pas ce qui peut te plaire.

   Qu'est-ce que tu veux? (je me demande)
   Je me demande ce que tu veux.

1. Qu'est-ce qui ne va pas? (je me demande)
2. Qu'est-ce que tu vas faire? (je me demande)
3. Qu'est-ce qui arrive? (je ne sais pas)
4. Qu'est-ce qui nous arrive? (je ne sais pas)
5. Qu'est-ce que tu attends? (je me demande)
6. Qu'est-ce qui t'attend? (je me demande)
7. Qu'est-ce que tu dis? (je ne sais pas)
8. Qu'est-ce que nous avons perdu? (je me demande)
9. Qu'est-ce qui nous donne le bonheur? (on ne sait pas)

E. Vocabulary.

Rewrite each of these sentences, substituting the appropriate expression in the following list for the near-equivalent in italics.

faire honneur à	fou de joie
au bout de	se mettre sur le dos
se retourner	avoir l'air
devoir	songer à
se laisser marier avec	de sphinx
avoir une peine infinie	jeter sur les épaules

1. Elle *accepta d'épouser* un petit commis.
2. Mathilde *rêvait d'*une vie mondaine.
3. Une femme distinguée écoute les galanteries avec un sourire *énigmatique.*
4. Loisel *avait eu beaucoup de mal* à obtenir l'invitation.
5. Qu'est-ce que je *porterai* pour aller au bal?
6. Mathilde *semblait* triste.
7. Elle était *extrêmement joyeuse* au bal.
8. M. Loisel *l'enveloppa d'*un manteau en partant.
9. En écrivant à Madame Forestier, les Loisel avaient le temps de *voir ce qu'ils pouvaient faire.*
10. Loisel a donné sa signature sans savoir s'il pourrait la *respecter.*
11. Tout était payé dix ans *après.*
12. *Je suis sûre que vous* vous trompez.

F. Vocabulary.

Group the following expressions according to whether they describe a life of luxury or a life of misery and mediocrity; then use them in sentences of your own.

avoir une riche dot
être jolie et séduisante
avoir les mains rouges
épouser un homme distingué
se laisser marier avec un petit employé
habiter sous les toits
causer avec des amis intimes dans un salon parfumé
faire le ménage
avoir un salon tendu de tapisseries et plein de meubles fins
parler haut
manger de la soupe

avoir une petite bonne
avoir des valets
manger des plats délicats
servir le dîner dans une vaisselle d'argent
aller au marché, le panier au bras
voir les hommes attendre d'être présentés
être mal peignée
avoir beaucoup de toilettes et de bijoux
porter sa jupe de travers
voir le monde officiel
s'offrir des parties de chasse
porter des fleurs naturelles au milieu de femmes riches
gratter les casseroles
écouter avec un sourire de sphinx
descendre les ordures
écouter des galanteries
travailler le soir à tenir des livres
être remarquée par des hommes distingués
monter l'eau
s'envelopper d'un manteau
s'envelopper d'une fourrure
laver les planchers à grande eau
emprunter de l'argent
connaître la vie des pauvres

G. Reading comprehension.

Rewrite the following statements, where necessary, to make them
agree with the facts presented in the story.

1. Le destin de Mathilde était d'épouser un petit employé.
2. Elle se sentait née pour mener une vie de luxe.
3. Son mari n'aimait que la soupe.
4. Elle n'allait plus voir sa camarade d'école parce qu'elle n'avait
   pas de toilettes.
5. En recevant l'invitation, elle a tout de suite été enchantée.
6. M. Loisel lui a donné l'argent avec lequel il voulait aller chasser.
7. Mathilde trouvait humiliant de mettre des fleurs naturelles au
   milieu de femmes qui portaient des bijoux.
8. M. et Mme Loisel ont valsé jusqu'à quatre heures du matin.
9. Ils sont rentrés à pied parce qu'ils ne pouvaient pas trouver de
   voiture.

10. Mathilde a écrit à son amie pour lui dire qu'elle avait perdu la rivière.
11. Mathilde avait peur que son amie s'aperçoive de la substitution.
12. Pour rembourser la dette, Mathilde et son mari ont dû travailler pendant vingt ans.
13. Madame Forestier n'a pas reconnu d'abord Mathilde sur les Champs-Elysées parce qu'elle ne l'avait pas vue depuis longtemps.
14. Mathilde avait rendu une rivière qui valait quarante mille francs.

H. Reading comprehension.

Be prepared to read aloud sentences or parts of sentences from the text in support of the following statements.

1. Mathilde menait une vie médiocre avant le bal.
2. Mathilde rêvait d'une vie de luxe et de plaisirs.
3. Mathilde a mené une vie dure après le bal.
4. La vie, selon Maupassant, est pleine d'ironie.

LA LIVRÉE MAUDITE[1]

<small>OCTAVE MIRBEAU</small> (1848–1917) Avec Mirbeau, autre observateur im-
pitoyable de la société française, le réalisme se fait nettement plus
violent et, même, grossier. Dans son roman *Les Vingt-et-un Jours
d'un neurasthénique*, nous sentons l'horreur du romancier pour
les mœurs des membres de la bourgeoisie enrichie, pour leur
matérialisme et pour leur incapacité à comprendre l'art et l'artiste.
Le narrateur, un bon et honnête cocher venu travailler à Paris,
s'est mis au service d'un baron du nom de Bombyx (un bombyx est
un ver à soie). Pour économiser de l'argent, le baron l'oblige à
porter la livrée de son ancien cocher, un assassin. Conséquence:
le nouveau cocher tombe progressivement sous l'influence de
l'assassin dont l'âme habite toujours la livrée. Il déteste de plus
en plus son maître et finit par céder à une invincible rage
homicide.

Mais c'était surtout ma livrée qui m'exaspérait le plus et me
rejetait le plus violemment à la porte de moi-même. Quand je
l'avais sur la peau — et, par une anomalie étrange, par une invincible perversité, je ne voulais plus la quitter même en de-
5 hors de mon service — je n'étais plus réellement moi-même.
Un autre se substituait à moi, un autre entrait en moi, s'infiltrait
en moi par tous les pores de ma peau, pareil à une substance
dévoratrice,[2] subtil[3] et brûlant comme un poison... Et cet autre,
c'était, à n'en pas douter, l'ancien cocher,[4] le cocher assassin,
10 dont l'âme de meurtre[5] était restée dans les habits que je por-
tais. De quoi était formée cette âme? J'essayai vainement de
le savoir... Etait-ce un gaz?... un liquide?... une réunion d'in-
visibles organismes?... Je fis tout, pour la tuer!... Je me ruinai
en benzine, en camphre, en poudre insecticide, en lavages de
15 pétrole,[6] antiseptiques. Rien n'y fit.[7] L'âme résista à toutes

---

[1]**la livrée maudite** the cursed livery [2]**dévoratrice** devouring [3]**subtil**
pervasive [4]**à n'en pas douter, l'ancien cocher** no doubt about it, the former
coachman [5]**de meurtre** murderous [6]**lavages de pétrole** kerosene washings
[7]**Rien n'y fit.** It was all of no use.

les expériences...[8] Et, ô prodige terrible! ô mystère affreux!... le drap ne fut pas brûlé par une infusion prolongée dans de l'acide sulfurique, tant[9] cette âme obstinée avait imprégné l'étoffe[10] de son immortalité. Non seulement le drap ne fut pas brûlé, mais
5 l'âme y gagna d'être plus active, plus ardente, plus virulente. Je la nourrissais,[11] je la fortifiais de ce qui aurait dû la tuer... Dès lors,[12] je l'abandonnai et m'abandonnai moi-même à son destin.[13]

Pourtant, une fois encore, je voulus lutter.[14] Comme le baron
10 était venu à son heure habituelle visiter l'écurie[15] et caresser la jument[16] dans son box:

—Ho! ho!... Fidèle!...ho! ho!... je lui dis, d'une voix ferme:

—Monsieur le baron a tort[17] de ne pas me donner une autre livrée...

15 Et j'insistai, en faisant un geste que j'essayai de rendre mystérieux et troublant,[18] et grave aussi:

—Il a tort... que monsieur le baron comprenne enfin qu'il a tort...

—Est-ce qu'elle est usée déjà? demanda-t-il.

20 Je regardai fixement le vieux Bombyx,[19] et secouant[20] la tête:

—Non, répondis-je. Cette livrée ne s'usera jamais... elle ne peut pas s'user...

Je sentis qu'un petit frisson[21] courait sous sa longue douillette.[22] Ses paupières battirent comme des persiennes se-
25 couées par le vent...[23] Il dit:

—Qu'est-ce que cela signifie?... Pourquoi me dites-vous cela?

—Je dis cela à monsieur le baron parce qu'il faut que monsieur le baron le sache... Il y a une âme dans la livrée. Il est
30 resté une âme[24] dans la livrée.

—Il est resté... quoi?... quoi?...

---

[8]**expérience** experiment [9]**tant** so much [10]**étoffe** material [11]**nourrir** nourish [12]**Dès lors** From that moment [13]**destin** fate [14]**lutter** fight [15]**écurie** stable [16]**jument** mare [17]**avoir tort** be wrong [18]**troublant** disquieting [19]**Bombyx** (*This is also the name of the silk butterfly.*) [20]**secouer** shake [21]**frisson** shiver [22]**douillette** quilted housecoat [23]**Ses paupières . . . vent.** His eyelids blinked like shutters buffeted by the wind. [24]**Il est resté une âme** A soul has remained

—Une âme, je vous dis, une âme... C'est assez clair...

—Vous êtes fou...

—Que monsieur le baron me permette de lui répondre avec tout le respect que je lui dois... C'est monsieur le baron qui est
5 fou...

J'avais parlé lentement, affirmativement, et j'essayais de dominer ce vieil homme par des regards impérieux. Le baron détourna[25] la tête, et, saisi d'un petit tremblement, il s'enveloppa de sa douillette. Et il dit d'une voix timide:

10 —Ne parlons plus de cela, mon ami. C'est inutile... quand elle sera usée, je vous en donnerai une autre.

Il eut un pâle sourire et ajouta:

—Vous êtes trop coquet,[26] vraiment!... Et je ne suis pas assez riche... Diable!

15 Alors je n'insistai plus. Mais, reprenant une physionomie[27] hostile:

—Soit![28] criai-je. Comme monsieur le baron voudra... Et, s'il nous arrive un malheur, c'est monsieur le baron qui l'aura voulu...[29] Au diable!

20 Je saisis la fourche[30] et remuai violemment la paille du box...

—Ho! ho! tourne, Fidèle!... ho! ho!... Fidèle!... Ho! ho!... sacrée rosse![31]

La paille volait[32] aux dents de la fourche; quelques parcelles de crottin frais allèrent éclabousser la douillette du baron.[33] Et
25 la pauvre Fidèle, étonnée de cet emportement,[34] piétina de ses sabots raidis le dallage dur de l'écurie,[35] et se rencogna[36] dans l'angle de la mangeoire,[37] en me regardant d'un œil inusité,[38] comme on regarde les fous dans les asiles...

Le baron m'arrêta. Et il me demanda:

30 —De quel malheur parlez-vous?

---

[25]**détourner** turn away [26]**coquet** stylish [27]**physionomie** face [28]**Soit!** So be it! [29]**s'il nous arrive ... voulu** if something unfortunate should happen, it'll be because of monsieur le baron [30]**fourche** pitchfork [31]**sacrée rosse** damned horse [32]**voler** fly up [33]**quelques parcelles ... baron** a few bits of manure splashed onto the baron's housecoat [34]**emportement** anger [35]**piétina ... l'écurie** stamped her stiff hooves on the hard pavement of the stable [36]**se rencogner** huddle up [37]**mangeoire** manger [38]**inusité** unusual

Dans sa terreur, il eut pourtant la force de hausser les
épaules. Et je répondis:

—Est-ce que je sais, moi?... Est-ce qu'on sait?... Avec une
âme de démon comme celle-là... Au diable!... au diable!...

5 Le vieux Bombyx jugea prudent de quitter l'écurie. Il fit
bien. Car, à cette minute même, je sentais réellement,
physiquement, l'âme de l'ancien cocher s'agiter en moi, descendre en moi, se couler dans mes membres,[39] et, au bout de
mes mains, pénétrer dans le manche[40] de la fourche, qu'elle
10 gonflait[41] comme un autre bras, de l'invincible, du rouge désir
de tuer...

Redouté[42] de mon maître, repoussé[43] des gens de l'office[44] et
chassé de moi-même, je ne tardai pas à devenir une profonde
crapule,[45] et cela sans efforts, sans luttes intérieures,[46] tout
15 naturellement. Paresseux insigne, effronté, menteur, voleur,
ivrogne, coureur de filles, j'eus tous les vices, toutes les dé-
bauches, les pratiquai avec une science merveilleuse de leurs
pires secrets, comme s'ils m'eussent été une habitude déjà
longue.[47] Il me semblait que j'étais né avec ces terribles et
20 ignobles instincts que, pourtant, je venais d'hériter[48] avec la
livrée de l'autre. Ah! le temps était loin où, chez le brave notaire[49] de Vannes,[50] serviteur inquiet et plein de zèle,[51] je trem-
blais de ne jamais remplir assez rigoureusement mes devoirs,[52]
où je me tuais pour ne pas laisser un grain de poussière[53]
25 sur le petit cheval, où je dépensais des forces de débardeur
à frotter des cuivres, à faire reluire, par exemple, l'acier d'un

---

[39]**se couler dans mes membres** slip into my limbs [40]**manche** handle
[41]**gonfler** fill up [42]**redouté** feared [43]**repoussé** rejected [44]**gens de l'office**
servants [45]**je ne tardai ... crapule** it did not take me long to become a
downright scoundrel [46]**sans luttes intérieures** without inner struggles
[47]**Paresseux ... longue.** Conspicuously lazy, saucy, a liar, a thief, a drunk, a
skirt chaser, I indulged in all vices, all kinds of debauchery, and practiced them
with a marvelous knowledge of their worst secrets, as though they were already
a long habit with me. [48]**hériter** inherit [49]**le brave notaire** the good notary
[50]**Vannes** town in Brittany, where the narrator had worked before [51]**serviteur
inquiet et plein de zèle** anxious and zealous servant [52]**remplir ses devoirs**
discharge one's duties [53]**grain de poussière** speck of dust

mors.[54] Mais il ne restait plus rien de ce petit homme actif, laborieux, dévoué[55] et timide que j'étais, quand j'étais moi-même.

Maintenant, mon service, pourtant si facile et rémunéré au-delà de ce que j'avais espéré, je le négligeais complètement.
5 Fidèle était mal tenue, sale, les jambes jamais faites, la tête malpropre,[56] comme celle de quelqu'un qui reste huit jours sans se raser. D'innombrables quantités de vermines habitaient sa crinière et sa queue que j'avais pris le parti de ne jamais plus ni peigner ni laver.[57]   La plupart du temps, j'oubliais de lui donner
10 à manger. Il m'arriva même de la blesser au genou, d'un coup d'étrille[58] que je lui donnai sans raison. Le genou enfla,[59] enfla. Le vétérinaire déclara que c'était un accident très grave, et prescrivit des ordonnances que je me gardai bien d'exécuter.[60] De quoi je me félicitai,[61] car la pauvre bête guérit plus vite, sans
15 doute de n'avoir pas été soignée. Il faut toujours s'en remettre[62] à la nature, voyez-vous... Elle seule sait exactement ce qu'il y a dans le genou des vieilles juments, comme dans l'esprit obstiné des vieux Bombyx et, aussi et surtout, dans la mystérieuse livrée des cochers...
20   Ma vie, vous la voyez d'ici, je suppose, et sans qu'il soit besoin de la narrer en ses détails.[63] La nuit, chez les filles, de qui je sus promptement et sans éducation préalable tirer de notables profits;[64] le jour, chez les marchands de vin, où mon temps s'écoula à jouer au zanzibar avec d'étranges compagnons, pas
25 mal sinistres, qui venaient voir s'il n'y avait point de bons coups à préparer dans le quartier. Braves types d'ailleurs, généreux à leur manière et rigolos, ils ne finissaient pas de m'amuser

---

[54]**je dépensais ... mors** I worked with (used) the strength of a longshoreman, polishing brass, shining, for instance, a steel bit   [55]**dévoué** devoted   [56]**mal tenue, ... malpropre** uncared for, dirty, her legs never currycombed, her head unkempt   [57]**D'innombrables quantités ... laver.** Countless swarms of vermin infested her mane and her tail, which I had resolved not to comb or wash any longer.   [58]**d'un coup d'étrille** with a currycomb   [59]**enfler** swell   [60]**prescrivit ... d'exécuter** wrote out prescriptions that I made sure not to follow   [61]**De quoi je me félicitai** About which I congratulated myself   [62]**s'en remettre** leave it up   [63]**sans qu'il soit ... détails** without my having to go into detail about it   [64]**de qui ... profits** from whom I could immediately, and without any preliminary training, obtain nice benefits

avec leurs vieux complets anglais, leurs casquettes, et leurs
bijoux, dont chacun avait une histoire sanglante ou d'amour.[65]
Tout de suite, ils avaient compris que j'étais quelqu'un de
« leur bord ».[66] Et ils parlaient devant moi, à cœur ouvert,[67]
5 en amis, en frères.

Ils racontaient de sauvages histoires, d'horribles et lentes
agonies de vieux, crimes atroces, évoqués avec des voix
ricanantes et qui, loin de me faire frissonner d'horreur, m'exal-
taient plus que des poèmes et des musiques un artiste, me
10 soûlaient plus que l'alcool un ivrogne.[68]

Si le vieux baron, maniaque[69] et méticuleux comme il était, se
montra content de mes services, ah! vous devez bien le
penser... Il enrageait. Seulement, il n'osait pas me faire la
moindre observation. A sa petite visite régulière dans l'écurie,
15 le matin, je sentais bien qu'il s'était promis de m'adresser des
reproches, toute sorte de reproches... Mais dès son entrée[70] je
le regardais d'un œil si dur que j'arrêtais immédiatement dans
sa bouche les paroles prêtes à en sortir. Alors, il tournait et
retournait dans le box, mal à l'aise,[71] avec de pauvres petits
20 gestes gauches,[72] et il balbutiait d'une voix tremblante quelques mots incohérents.

—Très bien... c'est très bien... Ah! ah!... bon crottin... un peu
sec... mais bon tout de même...[73] bon, bon crottin...

Pour augmenter son trouble,[74] je criais:
25 —Il n'y a plus d'avoine...[75]

—Comment? Il n'y a plus d'avoine?... vous en êtes sûr?...

---

[65]**mon temps . . . d'amour.** I spent my time throwing dice with strange com-
panions, quite sinister, who came to see whether they could not burglarize
someone in the neighborhood. Good guys, besides, generous in their way and
funny, they would always amuse me, with their old English suits, their caps,
and their jewels, each of them with a story of crime or of love to tell. [66]**de
« leur bord »** one of them [67]**à cœur ouvert** openly [68]**loin . . . un ivrogne** far
from making me shudder with horror, exalted me more than do poems or
music an artist, intoxicated me more than does alcohol a drunkard
[69]**maniaque** finicky [70]**dès son entrée** as soon as he entered [71]**mal à l'aise** ill
at ease [72]**avec de pauvres petits gestes gauches** with pitiful, small, and awkward gestures [73]**bon tout de même** good all the same [74]**Pour augmenter son
trouble** To increase his confusion [75]**avoine** oats

Pourtant il doit y en avoir encore pour douze jours...

Et je grognais:[76]

—Ah! ah!... est-ce que monsieur le baron s'imagine que je la mange, son avoine?

5   —Bien... bien... bien... Je me suis sans doute trompé...[77] je vais écrire aujourd'hui... Bon crottin... très bon crottin... un peu noir... mais bon... bon...

Finalement, caressant à sa coutume[78] la croupe[79] de la jument, il disait:

10   —Pauvre Fidèle!... Ho! ho! Fidèle!

Et il s'en allait de son pas vacillant et menu...[80]

Un matin, j'étais rentré ivre et je m'amusais — histoire de rire[81] — à peindre en rouge la crinière et la queue de Fidèle. Le patron[82] apparut.

15   Le premier moment d'étonnement[83] passé, il eut la force de me demander:

—Qu'est-ce que vous faites là?

—Ce qui me plaît, répondis-je... Et de quoi te mêles-tu, vieux grigou? Moi à mon écurie... toi, à tes éteignoirs!... Est-ce

20 compris? Allons... oust![84]

Le vieux baron appela à lui tout son courage et il me déclara solennellement:

—Votre service ne me plaît pas... Je vous donne vos huit jours...[85] Vous partirez dans huit jours...

25   —De quoi?[86]... de quoi?... Répète un peu... Non, là... répète, pour voir.

Je cherchai ma fourche... Mais Bombyx avait disparu. Je lui criai, tandis qu'il courait dans la cour:

—C'est bon... c'est bon... Moi aussi j'en ai assez de ta

---

[76]**grogner** grumble   [77]**Je me suis sans doute trompé** I am probably mistaken   [78]**à sa coutume** as was his custom   [79]**croupe** rump   [80]**de son pas vacillant et menu** in small and tottering steps   [81]**histoire de rire** as a joke   [82]**patron** boss   [83]**étonnement** astonishment   [84]**de quoi . . . oust!** mind your own business, old skinflint! I stay in my stable and you go back to your extinguishers! Is that understood? Out you go! (*Notice the change of the third person singular to the disrespectful* tu *form.* Eteignoirs: *the baron was collecting them.*)   [85]**donner ses huit jours** give a week's notice   [86]**De quoi?** What?

baraque...[87] J'en ai assez de ton sale mufle...[88] Entends-tu?...
Hé! hé!... Entends-tu, vieux fourneau?[89]

Alors je quittai l'écurie, m'habillai vite et sortis... Une vraie
bordée,[90] et qui dura trois jours et trois nuits.

5 Ce ne fut que le quatrième jour que, très ivre, pouvant à
peine me tenir sur mes jambes, je revins à la maison de la rue
du Cherche-Midi, au petit matin...[91] Je dus attendre, assis sur
le trottoir,[92] parmi les ordures, que la porte s'ouvrît... Je n'avais
pas d'autre idée que de me coucher, dormir des heures, des
10 heures et des heures... Non, en vérité, je n'en avais pas d'autre... Et quelle autre idée pouvais-je avoir avec une telle
ivresse qui liquéfiait mon cerveau et me soulevait l'estomac?...[93]

Je trouvai la porte de ma chambre fermée à clef,[94] la porte du
15 grenier[95] ouverte... Je pénétrai dans celui-ci et, d'un bloc,[96] je
me laissai tomber sur les bottes de foin[97] qui me parurent un lit
moelleux[98] et charmant.

Je n'étais pas là depuis dix minutes, que le vieux Bombyx
montra, dans le rectangle de sa porte, sa silhouette courbée,
20 tout en angles étranges.[99] Il venait chercher une botte de foin
pour Fidèle, et je compris que c'était lui qui, durant ces trois
jours d'absence, faisait mon service... Cela m'amusa.

Il ne m'avait pas vu, il ne savait pas que j'étais rentré... Et,
grognant tout seul des injures[1] à mon adresse,[2] sans doute:
25 « Bandit!... Misérable ivrogne! Assassin! » il s'approcha de
moi, si près, que sa main me toucha.

Instantanément je fus dégrisé...[3] Je sentis qu'une joie im-
mense, presque voluptueuse, pénétrait en moi, je ne sais quoi
de puissant[4] qui rendait à mes membres leur souplesse[5] et leur
30 force. Je saisis la main du vieux, je l'attirai près de moi d'un

---

[87]**baraque** hole [88]**mufle** mug [89]**vieux fourneau** silly old man [90]**une vraie
bordée** a real binge [91]**au petit matin** early in the morning [92]**trottoir**
sidewalk [93]**me soulevait l'estomac** upset my stomach [94]**fermer à clef** lock
[95]**grenier** hayloft [96]**d'un bloc** like a mass [97]**botte de foin** hay bundle
[98]**moelleux** soft [99]**sa silhouette . . . étranges** his bent figure, strangely angular
all over [1]**grogner des injures** mutter insults [2]**à mon adresse** addressed to
me [3]**dégrisé** sober [4]**puissant** powerful [5]**souplesse** litheness

coup sec.[6] Il tomba en poussant un cri...[7] Mais, de ma main restée libre, j'avais pris une poignée[8] de foin que je lui enfonçai[9] dans la bouche. Et, me relevant d'un bond,[10] et tenant sous mes genoux le maigre[11] vieillard, je lui serrai[12] autour du cou
5 mes deux mains, où il me sembla que toutes les forces éparses dans la terre venaient d'affluer...[13]

Je restai ainsi longtemps, longtemps, car je me rappelais les paroles de mes amis: « Les vieux, c'est le diable à tuer! »[14] Puis, quand ce fut fini, j'empilai[15] sur le cadavre des bottes et
10 des bottes de paille... Et, soulagé,[16] heureux, je m'allongeai[17] sur la pile, où je m'endormis d'un sommeil profond et très doux... sans rêves.

EXERCISES

A. Deferential address.

The third person indicative is used in place of the second person indicative to express respect.

Rewrite the following sentences in the usual form of address, according to the example.

EXAMPLE: Monsieur le baron a tort.
Vous avez tort.

1. Monsieur le baron sait de quoi je parle.
2. Monsieur le baron sent un petit frisson, n'est-ce pas?
3. C'est comme monsieur le baron voudra.
4. C'est monsieur le baron qui l'aura voulu.
5. C'est monsieur le baron qui est fou.
6. C'est monsieur le baron qui ne comprend pas.
7. Pourquoi monsieur le baron me dit-il cela?.

---

[6]**je l'attirai . . . sec** I sharply pulled him close to me   [7]**pousser un cri** utter a cry   [8]**poignée** handful   [9]**enfoncer** stuff   [10]**me relevant d'un bond** jumping up to my feet   [11]**maigre** thin   [12]**serrer** fasten   [13]**toutes les forces . . . d'affluer** all the forces scattered in the ground had just rushed   [14]**Les vieux, c'est le diable à tuer** It's tough to kill old men   [15]**empiler** pile up   [16]**soulagé** relieved   [17]**s'allonger** stretch out

8. Pourquoi monsieur le baron ne veut-il pas comprendre?
9. Il faut que monsieur le baron me donne une autre livrée.
10. Il faut que monsieur le baron le sache.
11. Monsieur le baron s'imagine que je mange son avoine.

B. Deferential address.

The third person subjunctive is used in place of the second person imperative to express respect in deferential address.

Rewrite the following sentences in the usual form of address, according to the example.

EXAMPLE: Que monsieur le baron comprenne qu'il a tort.
Comprenez que vous avez tort.

Que monsieur le baron...

1. me comprenne.
2. me suive bien.
3. le sache bien.
4. fasse bien attention.
5. me dise tout.
6. fasse venir un vétérinaire.
7. revienne demain.
8. soit tranquille.

C. Vocabulary

Rewrite each of these sentences, substituting the appropriate expression in the following list for the near-equivalent in italics.

la baraque	se ruiner en
être du bord de qqn	le mufle
se substituer à	à n'en pas douter

1. Un autre *se mettait à sa place.*
2. L'autre était *certainement* l'ancien cocher.
3. J'en ai assez de votre sale *maison.*
4. J'en ai assez de votre sale *tête.*
5. J'ai *dépensé beaucoup d'argent pour acheter des* insecticides.
6. Les compagnons du cocher savaient qu'il était *comme eux.*

D. Vocabulary.

Create sentences using one or more of the following expressions in each sentence.

le cheval
la jument
la crinière
peigner la crinière
le mors
le sabot
la croupe
donner un coup d'étrille

faire le pansage
le box de l'écurie
la mangeoire
donner à manger du foin ou de
l'avoine
une poignée de foin
remuer la paille avec une fourche
le crottin

E. Vocabulary.

Group the following expressions according to whether they describe an honest life or a debauched one; then use them in sentences of your own.

devenir une crapule
être laborieux
être méticuleux au travail
s'abandonner à son destin
aimer une fille honnête
courir les filles
être effronté
être timide et poli
dire la vérité
être un brave type
être menteur

boire avec modération
se soûler
passer son temps à ne rien faire
se tuer au travail
dire la vérité
rester huit jours sans se raser
être bien peigné
vivre de l'argent des filles
négliger son service
remplir ses devoirs
être maître de son destin

F. Vocabulary

Complete each of these sentences with an appropriate phrase from the following list.

au diable!
de quoi te mêles-tu!
allons... oust!
j'en ai assez de ton sale mufle!
sacrée rosse!

j'en ai assez de ta baraque!
misérable ivrogne!
assassin!
vieux grigou!
vieux fourneau!

1. Quand on veut insulter un avare, on lui dit: ___.
2. Quand on veut insulter un vieil homme, on lui dit: ___.
3. Quand on veut insulter un homme qui boit, on lui dit: ___.
4. Quand on veut insulter un homme qui tue, on lui dit: ___.
5. Quand on ne veut plus rester dans la maison de quelqu'un, on lui dit: ___.
6. Quand on ne veut plus voir la tête de quelqu'un, on lui dit: ___.
7. Quand on n'aime pas un cheval, on lui dit: ___.
8. Quand on n'aime pas la remarque de quelqu'un, on lui dit: ___.
9. Quand on veut que quelqu'un sorte, on lui dit: ___.
10. Quand on veut que quelqu'un s'en aille, on lui dit: ___.

G. Reading comprehension.

Be prepared to read aloud sentences or parts of sentences from the text in support of the following statements.

1. Le cocher est superstitieux.
2. Le cocher est d'abord respectueux avec le baron; ensuite il devient grossier avec lui.
3. Le baron a peur du cocher.
4. Le cocher devient une crapule.
5. Les crapules ont une façon particulière de s'exprimer.
6. Certains détails sont particulièrement horribles ou révoltants.

CRAINQUEBILLE

ANATOLE FRANCE (1844–1924) Lorsque le capitaine Dreyfus fut
condamné en 1894 pour un crime qu'il n'avait pas commis,
Anatole France fut l'un des premiers écrivains qui prirent la défense de l'innocente victime de la justice militaire. Dans son
conte, nous retrouvons les principaux aspects du célèbre Procès
Dreyfus: l'interrogatoire rapide, le refus d'accepter le témoignage
d'un intellectuel, et le respect de la force armée. Dans la première partie de l'extrait suivant, un brave marchand de légumes
est arrêté parce qu'un agent de police a cru entendre une insulte
traditionnelle. Crainquebille, simple homme du peuple, sans
bagage intellectuel, n'arrive pas à se faire comprendre et il est
condamné. Dans la deuxième partie, l'ex-prisonnier insulte réellement un agent de police afin de pouvoir retourner en prison
mais, chose ironique, on ne l'arrête pas.

Jérôme Crainquebille, marchand des quatre-saisons,[1] allait par
la ville,[2] poussant sa petite voiture[3] et criant: « Des choux,[4] des
navets,[5] des carottes! » Et, quand il avait des poireaux,[6] il criait:
« Bottes d'asperges![7] » parce que les poireaux sont les asperges
5 du pauvre. Or, le 20 octobre, à l'heure de midi, comme il descendait la rue Montmartre, Mme Bayard, la cordonnière[8] A
l'Ange gardien, sortit de sa boutique et s'approcha de la voiture.
Soulevant dédaigneusement[9] une botte de poireaux:
    « Ils ne sont guère beaux, vos poireaux. Combien la botte?
10 —Quinze sous, la bourgeoise.[10] Y a pas meilleur.
    —Quinze sous, trois mauvais poireaux? »
    Et elle rejeta la botte dans la charrette, avec un geste de dé-
goût.[11]
    C'est alors que l'agent 64 arriva et dit à Crainquebille:
15 « Circulez! »[12]

---

[1]**marchand des quatre-saisons** fruit-and-vegetable vendor [2]**par la ville** up
and down the town [3]**voiture** cart [4]**chou** cabbage [5]**navet** turnip [6]**poireau**
leek [7]**botte d'asperges** bundle of asparagus [8]**cordonnière** shoemaker's wife
[9]**dédaigneusement** disdainfully [10]**la bourgeoise** Ma'am [11]**dégoût** disgust
[12]**Circulez!** Move on!

Crainquebille, depuis cinquante ans, circulait du matin au soir.

Un tel ordre lui sembla légitime et conforme à la nature des choses. Tout disposé à y obéir, il pressa la bourgeoise de pren-
5 dre[13] ce qui lui plaisait.

« Faut encore que je choisisse la marchandise », répondit aigrement[14] la cordonnière.

Et elle tâta[15] de nouveau toutes les bottes de poireaux, puis elle garda celle qui lui parut la plus belle et elle la tint contre
10 son sein[16] comme les saintes, dans les tableaux d'église,[17] pressent sur leur poitrine la palme triomphale.[18]

« Je vas vous donner quatorze sous. C'est bien assez. Et encore il faut que j'aille les chercher dans la boutique, parce que je ne les ai pas sur moi. »[19]

15 Et, tenant ses poireaux embrassés, elle rentra dans la cordon-nerie[20] où une cliente, portant un enfant, l'avait précédée.

A ce moment, l'agent 64 dit pour la deuxième fois à Crain-quebille:

« Circulez!

20 —J'attends mon argent, répondit Crainquebille.

—Je ne vous dis pas d'attendre votre argent; je vous dis de circuler », reprit l'agent avec fermeté.[21]

Cependant la cordonnière, dans sa boutique, essayait[22] des souliers bleus à un enfant de dix-huit mois dont la mère était
25 pressée.[23] Et les têtes vertes des poireaux reposaient sur le comptoir.[24]

Depuis un demi-siècle[25] qu'il poussait sa voiture dans les rues, Crainquebille avait appris à obéir aux représentants de l'autorité. Mais il se trouvait cette fois dans une situation par-
30 ticulière, entre un devoir et un droit.[26] Il n'avait pas l'esprit juridique.[27] Il ne comprit pas que la jouissance d'un droit indi-

---

[13]**il pressa la bourgeoise de prendre** he urged the lady to take   [14]**aigrement** sharply   [15]**tâter** feel   [16]**sein** bosom   [17]**tableau d'église** church picture   [18]**palme triomphante** palm of victory   [19]**sur moi** with me   [20]**cordonnerie** shoemaker's shop   [21]**fermeté** firmness   [22]**essayer** try on   [23]**pressée** in a hurry   [24]**comptoir** counter   [25]**demi-siècle** half a century   [26]**entre un devoir et un droit** between a duty and a right   [27]**Il n'avait pas l'esprit juridique.** His was not a judicial mind.

viduel ne le dispensait pas d'accomplir un devoir social.[28] Il
considéra trop son droit qui était de recevoir quatorze sous, et il
ne s'attacha pas assez à son devoir qui était de pousser sa voiture et d'aller plus avant[29] et toujours plus avant. Il demeura.
5   Pour la troisième fois, l'agent 64, tranquille et sans colère, lui
donna l'ordre de circuler. Contrairement à la coutume du brigadier Montauciel, qui menace sans cesse et ne sévit[30] jamais,
l'agent 64 est sobre d'avertissements et prompt à verbaliser.[31]
Tel est son caractère. Bien qu'un peu sournois,[32] c'est un
10 excellent serviteur et un loyal soldat. Le courage d'un lion
et la douceur d'un enfant. Il ne connaît que sa consigne.[33]
    « Vous n'entendez donc pas, quand je vous dis de circuler! »
    Crainquebille avait de rester en place une raison trop consi-
dérable à ses yeux pour qu'il ne la crût pas suffisante. Il l'ex-
15 posa[34] simplement et sans art:
    « Nom de nom[35]! puisque je vous dis que j'attends mon ar-
gent. »
    L'agent 64 se contenta de répondre:[36]
    « Voulez-vous que je vous f... une contravention?[37] Si vous le
20 voulez, vous n'avez qu'à le dire. »
    En entendant ces paroles, Crainquebille haussa lentement
les épaules et dirigea sur l'agent un regard douloureux[38] qu'il
éleva ensuite vers le ciel. Et ce regard disait:
    « Que Dieu me voie! Suis-je un contempteur des lois?[39]
25 Est-ce que je me ris des décrets et des ordonnances qui concer-
nent mon état ambulatoire[40]? A cinq heures du matin, j'étais au
marché des Halles. Depuis sept heures, je me brûle les mains à
mes brancards[41] en criant: « Des choux, des navets, des carot-

---

[28]**la jouissance ... social** the enjoyment of an individual's right in no way
exonerated him from performing a social duty   [29]**d'aller plus avant** to move
on   [30]**sévir** take proceedings   [31]**verbaliser** charge   [32]**sournois** sly   [33]**Il ne
connaît que sa consigne** He knows only his orders   [34]**exposer** explain
[35]**Nom de nom!** Good Lord!   [36]**L'agent 64 se contenta de répondre** Officer 64
merely answered   [37]**que je vous f... une contravention** me to turn you in
(**F...** *stands for* **foute,** *a vulgar word.)*   [38]**douloureux** painful   [39]**contempteur
des lois** lawbreaker   [40]**Est-ce que ... ambulatoire?** Am I making light of the
by-laws and ordinances that concern my ambulatory profession?   [41]**brancard**
shaft

tes! » J'ai soixante ans sonnés.[42] Je suis las.[43] Et vous me de-
mandez si je lève le drapeau noir de la révolte.[44] Vous vous
moquez et votre raillerie est cruelle. »

Soit que l'expression de ce regard lui eût échappé, soit qu'il
5 n'y trouvât pas une excuse à la désobéissance, l'agent demanda
d'une voix brève et rude si c'était compris.[45]

Or, en ce moment précis, l'embarras des voitures[46] était ex-
trême dans la rue Montmartre. Les fiacres, les omnibus, les
camions, pressés les uns contre les autres, semblaient indisso-
10 lublement joints et assemblés. Et sur leur immobilité frémis-
sante s'élevaient des jurons et des cris.[47] Les cochers de fiacre
échangeaient de loin, et lentement, avec les garçons bouchers
des injures[48] héroïques, et les conducteurs[49] d'omnibus, consi-
dérant Crainquebille comme la cause de l'embarras, l'ap-
15 pelaient « sale poireau ».

Cependant, sur le trottoir, des curieux[50] se pressaient,[51] at-
tentifs à la querelle. Et l'agent, se voyant observé, ne songea
plus qu'à faire montre[52] de son autorité.

« C'est bon », dit-il.

20 Et il tira de sa poche un calepin crasseux[53] et un crayon très
court.

Crainquebille suivait son idée et obéissait à une force in-
térieure. D'ailleurs il lui était impossible maintenant d'avancer ou de reculer. La roue de sa charrette était malheu-
25 reusement prise dans la roue d'une voiture de laitier.[54]

Il s'écria en s'arrachant les cheveux[55] sous sa casquette:

« Mais, puisque je vous dis que j'attends mon argent! C'est-

---

[42]**J'ai soixante ans sonnés** I am turned sixty   [43]**las** weary   [44]**si je lève** ...
révolte if I raise the black flag of rebellion   [45]**Soit que ... compris.** Either
because he failed to notice the expression of Crainquebille's look, or because
he considered it no excuse for disobedience, the officer inquired curtly and
roughly whether he had been understood.   [46]**l'embarras des voitures** the traffic jam   [47]**Les fiacres, ... cris.** The cabs, the horse-drawn buses and trucks,
jammed one against the other, all seemed indissolubly welded together. And
from their quivering immobility oaths and shouts arose.   [48]**injure** insult
[49]**conducteur** driver   [50]**curieux** (curious) onlooker   [51]**se presser** crowd
[52]**faire montre** display   [53]**un calepin crasseux** a greasy notebook   [54]**laitier**
milkman   [55]**s'arracher les cheveux** tear one's hair

il pas malheureux![56] Misère de misère! Bon sang de bon
sang! »[57]

Par ces mots, qui pourtant exprimaient moins la révolte que
le désespoir, l'agent 64 se crut insulté. Et comme, pour lui,
5 toute insulte revêtait nécessairement la forme traditionnelle,
régulière, rituelle et pour ainsi dire liturgique de « Mort aux
vaches! »[58] c'est sous cette forme que spontanément il perçut
dans son oreille les paroles du délinquant.

« Ah! vous avez dit: ‹ Mort aux vaches! › C'est bon.[59]
10 Suivez-moi. »

Crainquebille, dans l'excès de la stupeur et de la détresse,
regardait avec ses gros yeux brûlés du soleil l'agent 64, et de sa
voix cassée, qui lui sortait tantôt de dessus la tête et tantôt de
dessous les talons, s'écriait, les bras croisés sur sa blouse
15 bleue:[60]

« J'ai dit: ‹ Mort aux vaches › ? Moi?... Oh! »

Cette arrestation[61] fut accueillie[62] par les rires des employés
de commerce[63] et des petits garçons. Elle satisfaisait le goût
que toutes les foules[64] d'hommes éprouvent pour les spectacles
20 ignobles et violents. Mais s'étant frayé un passage[65] à travers le
cercle populaire, un vieillard très triste, vêtu de noir et coiffé
d'un chapeau de haute forme,[66] s'approcha de l'agent et lui dit
très doucement et très fermement, à voix basse:

« Vous vous êtes mépris.[67] Cet homme ne vous a pas insulté.

25 —Mêlez-vous de ce qui vous regarde »,[68] lui répondit l'agent,

---

[56]**C'est-il pas malheureux!** What a nuisance! (*In standard French:* **N'est-ce
pas malheureux!** Woe is me!)   [57]**Misère de misère! Bon sang de bon sang!**
Goodness gracious!   [58]**toute insulte . . . vaches! »** all insults necessarily took
the traditional, regular, ritual, and, as it were, liturgical form of "*Mort aux
vaches*" (*A vache is a police officer in slang.*)   **Mort aux vaches!** = *shoot the
bloody cops!*   [59]**C'est bon.** Very well.   [60]**Crainquebille, . . . bleue** Exces-
sively dazed and distressed, Crainquebille stared, his large eyes seared by the
sun, at officer 64, and, with a broken voice coming now from above his head,
now from beneath his heels, he shouted, his arms folded over his blue overalls
[61]**arrestation** arrest   [62]**accueillir** receive   [63]**employé de commerce** shop clerk
[64]**foule** crowd   [65]**se frayer un passage** push one's way through   [66]**chapeau de
haute forme** top hat   [67]**se méprendre** be mistaken   [68]**Mêlez-vous de ce qui
vous regarde** Mind your own business

sans proférer de menaces,[69] car il parlait à un homme proprement mis.[70]

Le vieillard insista avec beaucoup de calme et de ténacité.
Et l'agent lui donna l'ordre de s'expliquer chez le commissaire.

5   Cependant Crainquebille s'écriait:

« Alors que j'ai dit:[71] ‹ Mort aux vaches › ? Oh!... »

Il prononçait ces paroles étonnées quand Mme Bayard, la
cordonnière, vint à lui, les quatorze sous dans la main. Mais
déjà l'agent 64 le tenait au collet,[72] et Mme Bayard, pensant
10 qu'on ne devait rien à un homme conduit au poste, mit les
quatorze sous dans la poche de son tablier.[73]

Et, voyant tout à coup sa voiture en fourrière,[74] sa liberté perdue, l'abîme sous ses pas[75] et le soleil éteint, Crainquebille
murmura:

15 « Tout de même![76]... »

Devant le commissaire,[77] le vieillard déclara que, arrêté sur
son chemin par un embarras de voitures, il avait été témoin de
la scène, qu'il affirmait[78] que l'agent n'avait pas été insulté, et
qu'il s'était totalement mépris. Il donna ses noms et qualités:[79]
20 docteur David Matthieu, médecin en chef[80] de l'hôpital
Ambroise-Paré, officier de la Légion d'honneur.[81] En d'autres
temps, un tel témoignage[82] aurait suffisamment éclairé[83] le
commissaire. Mais alors, en France, les savants étaient sus-
pects.

25 Crainquebille, dont l'arrestation fut maintenue, passa la nuit
au violon[84] et fut transféré, le matin, dans le panier à salade,[85] au
Dépôt.[86]

---

[69]**sans proférer de menaces** without threatening   [70]**proprement mis** well-
dressed   [71]**Alors que j'ai dit = Alors j'ai dit** *(in standard French)*   [72]**le tenait
au collet** had him by the collar   [73]**pensant . . . tablier** thinking that one did
not owe anything to a man being taken to the police station, put the fourteen
sous into her apron pocket   [74]**en fourrière** impounded   [75]**l'abîme sous ses pas** a
gulf opening beneath his feet   [76]**Tout de même!** Now, really!   [77]**commissaire**
superintendent   [78]**affirmer** maintain   [79]**ses noms et qualités** his name and
profession   [80]**médecin en chef** head physician   [81]**Légion d'honneur** The
Légion d'honneur is an order created by Napoleon to reward distinguished
services. The first rank is **chevalier** (knight), the second, **officier.**
[82]**témoignage** testimony   [83]**éclairer** enlighten   [84]**violon** lockup   [85]**panier à
salade** paddy wagon   [86]**Dépôt** jail

Après un jugement rapide, où le témoignage de l'agent de police est
accepté sans discussion, Crainquebille est condamné à quinze jours de
prison. Redevenu libre, il reprend son travail, mais les clients ne
veulent plus acheter chez lui. Il se met à boire.

5   La misère[87] vint, la misère noire. Le vieux marchand ambulant, qui rapportait autrefois du faubourg Montmartre les pièces
de cent sous à plein sac, maintenant n'avait plus un rond.[88]
C'était l'hiver. Expulsé de sa soupente,[89] il coucha sous des
charrettes, dans une remise.[90] Les pluies étant tombées pen-
10 dant vingt-quatre jours, les égouts débordèrent[91] et la remise fut
inondée.

Accroupi dans sa voiture, au-dessus des eaux empoisonnées,
en compagnie des rats et des chats faméliques, il songeait dans
l'ombre.[92] N'ayant rien mangé de la journée[93] et n'ayant plus
15 pour se couvrir les sacs du marchand de marrons,[94] il se rappela
les deux semaines durant lesquelles le gouvernement lui avait
donné le vivre et le couvert.[95] Il envia le sort[96] des prisonniers,
qui ne souffrent ni du froid ni de la faim, et il lui vint une idée:
« Puisque je connais le truc,[97] pourquoi que je m'en servirais
20 pas? »[98]

Il se leva et sortit dans la rue. Il n'était guère plus de onze
heures. Il faisait un temps aigre[99] et noir. Une bruine[1] tombait,
plus froide et plus pénétrante que la pluie. De rares passants
se coulaient au ras des murs.[2]

25 Crainquebille longea[3] l'église Saint-Eustache et tourna dans
la rue Montmartre. Elle était déserte. Un gardien de la paix[4]
se tenait planté sur le trottoir, au chevet[5] de l'église, sous un bec

---

[87]**misère** poverty   [88]**Le vieux marchand ... rond.** The old street vendor who
used to come back from the **faubourg** Montmartre with a bag full of five-franc
pieces, had not a single coin.   [89]**soupente** garret   [90]**remise** shed   [91]**les égouts**
débordèrent the sewers overflowed   [92]**Accroupi ... l'ombre.** Crouching in
his cart, over the pestilent water, in the company of rats and half-starved cats,
he was thinking in the gloom.   [93]**de la journée** all day   [94]**marron** chestnut
[95]**le vivre et le couvert** room and board   [96]**sort** lot   [97]**Puisque je connais le**
truc Since I know the trick   [98]**pourquoi que je ne m'en servirais pas =**
pourquoi ne m'en servirais-je pas?   [99]**aigre** chilly   [1]**bruine** drizzle   [2]**De**
rares passants ... murs. A few passersby crept along close to the walls.
[3]**longer** walk past   [4]**gardien de la paix** policeman   [5]**chevet** apse

de gaz,[6] et l'on voyait, autour de la flamme, tomber une petite
pluie rousse.[7] L'agent la recevait sur son capuchon,[8] il avait
l'air transi,[9] mais soit qu'il préférât la lumière à l'ombre, soit
qu'il fût las de marcher, il restait sous son candélabre,[10] et
5 peut-être s'en faisait-il un compagnon, un ami. Cette flamme
tremblante était son seul entretien[11] dans la nuit solitaire. De
plus près, encapuchonné et armé, il avait l'air monacal et
militaire. Les gros traits de son visage, encore grossis par
l'ombre du capuchon, étaient paisibles et tristes.[12] Il avait une
10 moustache épaisse, courte et grise. C'était un vieux sergot,[13] un
homme d'une quarantaine d'années.

Crainquebille s'approcha doucement de lui et, d'une voix
hésitante et faible, lui dit:

« Mort aux vaches! »

15 Puis il attendit l'effet de cette parole rituelle. Mais elle ne
fut suivie d'aucun effet. Le sergot resta immobile et muet,[14] les
bras croisés sous son manteau court. Ses yeux, grands ouverts[15]
et qui luisaient[16] dans l'ombre, regardaient Crainquebille avec
tristesse, vigilance et mépris.[17]

20 Crainquebille, étonné, mais gardant encore un reste de ré-
solution, balbutia:

« Mort aux vaches! que je vous ai dit. »[18]

Il y eut un long silence durant lequel tombait la pluie fine[19] et
rousse et régnait l'ombre glaciale.[20] Enfin le sergot parla:

25 « Ce n'est pas à dire... Pour sûr et certain que ce n'est pas à
dire.[21] À votre âge on devrait avoir plus de connaissance...
Passez votre chemin.[22]

—Pourquoi que vous m'arrêtez pas? »[23] demanda Crainquebille.

---

[6]**bec de gaz** gas lamp [7]**rousse** reddish [8]**capuchon** hood [9]**transi** cold
[10]**candélabre** lamp [11]**entretien** conversation [12]**De plus près, . . . tristes.**
Closer up, he had a monkish and military appearance, with his hood and
weapon. The coarse features of his face, made ever larger by the shadow of
his hood, were peaceful and sad. [13]**sergot** copper *(cop)* [14]**muet** silent
[15]**grands ouverts** wide open [16]**luire** shine [17]**mépris** contempt [18]**que je
vous ai dit = vous ai-je dit** [19]**fin** fine [20]**glacial** icy [21]**Pour sûr . . . dire** Such
things are not said, that's quite sure. [22]**Passez votre chemin.** Pass on.
[23]**Pourquoi que vous ne m'arrêtez pas? = Pourquoi ne m'arrêtez-vous pas?**

Le sergot secoua[24] la tête sous son capuchon humide:

« S'il fallait empoigner tous les poivrots qui disent ce qui n'est pas à dire, y en aurait de l'ouvrage![25]... Et de quoi que ça servirait? »[26]

5 Crainquebille, accablé par ce dédain magnanime,[27] demeura longtemps stupide[28] et muet, les pieds dans le ruisseau. Avant de partir, il essaya de s'expliquer:

« C'était pas pour vous[29] que j'ai dit: « Mort aux vaches! » C'était pas plus pour l'un que pour l'autre que je l'ai dit. C'était
10 pour une idée. »

Le sergot répondit avec une austère douceur:

« Que ce soye[30] pour une idée ou pour une autre chose, ce n'était pas à dire, parce que quand un homme fait son devoir et qu'il endure bien des souffrances, on ne doit pas l'insulter
15 par des paroles futiles[31].... Je vous réitère de passer votre chemin. »

Crainquebille, la tête basse, et les bras ballants, s'enfonça sous la pluie dans l'ombre.[32]

EXERCISES

A. Pronoun substitution with verbs followed by à.

Rewrite each of the following sentences, replacing the italicized phrase with the appropriate pronoun.

1. Crainquebille obéissait toujours *aux agents de police*.
2. Il obéissait toujours *aux ordres*.
3. La cordonnière vint *à Crainquebille*.

---

[24]**secouer** shake [25]**S'il fallait empoigner ... l'ouvrage!** If I had to collar all the drunks who say what they shouldn't, I would be quite busy! (**Y en aurait de l'ouvrage = Que d'ouvrage il y aurait.**) [26]**Et de quoi que ça servirait?** And what good would that be? (**de quoi que ça servirait? = à quoi cela servirait-il?**) [27]**accablé par ce dédain magnanime** overwhelmed by this magnanimous disdain [28]**stupide** stolid [29]**C'était pas pour vous = Ce n'était pas pour vous** [30]**Que ce soye = Que ce soit** Whether it is [31]**paroles futiles** idle words [32]**la tête basse ... l'ombre** with head bent and arms dangling, disappeared in the rain and the darkness

4. Une cliente vint *à la boutique.*
5. On ne doit rien *à un homme qui va en prison.*
6. La cordonnière a rapporté l'argent *à Crainquebille.*
7. Crainquebille s'attachait *à ses clientes.*
8. Il s'attachait *à sa petite voiture.*
9. Il songeait *à ses anciennes clientes.*
10. Il songeait *à la prison.*

B. Pronoun substitution with verbs followed by **de.**

Rewrite each of the following sentences, replacing the italicized phrase with the appropriate pronoun.

1. Crainquebille s'est approché *du trottoir.*
2. Il s'est approché *du vieux sergot.*
3. Il ne se moquait pas *des agents.*
4. Il ne se moquait pas *des ordres.*
5. Il voulait se servir *d'un truc.*
6. Il voulait se servir *du sergot* pour retourner en prison.
7. Le sergot se faisait un ami *du bec de gaz.*
8. Crainquebille n'a pas fait *du sergent* un ami.

C. Grammar and vocabulary in colloquial French.

Rewrite the following sentences, replacing the italicized colloquial phrases by standard French phrases.

1. Quinze sous, *la bourgeoise. Y a pas meilleur.*
2. *Faut* encore que je choisisse.
3. Je *vas* vous donner quatorze sous.
4. Voulez-vous que je vous *f...* une contravention?
5. *C'est-il* pas malheureux!
6. Il a passé la nuit *au violon.*
7. On l'a transféré dans *un panier à salade.*
8. Crainquebille n'avait plus *un rond.*
9. C'était un vieux *sergot.*
10. Puisque je connais *le truc,* pourquoi *que je ne m'en servirais pas?*
11. Mort aux vaches! *que* je vous ai dit.
12. Pourquoi *que* vous ne m'arrêtez pas?
13. S'il fallait empoigner tous les *poivrots, y en aurait de l'ouvrage!*

14. *De quoi* ça me servirait?
15. *C'était pas* pour vous que je l'ai dit.

D. Vocabulary.

Rewrite each of these sentences, substituting the appropriate expression in the following list for the near-equivalent in italics.

donner le vivre et le couvert   passer son chemin
être sûr et certain   faire montre de
se moquer de   une quarantaine d'années
la consigne   se frayer
avoir . . . ans sonnés   tenir contre son sein
se couler au ras de   guère

1. L'agent ne connaissait que *les ordres*.
2. Il a dit à Crainquebille de *circuler*.
3. Les navets ne sont *pas très* bons.
4. La cordonnière *pressa* la botte *sur sa poitrine*.
5. Crainquebille ne *se riait* pas des lois.
6. L'agent a *manifesté* son autorité.
7. Le vieillard *s'est fait* un passage.
8. Le gouvernement *avait nourri et logé* Crainquebille.
9. Les passants *longeaient de près* les murs.
10. Crainquebille *avait* soixante *ans*.
11. Le sergent avait *à peu près quarante ans*.
12. *C'est tout à fait sûr*.

E. Vocabulary.

Create sentences using one or more of the following expressions in each sentence.

le commissaire (de police)
le brigadier = sous-officier de police
le gardien de la paix = l'agent de police
faire ou accomplir son devoir
respecter la consigne = les ordres
dresser une contravention à qqn = verbaliser contre qqn
sévir contre qqn
empoigner qqn (un poivrot = un ivrogne)
tenir qqn au collet
conduire au poste (de police)

donner un avertissement
mettre une voiture à la fourrière
le violon = la prison
le panier à salade = la voiture de la police
être témoin de qqch.
le témoignage
avoir la jouissance d'un droit
le décret
une ordonnance

F. Vocabulary.

Create sentences using one or more of the following expressions in each sentence.

le marchand ambulant	pousser sa voiture
le marchand des quatre-saisons	une charrette = une petite voi-
le marchand de marrons	ture
le laitier	le camion
le cordonnier, la cordonnière	un embarras de voitures ou de
un employé de commerce	circulation
le cocher de fiacre	se frayer un passage ou un che-
le conducteur (d'omnibus)	min
les curieux	le trottoir
les passants	le bec de gaz
la foule	un égout
porter une blouse, un tablier	déborder
tâter la marchandise	inonder
essayer des souliers	se presser
la boutique	se couler au ras des murs
le comptoir	longer une rue

G. Reading comprehension.

Rewrite the following statements, where necessary, to make them agree with the facts presented in the story.

1. Crainquebille vendait des navets, des choux et des asperges.
2. La cordonnière est retournée dans sa boutique parce qu'elle ne voulait rien acheter.
3. La consigne de l'agent de police était de faire circuler en cas d'embarras de voitures.

4. Crainquebille n'a pas hésité entre le devoir de circuler et le devoir social: il a désobéi.

5. L'embarras de voitures était très grand parce qu'il était midi.

6. Se voyant regardé par les passants, l'agent a voulu montrer son autorité.

7. L'agent a cru avoir entendu *Mort aux vaches* et non *Misère de misère! Bon sang de bon sang!* parce que le première expression était l'insulte traditionnelle.

8. Le vieillard ayant dit à l'agent qu'il se trompait, il a dû aller s'expliquer chez le commissaire.

9. Le commissaire n'a pas accepté le témoignage du vieillard parce qu'il était mal mis.

10. Crainquebille a passé la nuit à jouer du violon.

11. Après ses quinze jours de prison, il a dû coucher dans une charrette parce qu'il n'avait plus de chambre.

12. Comme c'était l'hiver et qu'il n'avait rien mangé, il a voulu retourner en prison en insultant un agent.

13. Le vieux sergot était encapuchonné à cause de la bruine.

14. Après avoir insulté le sergot, Crainquebille lui a tout expliqué.

H. Reading comprehension.

Be prepared to read aloud sentences or parts of sentences from the text in support of the following statements.

1. L'agent 64 ne comprend pas les réactions simples du marchand.

2. L'attitude de l'agent 64 est différente de celle du vieux sergot.

3. Le docteur Mathieu a essayé d'aider, mais il n'a pas réussi.

4. Après ses jours de prison, Crainquebille a connu la misère.

5. Le spectacle des rues de Paris était pittoresque.

6. Ce spectacle ne correspond pas tout-à-fait à celui d'une rue moderne.

NAISSANCE[1] D'UN MAÎTRE

ANDRÉ MAUROIS (1895–1967) André Maurois est l'auteur non pas seulement de biographies magistrales d'écrivains et d'hommes politiques mais aussi de romans psychologiques et de récits fantastiques. Il fait ici la satire des milieux artistiques et snobs. Ce petit récit moral montre comment un peintre bonnête mais obscur a pu devenir célèbre. La recette du succès était simple: annoncer une manière révolutionnaire qui pique la curiosité du public, et parler ensuite de ce nouveau style en termes vagues et énigmatiques.

Le peintre Pierre Douche achevait une nature morte, fleurs dans un pot de pharmacie, aubergines dans une assiette, quand le romancier Paul-Émile Glaise entra dans l'atelier.[2] Glaise contempla pendant quelques minutes son ami qui travaillait,
5 puis dit fortement: « Non! »

L'autre, surpris, leva la tête, et s'arrêta de polir une aubergine.

—Non, reprit Glaise, crescendo, non, tu n'arriveras jamais.[3] Tu as du métier,[4] tu as du talent, tu es honnête. Mais ta pein-
10 ture est plate,[5] mon bonhomme.[6] Ça n'éclate pas, ça ne gueule[7] pas. Dans un salon de cinq mille toiles,[8] rien n'arrête devant les tiennes le promeneur[9] endormi... Non, Pierre Douche, tu n'arriveras jamais. Et c'est dommage.

—Pourquoi? soupira[10] l'honnête Douche... Je fais ce que je
15 vois: je n'en demande pas plus.

—Il s'agit bien de cela![11] Tu as une femme, mon bonhomme, une femme et trois enfants. Le lait vaut dix-huit sous le litre,[12]

---

[1]**naissance** birth [2]**Le peintre . . . l'atelier.** Painter Pierre Douche was finishing a still life, flowers in a pharmacy jar, eggplants on a plate, when the novelist Emile Glaise came into the studio. [3]**tu n'arriveras jamais** you'll never succeed [4]**avoir du métier** be a master craftsman [5]**ta peinture est plate** your painting is flat [6]**mon bonhomme** old chap [7]**ça ne gueule pas** it does not clamor [8]**toile** canvas [9]**promeneur** passerby [10]**soupirer** sigh [11]**Il s'agit bien de cela!** That's just the problem! [12]**vaut dix-huit sous le litre** is worth eighteen **sous** per liter

et les œufs coûtent un franc pièce. Il y a plus de tableaux que d'acheteurs, et plus d'imbéciles que de connaisseurs. Or quel est le moyen, Pierre Douche, de sortir de la foule inconnue?
—Le travail?

5   —Sois sérieux. Le seul moyen, Pierre Douche, de réveiller les imbéciles, c'est de faire des choses énormes. Annonce que tu vas peindre au pôle Nord. Promène-toi vêtu en roi égyptien. Fonde[13] une école. Mélange dans un chapeau des mots savants: extériorisation dynamique, et compose des manifestes.[14]

10 Nie[15] le mouvement ou le repos; le blanc ou le noir; le cercle ou le carré.[16] Invente la peinture néo-homérique, qui ne connaîtra que le rouge et le jaune, la peinture cylindrique, la peinture octaédrique,[17] la peinture à quatre dimensions...

A ce moment, un parfum étrange et doux annonça l'entrée de

15 Mme Kosnevska. C'était une belle Polonaise dont Pierre Douche admirait la grâce. Abonnée[18] à des revues coûteuses[19] qui reproduisaient à grands frais[20] des chefs-d'œuvre[21] d'enfants de trois ans, elle n'y trouvait pas le nom de l'honnête Douche et méprisait[22] sa peinture. Se laissant tomber sur un

20 divan,[23] elle regarda la toile commencée, secoua ses cheveux blonds, et sourit avec un peu de mépris.

—J'ai été hier, dit-elle de son accent roulant et chantant, voir une exposition[24] d'art nègre de la bonne époque. Ah! la sensibilité,[25] le modelé,[26] la force de ça!

25 Le peintre retourna[27] pour elle un portrait dont il était content.

—Gentil,[28] dit-elle du bout des lèvres,[29] et roulante,[30] chantante, parfumée, disparut.

Pierre Douche jeta sa palette dans un coin et se laissa tomber

30 sur le divan. « Je vais, dit-il, me faire inspecteur d'assurances,[31] employé de banque, agent de police... La peinture est le der-

---

[13]**fonder** establish [14]**manifeste** manifesto [15]**nier** deny [16]**carré** square
[17]**octaédrique** octahedral [18]**abonnée** subscribing [19]**coûteuses** costly [20]**à grands frais** at great expense [21]**chef-d'œuvre** masterpiece [22]**mépriser** despise [23]**divan** couch [24]**exposition** exhibition [25]**sensibilité** sensitivity [26]**modelé** relief [27]**retourner** turn over [28]**gentil** nice [29]**du bout des lèvres** in a forced way [30]**roulante** undulating [31]**assurances** insurance

nier des métiers. Le succès, fait par des sots,[32] ne va qu'à des
faiseurs.[33] Au lieu de respecter les maîtres, les critiques encou-
ragent les barbares. J'en ai assez, je renonce. »[34]

5   Paul-Émile, ayant écouté, alluma une cigarette et réfléchit
assez longtemps.

—Veux-tu, dit-il enfin, donner aux snobs et aux faux artistes la
dure leçon qu'ils méritent? Te sens-tu capable d'annoncer en
grand mystère et sérieux à la Kosnevska, et à quelques autres
10 esthètes, que tu prépares depuis dix ans une nouvelle manière?

—Moi? dit l'honnête Douche, étonné.

—Écoute... Je vais annoncer au monde, en deux articles bien
placés, que tu fondes l'École idéo-analytique. Jusqu'à toi, les
portraitistes,[35] dans leur ignorance, ont étudié le visage humain.
15 Sottise![36] Non, ce qui fait vraiment l'homme, ce sont les idées
qu'il évoque[37] en nous. Ainsi le portrait d'un colonel, c'est un
fond[38] bleu et or que barrent cinq énormes galons,[39] un cheval
dans un coin, des croix dans l'autre. Le portrait d'un industriel,[40] c'est une cheminée d'usine,[41] un poing[42] fermé sur une
20 table... Comprends-tu, Pierre Douche, ce que tu apportes au
monde, et peux-tu me peindre en un mois vingt portraits idéo-
analytiques?

Le peintre sourit tristement.

—En une heure, dit-il, et ce qui est triste, Glaise, c'est que
25 cela pourrait réussir.

—Essayons.

—Je manque de bagout.[43]

—Alors, mon bonhomme, à toute demande d'explication, tu
prendras un temps, tu lanceras une bouffée de pipe au nez[44] du
30 questionneur, et tu diras ces simples mots: « Avez-vous jamais
regardé un fleuve? »[45]

—Et qu'est-ce que cela veut dire?

—Rien, dit Glaise, aussi le trouveront-ils très beau, et quand

---

[32]**sot** fool [33]**faiseur** charlatan [34]**renoncer** give up [35]**portraitiste** portrait
painter [36]**Sottise!** Nonsense! [37]**évoquer** conjure up [38]**fond** background
[39]**galon** stripe [40]**industriel** industrialist [41]**cheminée d'usine** factory chimney [42]**poing** fist [43]**Je manque de bagout** I haven't the gift of gab [44]**tu
lanceras ... nez** you'll blow a puff of pipe smoke in the face [45]**fleuve** river

ils t'auront bien découvert, expliqué, exalté, nous raconterons l'aventure et jouirons de leur confusion.

Deux mois plus tard, le vernissage[46] de l'Exposition Douche
5 s'achevait en triomphe. Chantante, roulante, parfumée, la belle Mme Kosnevska ne quittait plus son nouveau grand homme.
—Ah! répétait-elle, la sensibilité! le modelé! la force de ça! Quelle intelligence! quelle révélation!... Et comment, mon cher, êtes-vous parvenu[47] à ces synthèses étonnantes?
10 Le peintre prit un temps, lança une forte bouffée de pipe, et dit: « Avez-vous jamais, chère madame, regardé un fleuve? »
Les lèvres de la belle Polonaise, émues,[48] promirent des bonheurs roulants et chantants.
En pardessus à col de lapin,[49] le jeune et brillant Lévy-Cœur
15 discutait au milieu d'un groupe: « Très fort![50] disait-il, très fort! pour moi, je répète depuis longtemps qu'il n'y a pas de lâcheté[51] pire que de peindre d'après un modèle. Mais dites-moi, Douche, la révélation, d'où vient-elle? De mes articles? »
Pierre Douche prit un temps considérable, lui souffla au nez
20 une bouffée triomphante, et dit: « Avez-vous jamais, monsieur, regardé un fleuve? »
—Admirable! approuva l'autre, admirable!
A ce moment, un célèbre marchand de tableaux,[52] ayant achevé le tour de l'atelier, prit le peintre par la manche[53] et
25 l'emmena dans un coin.
—Douche, mon ami, dit-il, vous êtes un malin.[54] On peut faire un lancement[55] de ceci. Réservez-moi votre production. Ne changez pas de manière avant que je ne vous le dise, et je vous achète cinquante tableaux par an... Ça va?[56]
30 Douche, énigmatique, fuma sans répondre.
Lentement, l'atelier se vida. Paul-Émile Glaise alla fermer la porte derrière le dernier visiteur. On entendit dans l'escalier

---

[46]**vernissage** private showing of an exhibit [47]**parvenir** reach [48]**ému** moved
[49]**en pardessus à col de lapin** wearing an overcoat with a rabbit skin collar
[50]**fort** good [51]**lâcheté** cowardice [52]**marchand de tableaux** art dealer
[53]**manche** sleeve [54]**malin** smart [55]**lancement** launching [56]**Ça va?** All right?

un murmure admiratif qui s'éloignait. Puis, resté seul avec le peintre, le romancier mit joyeusement ses mains dans ses poches et éclata de rire. Douche le regarda avec surprise.

—Eh bien! mon bonhomme, dit Glaise, crois-tu que nous les avons eus?[57] As-tu entendu le petit au col de lapin? Et la belle
5 Polonaise? Et les trois jolies jeunes filles qui répétaient: « Si neuf! si neuf! » Ah! Pierre Douche, je croyais la sottise humaine sans limites, mais, ceci dépasse[58] mes espérances.

Il fut repris d'une crise[59] de rire invincible. Le peintre fronça le sourcil et dit brusquement:
10   —Imbécile!

—Imbécile! cria le romancier furieux. Quand je viens de réussir la plus belle charge que depuis Bixiou...[60]

Le peintre contempla avec orgueil les vingt portraits analytiques et dit avec la force que donne la certitude:
15   —Oui, Glaise, tu es un imbécile... Il y a quelque chose dans cette peinture...

Le romancier regarda son ami avec une stupeur infinie.

—C'est trop fort![61] hurla-t-il.[62] Douche, souviens-toi!... Qui t'a suggéré cette manière nouvelle?
20   Alors Pierre Douche prit un temps, et tirant de sa pipe une énorme bouffée:

—As-tu jamais, dit-il, regardé un fleuve?...

EXERCISES

A. The relative pronoun **dont**.

Rewrite the following sentences according to the example.

> EXAMPLE: C'était une belle Polonaise. Pierre Douche admirait
> la grâce de cette Polonaise.
> *C'était une belle Polonaise dont Pierre Douche ad-*
> *mirait la grâce.*

---

[57]**que nous les avons eus** that we have put it over on them [58]**dépasser** exceed [59]**crise** fit [60]**je viens ... Bixiou...** I have just successfully carried out the most beautiful hoax since Bixiou ... (*Bixiou is a character in Balzac's* Les Illusions perdues.) [61]**C'est trop fort** That's a bit too much [62]**hurler** scream

1. Pierre Douche était un peintre. La Polonaise n'aimait pas la manière de ce peintre.
2. La Polonaise avait vu une exposition d'art nègre. Elle admirait la sensibilité de cet art.
3. Le peintre a retourné un portrait. Il était content de ce portrait.
4. Il faut inventer une peinture. La couleur de cette peinture sera le noir.
5. J'ai vu le portrait d'un industriel. Le poing de cet industriel était noir.
6. Le marchand de tableaux voulait acheter la production. Il pouvait faire un lancement de cette production.

B. Vocabulary.

Create sentences using one or more of the following expressions in each sentence.

le peintre	le chef-d'œuvre
le portraitiste	la manière
le marchand de tableaux	le salon
un atelier	le vernissage
le tableau	une exposition
la toile	le lancement
la nature morte	le manifeste

C. Reading comprehension.

Rewrite the following statements, where necessary, to make them agree with the facts presented in the story.

1. La première manière de Douche n'attirait pas l'attention des connaisseurs.
2. Un autre peintre lui a conseillé de fonder une nouvelle école.
3. Ayant du talent, Douche était parfaitement capable de faire des portraits peints à la nouvelle manière.
4. Glaise a éclaté de rire après le départ des visiteurs parce qu'ils avaient réagi comme il le voulait.
5. Le peintre a demandé à son ami s'il avait jamais regardé un fleuve parce qu'il avait bien appris sa leçon.

D. Reading comprehension.

Group the following expressions into two categories according to

whether they describe the ingredients of artistic success or not;
then use them in sentences of your own.

fonder une école
peindre des toiles qui gueulent
faire des tableaux plats
peindre au pôle Sud
changer de manière si c'est nécessaire
se faire inspecteur d'assurances
se promener vêtu en roi arabe
mélanger des mots savants dans ce qu'on dit
parler en mots simples
composer des manifestes
peindre une nature morte avec des aubergines blanches
nier le mouvement ou le repos
inventer la peinture à quatre dimensions
avoir un vernissage tous les dix ans
manquer de bagout
répondre honnêtement aux questions
répondre aux questions par une autre question, plus vague

E. Reading comprehension.

Be prepared to read aloud sentences or parts of sentences from the
text in support of the following statement.

Le ton de l'auteur est satirique.

L'ANGLAIS
TEL QU'ON LE PARLE[1]

TRISTAN BERNARD (1866–1947) Tristan Bernard est l'auteur de nombreuses comédies parisiennes, sans sujet et sans profondeur vraiment, mais pleines de brio et de verve. Ses pièces sont toujours jouées à l'heure actuelle parce qu'elles continuent de faire rire avec leurs situations et leurs dialogues drôles. *L'Anglais tel qu'on le parle* concerne principalement les difficultés linguistiques d'un interprète d'hôtel qui ne parle que le français, de même que les difficultés sentimentales d'un Français et d'une Anglaise de Londres qui sont venus se réfugier à Paris à cause d'un père opposé à leur mariage. Ce qui est comique ici, ce sont les nombreux malentendus franco-anglais et les efforts répétés que font les personnages pour échapper à leur situation.

Personnages	EUGÈNE, *interprète*	UN GARÇON[2]
	HOGSON, *père de Betty*	UN AGENT DE POLICE
	UN INSPECTEUR	LA CAISSIÈRE[3]
	JULIEN CICANDEL	BETTY

EUGÈNE. Homme de trente ans, petit, assez gras, nerveux; quand il parle, il s'exprime d'une façon très vive,[4] en faisant des gestes avec la tête, les mains et les épaules, tout à la fois.[5] Cela le rend assez drôle, surtout puisqu'il se croit très adroit.[6] Cependant, il ne manque pas
5 d'humour.

HOGSON. Un Anglais de cinquante ans, grand, distingué, et habillé avec grand soin.

JULIEN CICANDEL. Un Français, jeune et beau, à la mode,[7] une canne à la main, etc. Il parle l'anglais avec un accent tout parisien, en
10 faisant de petits gestes expressifs.

---

[1]**tel q'on le parle** as it is spoken [2]**garçon** porter [3]**caissière** cashier [4]**vive** lively [5]**tout à la fois** all at once [6]**adroit** clever [7]**à la mode** stylish

L'INSPECTEUR.　Homme brusque, sans humour, qui se prend au
sérieux et qui laisse voir[8] une grande confiance[9] en lui-même.

LE GARÇON porte une blouse bleue, avec un mouchoir autour du cou.
Il a l'air intelligent, vif et un peu rusé.[10]

5　BETTY.　Une jeune Anglaise, jolie et blonde. Elle semble toujours
inquiète, même effrayée.[11] D'abord, elle porte un costume de
voyage, puis une robe de ville.

LA CAISSIÈRE.　Une jeune Française, habillée en noir, d'un air chic et
important.

10　Tous les costumes sont modernes.

La scène représente le vestibule d'un petit hôtel, à Paris. A droite,
une porte au premier plan.[12] Au fond,[13] un couloir d'entrée,[14] avec
sortie[15] à droite et à gauche. Au premier plan, à gauche, une porte; au
second plan, une sorte de comptoir, en angle,[16] avec un casier[17] pour
15　les clefs des chambres. Affiches de chemin de fer[18] illustrées, un peu
partout. Horaires[19] de trains et de bateaux. Au premier plan, à droite,
une table; sur la table, des journaux, des livres et un appareil télé-
phonique.

SCÈNE I

JULIEN, BETTY, LE GARÇON, LA CAISSIÈRE

JULIEN, *au garçon.*　Il nous faudrait deux chambres.
20　LE GARÇON.　Je vais le dire à madame.
JULIEN.　Y a-t-il un bureau de poste[20] près d'ici?
LE GARÇON.　Il y a un bureau de poste, place de la Madeleine.
Monsieur a-t-il quelque chose à y faire porter?
JULIEN, *comme à lui-même.*　J'ai un télégramme pour
25　Londres... Non, je préfère y aller moi-même. (*Le garçon
sort.*)
BETTY.　My dear, I should like a room exposed to the sun.

---

[8]**laisser voir** show　[9]**confiance** confidence　[10]**rusé** sly　[11]**effrayé** frightened
[12]**au premier plan** in the foreground　[13]**au fond** in the back　[14]**couloir
d'entrée** entrance hall　[15]**sortie** exit　[16]**comptoir, en angle** counter standing
at an angle　[17]**casier** set of pigeonholes　[18]**affiche de chemin de fer** railroad
poster　[19]**horaire** timetable　[20]**bureau de poste** post office

JULIEN.   Yes, my dear.

BETTY.   I am very tired.   My clothes are dirty.

JULIEN.   Il faut vous habituer[21] à parler français.   Nous nous ferons moins remarquer.[22]

5 BETTY.   Oh! je sais si peu bien parler français.

JULIEN.   Mais non, vous savez très bien.   Seulement, il faut vous habituer à le faire.

LA CAISSIÈRE.   Monsieur désire?

JULIEN, *à la caissière*.   Deux chambres, pas trop loin l'une de

10   l'autre.

LA CAISSIÈRE.   Nous avons le 11 et le 12.   C'est au deuxième étage.[23]

JULIEN.   Le 11 et le 12.

LA CAISSIÈRE.   Monsieur veut-il écrire son nom?

15 JULIEN.   Ah! oui, le registre...   Écrivez M. et Madame Philibert.

LA CAISSIÈRE.   Voulez-vous attendre un instant?   Je vais faire préparer les chambres.   (*Elle sort.*)

BETTY, *à Julien*.   Oh! monsieur Phéléber!   Oh! madame

20   Phéléber! Oh! Oh!

JULIEN.   Eh bien, oui, je ne peux pas donner nos véritables noms.   Si j'avais dit M. Julien Cicandel et mademoiselle Betty Hogson!   Vous dites que votre père connaît cet hôtel et qu'il est fichu de venir nous relancer.[24]

25 BETTY.   Il est fichu de nous relancer?...

JULIEN.   Oui, il est capable de nous suivre et de nous chasser... ce qui serait bien drôle, n'est-ce pas?

BETTY.   C'est une abominable chose.[25]   Vous avez parlé plus que deux fois[26] de cet hôtel à la maison.   Il a beaucoup

30   mémoire.[27]   Il doit se souvenir ce mot:[28] Hôtel de Cologne.   C'est facile se souvenir[29]...   Et puis je vais vous dire encore

---

[21]**s'habituer** get used   [22]**Nous nous ferons moins remarquer** We won't be noticed so much   [23]**deuxième étage** third floor   [24]**il est fichu . . . relancer** he is quite capable of hunting us down   [25]**C'est une abominable chose** (*instead of* c'est abominable)   [26]**vous avez parlé plus que deux fois** (*instead of* vous avez parlé plus de deux fois)   [27]**Il a beaucoup mémoire.** (*instead of* il a une bonne mémoire)   [28]**se souvenir ce mot** (*instead of* se souvenir de ce mot)   [29]**C'est facile se souvenir** (*instead of* Il est facile de s'en souvenir)

une terrible chose[30]... Je crois que je l'ai vu, tout à l'heure, mon père! J'ai vu de loin son chapeau gris.

JULIEN. Il y a beaucoup de chapeaux gris à Paris.

BETTY. J'ai reconnu le paternel chapeau.[31]

5 JULIEN. La voix du sang... Tu dis des bêtises.

BETTY. Des bêtises?...(*tendrement*) My dear.

JULIEN. Ne dis pas: my dear. Dis-moi: petit chéri.

BETTY, *avec tendresse*. Petit chéri!... Petit chéri! Oh! je voudrais je fusse mariée[32] bientôt avec toi. Nous avons fait une
10 terrible chose,[33] de partir comme ça tous les deux.

JULIEN. Il fallait bien. C'était le seul moyen de faire consentir votre père.

BETTY. Mais si votre patron[34] avait voulu... comment vous disiez?[35]... to take as a partner?

15 JULIEN. Associer.

BETTY, *avec soin*. As-so-cier... mon papa aurait... comment vous disiez?... consenti me marier contre vous.[36]

JULIEN. Je le sais. Mais mon patron n'a pas voulu m'associer; il veut prendre son temps. Il me dit: Nous verrons dans trois
20 mois. Votre père veut me faire attendre aussi jusqu'à ce que je sois associé. Zut! Il a fallu employer les grands moyens.[37]

BETTY. Vous deviez[38]... quitter tout de suite votre patron. Vous deviez lui dire: « Vous voulez pas me associer[39]... je pars! » Voilà.

25 JULIEN. Oui, mais je n'ai pas de poste. S'il m'avait pris au mot,[40] s'il avait accepté, je me serais trouvé le bec dans l'eau.[41]

BETTY. Votre bec dans l'eau?... Oh! pourquoi votre bec dans l'eau?... (*riant*) Oh! monsieur Phéléber!

---

[30]encore une terrible chose (*instead of* encore quelque chose de terrible)
[31]le paternel chapeau (*instead of* le chapeau de mon père) [32]je voudrais je fusse mariée (*instead of* je voudrais être mariée) [33]une terrible chose (*instead of* une chose terrible) [34]patron boss [35]comment vous disiez (*instead of* comment se dit) [36]consenti me marier contre vous (*instead of* consenti à ce que je me marie avec vous) [37]employer les grands moyens take extreme measures [38]Vous deviez (*instead of* vous auriez dû) [39]me associer (*instead of* m'associer) [40]prendre au mot take at one's word [41]le bec dans l'eau in the lurch

JULIEN. Et puis je devais venir en France au compte de la
maison, qui me fait trois mille francs de frais.[42] Comme ça,
les frais de l'enlèvement seront au compte de la maison.[43]
BETTY. Oui, mais puisque vous êtes à Paris... au compte de
5   la maison... vous serez obligé me quitter[44] pour des affaires.
JULIEN. De temps en temps, j'aurai une course[45]... ça ne sera
pas long. Et puis, il vaut mieux se quitter de temps en temps;
si on était toujours ensemble sans se quitter, on finirait par
s'ennuyer.[46] Il vaut mieux se quitter quelques instants, et se
10 retrouver ensuite.
BETTY. Oh! moi, je me ennuie pas[47] avec vous.
JULIEN. Eh bien alors, disons que je n'ai rien dit. Je ne m'ennuie pas non plus. Voyez-vous? J'ai toujours peur que vous
vous ennuyiez. Mais du moment que[48] vous ne vous ennuyez
15 pas, je ne m'ennuierai pas non plus...[49] Je vais vous quitter
pendant une demi-heure... Je vais aller au bureau de poste
télégraphier à mon patron, et puis j'irai voir un client rue du
Quatre-Septembre... une petite course de vingt minutes...
BETTY, *effrayée.* Oh! mais vous me laissez seule! Si je vou-
20 lais demander quelque chose?
JULIEN. Mais vous parlez très bien le français. (*Entre la caissière.*)
BETTY. Je peux parler français seulement avec ceux qui sait
aussi anglais, à cause je sais qu'il puissent me repêcher[50] si je
25 sais plus.[51] Mais les Français, j'ai peur de ne plus tout à coup
savoir,[52] et je ne parle pas.
JULIEN. En tout cas,[53]... (*A la caissière*) il y a un interprète
ici?
LA CAISSIÈRE. Mais oui, monsieur, il y a toujours un inter-

---

[42]**au compte ... frais** at the expense of the firm that pays me three thousand
francs in business expenditures [43]**les frais ... maison** the firm will be re-
sponsible for the elopement costs [44]**obligé me quitter** (*instead of* obligé de
me quitter) [45]**course** errand [46]**s'ennuyer** get bored [47]**je me ennuie pas**
(*instead of* je ne m'ennuie pas) [48]**du moment que** seeing that [49]**pas non plus**
not either [50]**repêcher** rescue [51]**ceux qui sait ... plus** (*instead of* ceux qui
savant aussi l'anglais, parce que je sais qu'ils pourront me repêcher si je ne
sais plus) [52]**j'ai peur de ne plus tout à coup savoir** (*instead of* j'ai peur de
tout oublier brusquement) [53]**En tout cas** At any rate

prête. Il va arriver tout à l'heure.[54] Il sera à votre service.
Les chambres sont prêtes.

JULIEN, *à Betty*.   Je vais vous conduire à votre chambre et j'irai
ensuite au bureau de poste. (*Ils sortent par la gauche.*)

SCÈNE II

LA CAISSIÈRE, LE GARÇON, puis EUGÈNE

5 LA CAISSIÈRE.   Charles, qu'est-ce qui se passe?[55]   Pourquoi
l'interprète n'est-il pas arrivé?

LE GARÇON.   M. Spork?   Vous ne vous rappelez pas qu'il ne
vient pas aujourd'hui?   C'est le divorce de sa sœur.   Toute la
famille dîne au restaurant, à Neuilly.   Mais, M. Spork a en-
10 voyé quelqu'un pour le remplacer.   Il vient d'arriver.   Le
voilà dans le couloir.

LA CAISSIÈRE.   Dites-lui de venir.   (*Le garçon va au fond dans
le couloir et fait un signe à droite.   Eugène entre lentement,
et salue.*)   C'est vous qui venez remplacer M. Spork?
15 (*Eugène fait un signe de tête.*)   On vous a dit les conditions.
Six francs pour la journée.   C'est un bon prix.   Le patron veut
absolument qu'il y ait un interprète sérieux.   Vous n'avez rien
d'autre à faire qu'à rester ici et à attendre les étrangers.[56]
Vous avez compris? (*Eugène fait signe que oui.   La caissière
20 sort un instant à gauche.*)

EUGÈNE, *au garçon, après avoir regardé tout autour de lui*.
Est-ce qu'il vient beaucoup d'étrangers ici?[57]

LE GARÇON.   Comme ci comme ça.[58]   Ça dépend des saisons.
Il vient pas mal[59] d'Anglais.

25 EUGÈNE, *inquiet*.   Ah!...   Est-ce qu'il en vient beaucoup en ce
moment?

LE GARÇON.   Pas trop en ce moment.

---

[54]**tout à l'heure** shortly   [55]**qu'est-ce qui se passe** what's happening
[56]**étranger** foreigner   [57]**Est-ce qu'il vient beaucoup d'étrangers** Do many
foreigners come   [58]**Comme ci comme ça.** So-so.   [59]**pas mal** quite a lot

EUGÈNE, *satisfait.* Ah!... Et pensez-vous qu'il en vienne aujourd'hui?

LE GARÇON. Je ne peux pas dire. Je vais vous donner votre casquette.[60] (*Il lui apporte une casquette avec l'inscription*
5 INTERPRETER. *Puis il sort.*)

EUGÈNE, *lisant l'inscription.* In-ter-pre-terr!... (*Il met la casquette sur sa tête.*) Voilà! J'espère qu'il ne viendra pas d'Anglais! Je ne sais pas un mot d'anglais, pas plus que d'allemand... d'italien, d'espagnol... de tous ces dialectes! C'est
10 cependant bien utile pour un interprète... Ça m'avait un peu fait hésiter pour accepter ce poste. Mais, je ne roule pas sur l'or.[61] Je prends ce qui se trouve. En tout cas, je désire vivement qu'il ne vienne pas d'Anglais, parce que notre conversation manquerait d'animation.

15 LA CAISSIÈRE, *entrant.* Dites donc![62] j'ai oublié de vous demander quelque chose d'assez important. Il y a des interprètes qui parlent comme ci comme ça plusieurs langues, et qui savent à peine[63] le français. Vous savez bien le français?

EUGÈNE. Parfaitement!

20 LA CAISSIÈRE. C'est parce que tout à l'heure vous ne m'aviez pas répondu et, voyez-vous, j'avais peur que vous sachiez mal notre langue.

EUGÈNE. Oh! Vous pouvez avoir l'esprit tranquille,[64] madame. Je parle admirablement le français.

25 LA CAISSIÈRE, *satisfaite.* En tout cas, nous n'avons pas beaucoup d'étrangers en ce moment. (*Une sonnerie.*[65]) Ah! le téléphone! (*Elle va jusqu'à la table de droite. À l'appareil,*[66] *après un silence.*) On téléphone de Londres. (*Eugène, qui reste debout devant le comptoir, ne bouge pas.*
30 *Elle regagne son comptoir.*) Hé bien! on téléphone de Londres! On téléphone en anglais! Allez à l'appareil!

EUGÈNE. (*Il va lentement à l'appareil et prend les récepteurs.*[67]) Allô!... Allô! (*Au public, avec désespoir.*[68]) Ça y

---

[60]**casquette** cap [61]**rouler sur l'or** to be rolling in money [62]**Dites donc!** Listen! [63]**à peine** hardly [64]**avoir l'esprit tranquille** rest assured [65]**sonnerie** ringing [66]**appareil** telephone [67]**récepteur** receiver [68]**désespoir** despair

est![69] des Anglais! (*Un silence. Au public.*) Je n'y comprends
rien, rien! (*Dans le récepteur.*) Yes! Yes!

LA CAISSIÈRE, *de son comptoir.* Qu'est-ce qu'ils disent?

EUGÈNE. Qu'est-ce qu'ils disent? Des bêtises... des choses
5 de bien peu d'intérêt.

LA CAISSIÈRE. Après tout, ils ne téléphonent pas de Londres
pour dire des bêtises.

EUGÈNE, *dans l'appareil.* Yes! Yes! (*À la caissière, d'un air
embarrassé.*) Ce sont des Anglais... ce sont des Anglais qui
10 désirent des chambres. Je leur réponds: Yes! Yes!

LA CAISSIÈRE. Mais enfin,[70] il faut leur demander plus de détails. Combien de chambres leur faut-il?

EUGÈNE, *avec assurance.* Quatre.

LA CAISSIÈRE. Pour quand?

15 EUGÈNE. Pour mardi prochain.

LA CAISSIÈRE. Pour mardi prochain?... A quel étage?

EUGÈNE. Au premier.

LA CAISSIÈRE. Dites-leur que nous n'avons que deux
chambres au premier pour le moment, que la troisième ne
20 sera libre que jeudi le 15. Mais nous leur en donnerons deux
belles au second.

EUGÈNE. Faut-il que je leur dise tout ça?

LA CAISSIÈRE. Mais oui... dépêchez-vous... (*Il hésite.*) Qu'est-
ce que vous attendez?

25 EUGÈNE, *au public.* Eh bien, tant pis![71] (*En donnant de
temps en temps des coups d'œil[72] à la caissière.*) Manchester,
chapeau-chapeau, Littletich, Regent Street. (*Silence. Au
public.*) Oh! les mauvais mots qu'ils me disent là-bas. (*Il
remet le récepteur. Au public.*) Zut! C'est fini! S'ils croient
30 que je vais me laisser insulter comme ça pendant une heure.

LA CAISSIÈRE. Il faut que ce soit des gens chics.[73] Il paraît
que[74] pour téléphoner de Londres, ça coûte dix francs les trois
minutes.

---

[69]**Ça y est!** Now I'm in for it! [70]**Mais enfin** but still [71]**tant pis** too bad
[72]**donner des coups d'œil** look at [73]**gens chics** people with class [74]**Il paraît
que** Apparently

EUGÈNE. Dix francs les trois minutes, combien est-ce que ça fait l'heure?

LA CAISSIÈRE, *après avoir réfléchi un moment.* Ça fait deux cents francs l'heure. (*Elle sort.*)

5 EUGÈNE. Je viens d'être insulté à deux cents francs l'heure... J'avais déjà été insulté dans ma vie, mais jamais à deux cents francs l'heure... Comme c'est utile cependant de savoir les langues! Voilà qui prouve mieux que n'importe quel argument la nécessité de savoir l'anglais! Je voudrais avoir ici
10 tout le monde et en particulier les interprètes, et leur recommander au nom de Dieu d'apprendre les langues! Au lieu de nous laisser vieillir sur les bancs de nos écoles, à apprendre le latin,[75] une langue morte, est-ce que nos parents ne feraient pas mieux... Je ne parle pas pour moi, puisque je n'ai jamais
15 appris le latin... Allons! espérons que ça va bien se passer tout de même![76] (*Il s'appuie contre le comptoir et regarde vers la gauche. Hogson arrive par le fond à droite. Il va poser sa valise sur une chaise à gauche de la table de droite. Il s'approche ensuite d'Eugène qui ne l'a pas vu et continue à*
20 *lui tourner le dos.*)

SCÈNE III

EUGÈNE, HOGSON, LA CAISSIÈRE

HOGSON. Is this the Hotel de Cologne?

EUGÈNE, *se retournant.* Yes! Yes! (*Il retourne sa casquette sur sa tête pour que l'inscription* INTERPRETER *ne soit pas vue de l'Anglais.*)

25 HOGSON. Very well. I want to ask the landlady if she has not received a young gentleman and a lady.

EUGÈNE. Yes! Yes! (*Il recule[77] jusqu'à la porte de gauche, premier plan, et disparaît.*)

---

[75]**Au lieu de . . . latin** Instead of letting us waste our time at school learning Latin [76]**Allons! . . . même!** Well! Let's hope that everything will be all right just the same! [77]**reculer** to back up

HOGSON, *au public.*   What is the matter with him?   I wish to speak to the interpreter...   Where is he?...   (*Gagnant le fond.*[78]) Interpreter!   Interpreter!...

LA CAISSIÈRE, *arrivant par la gauche.*   Qu'est-ce qu'il y a?
5 Qu'est-ce que ça veut dire?[79]

HOGSON.   Oh! good morning, madam!   Can you tell me if master Cicandel is here?

LA CAISSIÈRE.   Cécandle?

HOGSON.   Cicandel?

10 LA CAISSIÈRE.   C'est le nom d'un voyageur...   Nous n'avons pas ici de Cécandle.   (*Remuant la tête*) Non! non!

HOGSON.   Now look here!   Have you received this morning a young gentleman and a young lady?

LA CAISSIÈRE, *souriante et un peu effrayée.*   Ah! je ne com-
15 prends pas.   Interprète!   Interprète!   Mais où est-il donc? Qu'est-ce qu'il est devenu?   (*Au garçon qui vient.*) Vous n'avez pas vu l'interprète?

LE GARÇON.   Il était là tout à l'heure.

HOGSON, *cherchant dans un petit dictionnaire.*   Commis-
20 saire... police... here.   (*Il fait un signe pour dire:* ici.)

LE GARÇON, *s'appuyant contre le comptoir. A la caissière.*   En tout cas, il ne parle pas français...   Qu'est-ce qu'il dit?

LA CAISSIÈRE.   Je crois qu'il voudrait un commissaire de police.   (*À l'Anglais, en criant, et en lui montrant le fond.*)
25 Tout près d'ici!

HOGSON, *faisant signe de ramener quelqu'un.*   Commissaire police... here!

LE GARÇON.   Moi, je n'y comprends rien!   Qu'est-ce qu'il dit?

LA CAISSIÈRE.   Je crois qu'il voudrait qu'on fasse venir ici le
30 commissaire de police.

HOGSON, *tendant une pièce d'or au garçon.*   Commissaire... police... Come here...

LE GARÇON.   Il m'a donné dix francs.

LA CAISSIÈRE.   Ça vaut douze francs cinquante ce qu'il vous a

---

[78]**Gagnant le fond.** Going upstage.   [79]**Qu'est-ce qu'il y a? . . . dire?** What's the matter? What does this mean?

donné[80]... Hé bien, écoutez! Trottez-vous[81] jusqu'au bureau du commissaire. Vous lui ramènerez[82] un inspecteur. Il lui dira ce qu'il a à lui dire.

LE GARÇON.   Mais il ne sait pas le français.

5 LA CAISSIÈRE.   Nous avons l'interprète.

HOGSON.   Now I want a room.

LA CAISSIÈRE.   Ça veut dire: chambre, ça. On va vous en donner une, de room. (*Au garçon.*) Conduisez-le au 17 en passant. (*Elle prend une clef dans le casier et la lui donne.*)

10 HOGSON, *au moment de sortir par la porte de droite, premier plan.*   Take my luggage.

LE GARÇON, *sans comprendre.*   Oui, monsieur.

HOGSON.   Take my luggage.

LE GARÇON.   Parfaitement!

15 HOGSON, *en se fâchant.* . Take my luggage. (*Il montre sa valise. Le garçon la prend avec colère.*) What is the matter with this fellow? I don't like repeating twice... Now then, follow me. (*Ils sortent par la droite.*)

LA CAISSIÈRE.   Où est donc cet interprète? (*Elle sort par le*
20 *fond à droite. Entrent par le fond à gauche Betty et Julien.*)

SCÈNE IV

BETTY, JULIEN

BETTY.   Alors, vous partez! Vous ne resterez pas longtemps?

JULIEN.   Je vais jusqu'au bureau de poste.

BETTY.   J'ai si peur! Avez-vous entendu crier tout à l'heure? Je pense c'était[83] la voix de mon père.

25 JULIEN.   Mais non, mais non. C'est une obsession. Ce matin c'était son chapeau gris que vous aviez aperçu. Maintenant c'est sa voix que vous croyez entendre! Allons, au revoir.

BETTY.   Au revoir, my dear.

---

[80]**Ça vaut douze francs cinquante** The porter mistakes the coin for a ten-franc piece; a half-sovereign, it was worth more [81]**Trottez-vous** Run [82]**ramener** bring back [83]**je pense c'était** (*instead of* je crois que c'était)

JULIEN.   Dites: petit chéri.

BETTY.   Petit chéri. (*Elle rentre à gauche. Il sort par la droite.*)

SCÈNE V

EUGÈNE, LA CAISSIÈRE, puis HOGSON,
puis L'INSPECTEUR

EUGÈNE, *peu après, se glisse*[84] *sur la scène, en rentrant, premier*
5   *plan, à gauche. Il a toujours sa casquette à l'envers.*[85]   Personne!...   Et il n'est que dix heures et demie.   Ah! si l'on croit
que je vais rester ici jusqu'à ce soir, à minuit! (*Allant au fond
consulter une affiche en couleur.*) Voyons l'horaire.   Il n'arrive pas de train de Londres avant sept heures.   Je vais être
10   presque tranquille, alors, jusqu'à sept heures.

LA CAISSIÈRE, *entrant au deuxième plan, à droite.*   Interprète!
Ah! vous voilà!   Où étiez-vous donc tout à l'heure?

EUGÈNE.   J'étais parti... j'étais très pressé... j'avais entendu
crier: au secours![86] au secours!... en espagnol, vous savez...
15   mais je m'étais trompé, ce n'était pas ici.

LA CAISSIÈRE.   Vous étiez si pressé que vous aviez mis votre
casquette à l'envers.

EUGÈNE, *touchant sa casquette.*   Oui! Oui!

LA CAISSIÈRE.   Eh bien, qu'est-ce que vous attendez pour la
20   remettre à l'endroit?[87]... Remettez-la... Essayez de ne plus
bouger maintenant. (*Il s'assied devant le comptoir, où la
caissière regagne sa place.*[88]) Il va venir un Anglais qui ne
sait pas un mot de français... Il a demandé un inspecteur de
police... Je ne sais pas ce qu'il veut...

25 EUGÈNE, *à lui-même.*   Moi non plus.   Il y a des chances pour
que je ne le sache jamais.

VOIX DE HOGSON, *à droite.*   Look here, waiter!... waiter!...

---

[84]**se glisser** slip [85]**à l'envers** on backwards [86]**au secours!** help! [87]**remettre à
l'endroit** put back on frontwards [88]**regagne sa place** goes back to her
place

Give us a good polish on my patent leather boots and bring
us a bottle of soda water!

EUGÈNE.   Oh! quel jargon! quel jargon!   Où est le temps où la
langue française était universellement connue à la surface de
5   la terre?   Il y a cependant une société pour la propagation de
la langue française.   Qu'est-ce qu'elle fait donc?

HOGSON, *entrant par la droite, premier plan, en même temps
que l'Inspecteur entre par le fond.*   Well, what about that In-
spector?

10 L'INSPECTEUR.   Hein! Qu'est-ce qu'il y a?   C'est ce monsieur
qui me demande!   Hé bien!   Vous n'avez pas peur.   Vous ne
pourriez pas vous déranger[89] pour venir jusqu'au bureau?

HOGSON.   Yes!

L'INSPECTEUR.   Il n'y a pas de Yes!   C'est l'usage.[90]

15 HOGSON.   Yes!

L'INSPECTEUR.   Je vois que vous êtes un homme bien élevé.
Alors, une autre fois, il faudra vous conformer aux habitudes
du pays, n'est-ce pas?

HOGSON.   Yes!

20 L'INSPECTEUR, *à la caissière.*   Allons!   Il n'est pas difficile.[91]

LA CAISSIÈRE.   Il ne sait pas un mot de français.

L'INSPECTEUR.   Et moi je ne sais pas un mot d'anglais... Nous
sommes faits pour nous entendre.

LA CAISSIÈRE, *à Eugène qui a gagné le fond sans être vu.*   In-
25   terprète!

EUGÈNE, *s'arrêtant court.*   Voilà!...

L'INSPECTEUR.   Faites-lui   raconter   son   affaire.[92]   (*Eugène
s'approche de Hogson.*)

HOGSON, *regardant la casquette d'Eugène.*   *Avec satisfaction.*
30   Oh!   Interpreter!...

EUGÈNE.   Yes! Yes!

HOGSON.   Tell him I am James Hogson, from Newcastle-
on-Tyne... Tell him!... I have five daughters.   My second
daughter ran away from home in company with a young
35   gentleman, master Cicandel... Tell him. (*Eugène continue à*

---

[89]**se déranger** take the trouble   [90]**C'est l'usage.** That's the custom.   [91]**difficile**
hard to please   [92]**Faites-lui raconter son affaire.** Have him tell his story.

le regarder sans bouger.) Tell him!... (*Se fâchant.*) Tell him, I say!

L'INSPECTEUR.   Qu'est-ce qu'il dit? Je n'y comprends rien.

EUGÈNE.   Voilà... c'est très compliqué... c'est toute une his-
5 toire...[93] Ce monsieur est Anglais...

L'INSPECTEUR.   Je le sais.

EUGÈNE.   Moi aussi. Il vient pour visiter Paris comme tous les Anglais.

L'INSPECTEUR.   Et c'est pour ça qu'il fait chercher le commis-
10 saire?

EUGÈNE.   Non... attendez!... attendez!... Laissez-moi le temps de dire ce qu'il a dit.

HOGSON.   Oh! tell him also this young man is a Frenchman and a clerk in a banking house of Saint James street.

15 EUGÈNE.   Précisément!... (*À l'Inspecteur.*) Pourquoi un Anglais à peine arrivé à Paris peut-il avoir besoin d'un com-missaire? (*Embarrassé.*) Pour un vol[94] de... de portefeuille.[95] (*Une idée lumineuse lui vient soudain.*) Voilà, Monsieur des-cend du train...

20 HOGSON.   Tell him that the young gentleman...

EUGÈNE, *à Hogson, en faisant un geste de la main de lui fermer la bouche.* Ferme! (*À l'Inspecteur.*) Monsieur descend du train à la gare du Nord[96] quand un homme le pousse et lui prend son portefeuille. (*L'Inspecteur fait quelques pas vers*
25 *la gauche pour prendre des notes.*)

HOGSON, *approuvant ce que vient de dire Eugène.* Yes!... Very well... yes...

EUGÈNE, *étonné.* Yes?... Eh bien, mon vieux,[97] tu n'es pas difficile... (*Il gagne le fond avec précaution. Hogson s'ap-*
30 *proche de l'Inspecteur, en tirant son portefeuille.*)

L'INSPECTEUR, *étonné.* Vous avez donc deux portefeuilles?[98] (*À l'interprète.*) Il avait donc deux portefeuilles!

EUGÈNE.   Toujours! toujours!... les Anglais.

---

[93]**c'est toute une histoire** it's a long story   [94]**vol** theft   [95]**portefeuille** wallet
[96]**gare du Nord** North Station (one of the railroad stations in Paris)   [97]**mon vieux** old chap   [98]**Vous avez donc deux portefeuilles?** So you have two wal-lets?

HOGSON, *tendant son portefeuille à l'Inspecteur.* That is the likeness, the young man's photo... photograph!

L'INSPECTEUR, *étonné.* La photographie de votre voleur?

HOGSON. Yes.

5 L'INSPECTEUR. Ils sont étonnants, ces Anglais!... un inconnu les pousse dans la gare ou dans la rue et vole leur porte-feuille. Ils ont déjà sa photographie... (*Après réflexion.*) Mais comment a-t-il fait cela?

EUGÈNE. Je ne vous ai pas dit que l'homme qui l'a poussé était
10 un homme qu'il connaissait très bien.

L'INSPECTEUR. Non! Comment s'appelle-t-il? Demandez-le-lui.

EUGÈNE. Il faut que je lui demande? Il m'a déjà dit son nom... Il s'appelle... John... John... (*Il pousse une sorte de glous-*
15 *sement.*)[99] Lroukx.

L'INSPECTEUR. Comment est-ce que ça s'écrit?

EUGÈNE. Comment est-ce que ça s'écrit?... W . . . K . . . M . . . X . . .

L'INSPECTEUR. Comment prononcez-vous cela?

20 EUGÈNE, *poussant un autre gloussement.* Crouic!

L'INSPECTEUR. Enfin![1] J'ai pas mal de renseignements.[2] Je vais commencer des recherches actives.

EUGÈNE. Oui! oui! allez. (*Montrant l'Anglais.*) Il est très fatigué. Je crois qu'il va aller se coucher.

25 L'INSPECTEUR. Je m'en vais. (*À l'Anglais.*) Je vais com-mencer d'actives recherches. (*Il sort.*)

SCÈNE VI

HOGSON, EUGÈNE, LA CAISSIÈRE

HOGSON, *à Eugène.* What did he say to me? (*Eugène fait un signe de tête.*)

HOGSON, *plus fort.* What did he say to me?

---

[99]**gloussement** cluck [1]**Enfin!** Well! [2]**pas mal de renseignements** lots of information

EUGÈNE.   Yes! Yes!

HOGSON, *furieux.*   What: yes! yes!

LA CAISSIÈRE.   Qu'est-ce qu'il a dit?

EUGÈNE.   Rien.

5 LA CAISSIÈRE.   Il a l'air furieux!... Demandez-lui ce qu'il a.[3]

EUGÈNE.   Non! non! Il faut le laisser tranquille. Il dit qu'il veut absolument qu'on le laisse tranquille. Il dit que si on a le malheur[4] de lui parler, il quittera l'hôtel tout de suite.

LA CAISSIÈRE.   C'est un fou!

10 EUGÈNE, *à part.*[5]   Ou un martyr!... Non, c'est moi qui suis le martyr.

HOGSON, *à la caissière, avec force.*   Bad, bad interpreter!

LA CAISSIÈRE.   Qu'est-ce qu'il dit?

HOGSON, *avec plus de force encore.*   Maovais! maovais inter-
15 preter!

LA CAISSIÈRE.   Ah! il a dit: mauvais interprète!

EUGÈNE, *d'un geste expressif.*   Humph... Humph... Movey! Movey! Est-ce que vous savez seulement[6] ce que ça veut dire en anglais?

20 HOGSON, *furieux, à la caissière.*   Look here, madam... I never saw such a hotel in my blooming life. (*Allant à l'interprète.*) Never... and such a fool of an interpreter. Do you think I have come all the way from London to be laughed at? It is the last time... (*en s'en allant*) I get a room in your inn. (*Il sort, pre-
25 mier plan, à gauche.*)

LA CAISSIÈRE.   Il est furieux!

EUGÈNE.   Mais non!... Il est très content... (*Il donne une imi-
tation de sa marche.*)[7] C'est un air anglais. Quand ils sont contents, ils marchent comme ça.

30 LA CAISSIÈRE.   Je m'en vais un instant. Essayez de rester ici et de n'en plus bouger.[8] (*Elle sort.*)

EUGÈNE, *s'essuyant la figure avec son mouchoir et s'asseyant près du comptoir.*   Ah! une petite maison de campagne[9] en

---

[3]**ce qu'il a** what's the matter with him [4]**malheur** misfortune [5]**à part** aside
[6]**Est-ce que vous savez seulement** Do you really know [7]**marche** walk [8]**de
n'en plus bouger** to stay put [9]**maison de campagne** house in the country

Touraine,[10] tout au milieu de la France! Ici, nous sommes envahis par des étrangers... J'aurais une vie en paix... Les paysans me parleraient patois.[11] Mais je ne serais pas forcé de leur répondre. Je ne suis pas un interprète de patois.

SCÈNE VII

EUGÈNE, BETTY

5 BETTY. Interpreter!

EUGÈNE. Allons! Bon![12] (*Il fait signe à Betty qu'il a mal à la gorge.*[13]) Mal... gorge... la voix... disparue... (*À part*) Elle ne comprend pas. Il faudrait lui dire ça en anglais.

BETTY. Vous ne pouvez pas parler?

10 EUGÈNE, *parlant de sa voix naturelle.* Vous parlez français! Il fallait donc le dire tout de suite.

BETTY. Vous pouvez parler maintenant.

EUGÈNE, *parlant comme s'il souffrait encore d'un mal à la gorge.* Ah! pas tout à fait encore... mais ça va mieux. (*Avec sa*
15 *voix naturelle.*) Ah! voilà! ça va bien! n'en parlons plus.

BETTY. Do you know if the post office is far from here?

EUGÈNE. Oh! puisque vous savez un peu parler français, pourquoi vous amusez-vous à parler anglais? Ce n'est pas le moyen de bien apprendre le français.

20 BETTY. Je sais si peu.

EUGÈNE. Parfaitement! De plus, moi, je veux vous habituer à parler français. Si vous me parlez anglais, mon parti est pris,[14] je ne répondrai pas.

BETTY. Oh! I speak French with such difficulty.

25 EUGÈNE, *brusquement.* Je ne veux pas comprendre! Mon parti est pris. Je ne veux pas comprendre!

BETTY. Eh bien! je vais vous dire... (*Apercevant le chapeau gris de Hogson sur la table.*) Oh! Oh!

---

[10]**Touraine** province lying south of Paris   [11]**patois** local dialect   [12]**Allons! Bon!** All right!   [13]**avoir mal à la gorge** have a sore throat   [14]**mon parti est pris** my mind is made up

EUGÈNE.   Qu'est-ce qu'il y a?

BETTY.   Quel est ce gris chapeau?[15]

EUGÈNE.   C'est un chapeau qu'un Anglais a laissé tout à l'heure.

5 BETTY, *s'approchant.*   Oh! (*Elle regarde à l'intérieur du chapeau.*) My father's hat! (*À l'interprète, avec émotion.*) Oh! my friend is out! My friend left me alone! He is not returned yet! I am going to my room!

EUGÈNE.   Oui! oui! c'est entendu.[16]

10 BETTY.   Je vais me en aller[17] dans ma chambre.

EUGÈNE.   Oui... oui... c'est ça... Partez! partez! (*Elle s'en va.*) Au moins, avec elle, il y a moyen de causer.[18] Ce n'est pas comme avec cet Anglais. Ils ne se dérangeraient pas pour apprendre notre langue, ces gens-là. Voilà bien l'orgueil[19] 15 des Anglais!

SCÈNE VIII

EUGÈNE, JULIEN ,

JULIEN, *arrivant par la gauche.*   Interpreter!

EUGÈNE.   Ça y est! Encore!...[20] Non! non! j'en ai assez! c'est fini! Il y a trop d'Anglais. Ils sont trop. (*À Julien.*) Tête de bois! Cochon de rosbif![21] Ferme ta bouche! Tu es dégoû- 20 tant![22]

JULIEN.   Tu es encore plus dégoûtant! En a-t-il du culot, celui-là![23]

EUGÈNE, *lui serrant la main.*   Ah! vous parlez français, merci! merci! Ça fait plaisir d'entendre sa langue maternelle! Ré- 25 pétez un peu: j'ai du culot! Dites donc![24] puisqu'enfin je re-trouve un compatriote,[25] je vais lui demander un service, un

---

[15]**ce gris chapeau** (*instead of chapeau gris)*   [16]**c'est entendu** of course   [17]**je vais me en aller** (*instead of* **je vais m'en aller**)   [18]**il y a moyen de causer** I can talk   [19]**orgueil** pride   [20]**Ça y est! Encore!** Here we go again!   [21]**Cochon de rosbif!** Dirty roast beef eater!   [22]**dégoûtant** disgusting   [23]**En a-t-il du culot, celui-là!** Isn't that fellow impudent!   [24]**Dites donc!** Listen!   [25]**compatriote** fellow countryman

grand service. Imaginez-vous que je sais très peu l'anglais. Je ne sais que l'espagnol, l'italien, le turc, le russe, et le japonais.

JULIEN.   Vous savez l'espagnol?... ¿Qué hora es?[26]

5 EUGÈNE.   Ne perdons pas de vue[27] le sujet de notre conversation!... Je vous disais donc...

JULIEN.   Je vous ai posé une question. ¿Qué hora es? Répondez à ma question.

EUGÈNE.   Vous voulez une réponse immédiate? Je demande
10 un moment de réflexion.

JULIEN.   Vous avez besoin de réflexion pour me dire l'heure qu'il est?

EUGÈNE, *avec confiance.*   Il est onze heures et demie... Écoutez... Vous allez me rendre un service. Il s'agit de
15 parler[28] à un Anglais qui est ici. Il parle un anglais que je ne comprends pas. Je ne sais pas du tout ce qu'il me veut.

JULIEN.   Où est-il cet Anglais?

EUGÈNE.   Nous allons le trouver... Oh! vous êtres gentil[29] de me rendre ce service.

20 JULIEN.   Eh bien! Allons-y.[30]

EUGÈNE.   Il doit être tout près. Tenez![31] Voilà ma casquette! (*Il la lui met sur la tête.*) Vous voilà interprète! (*S'approchant de la porte de gauche.*) Monsieur! Monsieur!

JULIEN.   Dites-lui: Seur!

25 EUGÈNE.   Seur! Seur! (*Revenant à Julien.*) Je voudrais lui dire qu'il y a ici un bon interprète. Comment ça se dit-il?[32]

JULIEN.   Good interpreter!

EUGÈNE.   Bien! Bien! Good interpreter! (*Satisfait.*) Nous allons, je pense, assister à une chic[33] conversation anglaise
30 entre ces deux gentlemannes![34]... (*Allant à la porte.*) Seur! Seur! Good interpreter! (*Entre Hogson. Julien l'aperçoit et se retourne immédiatement.*)

---

[26]¿Qué hora es? What time is it? (*Spanish*)   [27]perdre de vue lose sight   [28]Il s'agit de parler It's about talking   [29]gentil kind   [30]Allons-y. Let's go.
[31]Tenez! Here!   [32]Comment ça se dit-il? How does one say that?   [33]assister à une chic conversation be present at a swell conversation   [34]gentlemanne popular term for an Englishman

SCÈNE IX

LES MÊMES, HOGSON, puis L'INSPECTEUR, BETTY,
LA CAISSIÈRE, LE GARÇON, un AGENT

HOGSON, *au dehors.* Allô! a good interpreter?... All right! (*Il entre.*)

HOGSON, *à Julien.* Oh! is this the new man? Very well. I want my breakfast served in the dining room, but on a sepa-
5 rate table. (*Julien gagne doucement d'abord, puis rapide-ment le fond et s'en va par la droite, en traversant la scène en angle.*)[35]

EUGÈNE, *étonné.* Tiens![36] il paraît que je ne suis pas le seul que les Anglais font disparaître!

10 HOGSON, *à Eugène.* What is the matter with him?

EUGÈNE. Non, mon vieux, ce n'est plus moi, c'est lui!... (*D'une voix aimable.*) Au revoir, monsieur! au revoir, mon-sieur!

HOGSON, *furieux.* What do you mean, you rascal, stupid
15 scoundrel, you brute, frog-eating beggar! (*Il sort par la gauche.*)

EUGÈNE, *seul.* Non! je ne serai jamais en bons termes avec ce rosbif-là. Je préfère en prendre mon parti une fois pour toutes. (*On entend du bruit à gauche.*) Qu'est-ce que c'est
20 que ce tapage-là?[37] On s'assassine! On se bat! Ce sont des gens qui parlent français! Des compatriotes! Ça va bien. Ça ne me regarde pas.[38]

L'INSPECTEUR *entre, suivi d'un agent qui tient Julien par le bras. À Eugène.* Je tiens mon voleur! Je le tiens! Au mo-
25 ment où je passais devant la porte, je l'ai vu qui marchait très vite, et je l'ai reconnu par la photographie. Ah! Ah! Faites-moi chercher[39] cet Anglais! Nous allons lui montrer ce que c'est que la police française. Aussitôt connus, aussitôt

---

[35]**en traversant la scène en angle** crossing the stage at an angle [36]**Tiens!** What do you know! [37]**tapage-là** that racket [38]**Ça ne me regarde pas.** It's no concern of mine. [39]**faire chercher** go and get

pincés![40] (*À l'interprète.*) Allez me chercher cet Anglais! Et revenez avec lui, puisque nous aurons besoin de vos services.

EUGÈNE.   Vous faites bien de me dire ça![41]... (*À part.*) Je ne connais pas le toit de l'hôtel. Je vais aller le visiter. (*Il sort*
5   *par le fond à gauche.*)

JULIEN.   Mais enfin![42] Qu'est-ce que ça veut dire? Vous m'arrêtez! Vous m'arrêtez! On n'arrête pas les gens comme ça. Vous aurez de mes nouvelles![43]

L'INSPECTEUR.   Oh! Oh! pas de résistance! pas de colère!
10   C'est bien vous qui vous appelez... (*Il essaie de prononcer le nom écrit dans ses notes.*) Doublevé Ka Emme Ix?... Oh! ne faites pas semblant[44] d'être étonné!... Vous vous expliquerez au bureau. (*Au garçon.*) Faites-moi venir cet Anglais de ce matin, ce grand monsieur, avec un chapeau gris.

15 JULIEN, *essayant d'échapper à l'agent.*   Avec un chapeau gris!

L'INSPECTEUR.   Ah! ah! ah! Ça te dit quelque chose![45] (*À l'agent.*) Tenez-le solidement!

BETTY, *entrant par la porte de droite.*   Oh! petit chéri! petit chéri!

20 L'INSPECTEUR.   Arrêtez cette femme! Nous en tenons deux!
(*L'agent prend Betty par le bras.*)

BETTY.   Oh! my dear! Qu'est-ce que c'est?

JULIEN.   Vous aviez raison[46] ce matin. Le chapeau gris est là...
(*Betty, effrayée, essaie d'échapper, mais l'agent la tient plus*
25   *solidement.*)

L'INSPECTEUR.   Pas de conversation! Pas de signes! Je me souviendrai de cette histoire de chapeau gris. (*À l'agent.*) Avez-vous vu leur mouvement quand on a parlé de chapeau gris? C'est une bande des plus dangereuses!

30 LE GARÇON, *rentrant à gauche, premier plan, avec Hogson.*
Voici ce monsieur!

HOGSON, *apercevant Betty qui se cache le visage. D'une voix*

---

[40]**Aussitôt connus, aussitôt pincés!** No sooner known than nabbed! [41]**Vous faites bien de me dire ça!** It's a good thing you are telling me that! [42]**Mais enfin!** Come now! [43]**Vous aurez de mes nouvelles!** You shall hear from me! [44]**faire semblant** pretend [45]**Ça te dit quelque chose!** That means something to you! [46]**avoir raison** be right

de reproche. Oh! Betty! Are you still my daughter? Is that
you? Have you thought of your poor mother's anxiety and
despair? (*Sèchement,*[47] *à l'Inspecteur qui veut l'interrompre.*) Leave me alone! (*À Betty.*) Have you thought of
5 the abominable example of immorality for your dear sisters!
Have you thought... (*À l'Inspecteur, sèchement.*) Leave me
alone! All right! (*À Betty.*) Have you thought of the tremendous scandal...

L'INSPECTEUR.   Vous savez que vous perdez votre temps. Il y a
10 assez longtemps que j'ai cessé de faire des reproches à des
malfaiteurs.[48]

HOGSON, *à l'Inspecteur, avec effusion.*   My friend, I have five
daughters. My second daughter, Betty, ran away from...

L'INSPECTEUR, *montrant Julien.*   C'est bon! C'est bon! C'est
15 bien l'homme qui vous a volé votre portefeuille?

HOGSON, *avec énergie.*   Yes!

JULIEN.   Comment? Il m'accuse de vol maintenant? You told
this man I robbed your wallet?

HOGSON.   My wallet!... but I never said such a thing!

20 JULIEN.   Vous voyez! Il dit qu'il n'a jamais dit ça.

L'INSPECTEUR.   Vous savez que je ne sais pas l'anglais. Vous
pouvez lui faire raconter ce qui vous plaira... Allons! au
bureau l'homme et la femme!

JULIEN, *à Hogson.*   Do you know he will send your daughter to
25 prison!

HOGSON.   My daughter! my daughter to prison! (*Il retient sa
fille par le bras.*)

LA CAISSIÈRE, *arrivant.*   Qu'est-ce que ça veut dire?

L'INSPECTEUR.   Ah! vous m'ennuyez tous, à la fin. Je vous
30 emballe tous.[49] Vous vous expliquerez tous au bureau.

BETTY.   Mais je suis sa fille!

L'INSPECTEUR.   Qu'est-ce que ça veut dire, tout ça? (*Sonnerie
prolongée de téléphone.*)

---

[47]**Sèchement** Curtly [48]**malfaiteur** criminal [49]**vous m'ennuyez ... tous.** I'm
beginning to get tired of all of you. I'll pack you off, all of you.

LA CAISSIÈRE, *à l'appareil.*   On sonne de Londres.[50] M. Julien Cicandel.

JULIEN.   C'est moi!

LA CAISSIÈRE.   Vous vous appelez Philibert.

5 JULIEN.   Je m'appelle aussi Cicandel.

L'INSPECTEUR.   Et puis Doublevé Ka Emme Ix! Oh! c'est louche,[51] ça! c'est de plus en plus louche!

JULIEN.   Laissez-moi répondre. (*Il vient à l'appareil, toujours tenu par l'agent.*) Allô! allô! c'est de mon patron de
10 Londres!... yes! yes!... Il paraît qu'il a déjà téléphoné tout à l'heure et qu'on lui a donné la communication[52] avec une maison de fous![53] All right! oh! Thank you! Thank you! (*À part.*) C'est mon patron qui me téléphone qu'il consent à m'associer dans la maison.

15 BETTY, *sautant de joie.*   Oh! papa! papa! He will give Julian an interest in the bank!

HOGSON.   He will, he really...?

BETTY.   Yes! oh! I am happy! I am happy!

JULIEN.   Que votre père écoute lui-même! (*À Hogson.*) Lis-
20 ten yourself!

HOGSON, *s'approchant du téléphone, à l'Inspecteur.*   Ah! It is a good thing! (*S'asseyant.*) Allô! Allô! Speak louder; I can't hear you... allô! allô! all right!... If you give Julian an interest, I have nothing more to say... That is good... thank you...
25 Good-bye. (*Se levant, à Julien.*) My friend, I give you my daughter. (*Betty l'embrasse et va dans les bras de Julien.*)

EUGÈNE, *arrivant par la gauche, premier plan.*   Qu'est-ce qui se passe?

L'INSPECTEUR.   Il se passe des choses pas ordinaires! Vous
30 vous rappelez l'Anglais de tout à l'heure qui se plaignait d'avoir été volé. Eh bien! Je fais de mon mieux[54] pour lui retrouver son voleur. Je fais des recherches. Je prends mon homme. Je le lui amène.[55] Il lui donne la main de sa

---

[50]**On sonne de Londres.** There's a call from London.   [51]**louche** suspicious
[52]**communication** connection   [53]**maison de fous** insane asylum   [54]**faire de son mieux** do one's best   [55]**amener** bring

fille! Maintenant, tout ce qu'on me dira des Anglais, vous savez, ça ne m'étonnera plus. (*Il sort.*)

EUGÈNE, *regardant Julien et Betty.*   Vous êtes heureux?

JULIEN.   Oh! oui!

5 EUGÈNE.   C'est pourtant à cause de moi que tout ça est arrivé.

JULIEN.   Comment ça?

EUGÈNE.   C'est toute une histoire, vous savez... mais si vous étiez chic, vous me trouveriez une place[56] à Londres.

JULIEN.   Comme interprète?

10 EUGÈNE, *avec horreur.*   Non! J'en ai fini avec ce métier[57] d'interprète. Je veux me mettre à apprendre les langues.

JULIEN.   Mon beau-père[58] vous trouvera ça à Londres.

HOGSON, *serrant la main d'Eugène.*   My fellow, since you are his friend, you are my friend.

15 EUGÈNE, *à Hogson.*   Peut-être bien. (*À Julien.*) Je voudrais lui dire quelque chose de gentil, d'aimable... que je ne comprends pas un mot de ce qu'il dit.

JULIEN.   Dites-lui: I cannot understand!

EUGÈNE, *serrant la main de Hogson.*   Canote endoustan!

RIDEAU

EXERCISES

SCENES I–V

A. The negation **Ne . . . pas non plus** (*not . . . either*).

Rewrite the following sentences according to the example.

EXAMPLE: Je ne m'ennuie pas. Et vous?
    Je ne m'ennuie pas non plus.

1. Je ne veux pas attendre. Et vous?
2. Je ne veux pas parler anglais. Et vous?

---

[56]**place** job   [57]**métier** profession   [58]**beau-père** father-in-law

3. Je ne me rappelle pas. Et vous?
4. Je ne dîne pas au restaurant. Et vous?
5. Je ne peux pas m'y habituer. Et vous?

B. The pronoun **en.**

Rewrite the following sentences according to the example.

EXAMPLE: Nous leur donnerons **deux belles chambres.**
Nous leur en donnerons deux belles.

1. Je vous demande *deux petites chambres.*
2. Vous lui donnerez *une belle chambre.*
3. On va leur donner *une chambre.*
4. Tu leur recommanderas *deux ou trois hôtels.*
5. On lui a volé *un joli portefeuille.*
6. Nous leur enverrons *une longue lettre.*

C. The partitives **de** and **des** with adjectives preceding or following the noun.

Rewrite the following sentences according to the example.

EXAMPLE: Je vais commencer **d'actives recherches.**
Je vais commencer des recherches actives.

1. Je vais commencer de difficiles recherches.
2. J'ai vu d'étonnants Anglais à Paris.
3. J'ai vu d'admirables choses à Paris.
4. On peut manger d'abominables choses dans ce restaurant.
5. J'ai d'importantes courses à faire.
6. Il y a d'intéressants spectacles à voir.

D. The subjunctive with **souhaiter** and the indicative with **espérer.**

Rewrite the following sentences replacing **j'espère** with **je souhaite** and making all other necessary changes.

EXAMPLE: J'espère qu'il ne viendra pas d'Anglais.
Je souhaite qu'il ne vienne pas d'Anglais.

J'espère...

1. que votre père ne viendra pas ici.
2. que vous saurez parler français.
3. que nous serons bientôt mariés.

4. qu'il y aura un interprète.
5. que vous ne direz pas des bêtises.
6. que vous m'attendrez à l'hôtel.
7. que vous ne me suivrez pas à la poste.
8. que mon patron voudra m'associer.
9. que vous me conduirez à ma chambre.
10. que vous me répondrez en français.
11. que vous me comprendrez en français.
12. que votre père ne se souviendra pas de cet hôtel.

E. Common mistakes made by English speakers.

Correct the following mistakes made by Betty.

1. Je sais si peu bien parler français.
2. C'est une abominable chose.
3. Vous avez parlé plus que deux fois.
4. Il a beaucoup mémoire.
5. Il doit se souvenir ce mot.
6. C'est facile se souvenir.
7. Je vais vous dire encore une terrible chose.
8. J'ai reconnu le paternel chapeau.
9. Je voudrais je fusse mariée.
10. Comment vous disiez?
11. Mon papa aurait consenti marier contre vous.
12. Vous deviez quitter tout de suite votre patron.
13. Vous serez obligé me quitter.
14. Je me ennuie pas avec vous.

F. Vocabulary.

Match each of the situations under Column A with the corresponding expression under Column B.

Column A	Column B
1. on demande au client ce qu'il veut	a. allô!
2. on dit des choses peu intelligentes	b. qu'est-ce qui se passe?
3. on est déçu	c. Monsieur désire?
4. on veut savoir ce qu'il y a	d. tant pis!
5. on veut indiquer une quantité qui n'est pas grande	e. comment est-ce qu'on prononce...?

6. on attire l'attention de qqn avant de parler

7. on répond au téléphone

8. on ne comprend pas ce que qqn a dit

9. on a besoin de secours

10. on dit à qqn qu'on est là

11. on demande comment s'écrit un mot

12. on demande comment se prononce un mot

13. on se résigne à faire qqch. malgré les conséquences

f. au secours!

g. comment est-ce que ça s'écrit?

h. je n'y comprends rien

i. comme ci comme ça

j. voilà!

k. dites donc!

l. ce sont des bêtises

m. zut!

G. Vocabulary.

Rewrite each of these sentences, substituting the appropriate expression in the following list for the near-equivalent in italics.

comme ci comme ça
pas mal de
falloir à qqn
relancer qqn

une affaire
à peine
manquer d'animation
ne pas rouler sur l'or

1. *Nous avons besoin de* deux chambres.
2. Le père de Betty était capable de venir *poursuivre* Julien et Betty.
3. Eugène *n'était pas riche.*
4. La conversation *n'est pas très animée* quand on ne parle pas la même langue.
5. Cet interprète parle *plus ou moins bien* plusieurs langues.
6. L'inspecteur a pris *beaucoup de* renseignements.
7. Cette Anglaise *ne* savait *presque pas* parler le français.
8. Hogson a raconté son *histoire.*

H. Vocabulary.

Create sentences using one or more of the following expressions in each sentence.

la caissière
le garçon (d'hôtel)

un horaire (des trains ou des bateaux)

un étranger	le premier étage = second floor
le voyageur	le deuxième étage = third floor
le comptoir	le couloir
le registre (des voyageurs)	être libre ou prêt
le casier avec les clefs	faire porter la valise dans la
les récepteurs (du téléphone)	chambre, à la gare
une affiche de chemin de fer	

I. Reading comprehension.

Rewrite the following statements where necessary to make them agree with the facts presented in the play.

1. Eugène est un beau jeune homme.
2. Julien est drôle parce qu'il est gras et nerveux.
3. Hogson est un Anglais grand et distingué, à l'accent parisien.
4. L'inspecteur se croit très adroit.
5. Betty avait l'air inquiet parce qu'il lui semblait avoir vu le chapeau de son père.
6. Julien et Betty ont quitté Londres pour forcer le père à les laisser se marier.
7. Le patron de Julien voulait attendre trois mois avant de l'associer.
8. Les frais de voyage de Julien devaient être payés par sa maison.
9. L'interprète ordinaire n'est pas venu à cause de mariage de sa sœur.
10. Eugène n'était pas interprète, mais il avait besoin d'argent.
11. La caissière avait peur qu'Eugène sache mal l'anglais.
12. Quand on a téléphoné de Londres, Eugène a dit que c'était pour demander quatre chambres.
13. Hogson a donné dix francs au garçon pour qu'il lui ramène un inspecteur de police.
14. Eugène a mis sa casquette à l'envers parce qu'il était pressé.

J. Reading comprehension.

Be prepared to read aloud sentences or parts of sentences from the text in support of the following statements.

1. Eugène a beaucoup de présence d'esprit et d'imagination en jouant le rôle d'un interprète.
2. Betty a toujours peur.

3. Hogson est impatienté.
4. Julien et Betty s'aiment.

SCENES VI–IX

A. The superlative of adjectives.

Rewrite the following sentences according to the example.

EXAMPLE: C'est une bande très dangereuse.
C'est une bande des plus dangereuses.

1. C'est une personne très louche.
2. C'est une femme très chic.
3. C'est une langue très utile.
4. C'est un interprète très stupide.
5. C'est un Anglais très gentil.
6. C'est une chose très ordinaire.

B. **De plus en plus** with adjectives and verbs.

Rewrite the following sentences according to the example.

EXAMPLE: C'est curieux.
C'est de plus en plus curieux.

1. Eugène était content.
2. La France était envahie par les étrangers.
3. Hogson devenait furieux.
4. Nous avons besoin de vos services.
5. Les étrangers venaient en France.
6. Je me souviens.
7. Vous m'ennuyez.
8. Julien marchait vite.
9. Tout ça m'étonne.
10. C'est louche.

C. Vocabulary.

Match each of the situations under Column A with the corresponding expression under Column B.

Column A	Column B
1. on était sûr qu'une chose allait arriver	a. allons-y!

2. on fait un compliment pour remercier
3. on veut aller faire qqch.
4. on ne veut pas continuer
5. on est surpris
6. on fait du bruit
7. on menace

b. vous aurez de mes nouvelles!
c. j'en ai assez!
d. tiens!
e. vous êtes gentil
f. ça y est!
g. qu'est-ce que c'est que ce tapage?

D. Vocabulary: The various meanings of **faire**.

Translate the following sentences.

1. Eugène a fait un signe de tête.
2. Hogson a fait signe de ramener le commissaire.
3. Hogson a fait disparaître Julien.
4. Faites-moi chercher l'Anglais.
5. Ne faites pas semblant d'être étonné.
6. L'inspecteur ne fait plus de reproches aux voleurs.
7. L'inspecteur a fait de son mieux pour retrouver le voleur.
8. L'inspecteur a fait d'actives recherches.
9. Julien et Betty ne voulaient pas se faire remarquer.
10. La caissière a fait préparer la chambre.
11. La banque de Julien lui faisait trois mille francs de frais.
12. Dix francs les trois minutes, ça fait deux cents francs l'heure.
13. L'inspecteur a fait quelques pas vers la gauche pour prendre des notes.

E. Reading comprehension.

Rewrite the following statements, where necessary, to make them agree with the facts presented in the play.

1. Hogson a réussi à faire comprendre à la caissière qu'Eugène était mauvais interprète, mais Eugène a expliqué qu'il voulait dire *movey*.
2. Eugène rêvait d'aller en Touraine, loin des étrangers.
3. Eugène a d'abord eu mal aux oreilles en entendant Betty.
4. Betty est vite partie au bureau de poste en voyant le chapeau.
5. Eugène a insulté Julien parce qu'il ressemblait à un Anglais.
6. Julien a posé une question en espagnol parce qu'il ne voulait pas qu'on comprenne leur conversation.

7. Eugène a demandé à Julien d'être interprète à sa place.
8. En voyant le père de Betty, Julien est vite sorti.
9. L'inspecteur a arrêté Julien parce qu'il l'avait reconnu par la photo.
10. Eugène est sorti pour aller chercher Hogson.
11. Julien a voulu échapper à l'inspecteur en voyant Betty.
12. L'inspecteur a également arrêté Betty.
13. On a téléphoné de Londres pour dire que Julien était devenu associé dans la banque.
14. L'inspecteur a trouvé normal que Hogson donne à Julien la main de sa fille.
15. Eugène a demandé à Julien de lui trouver une place d'interprète.

F. Reading comprehension.

Be prepared to read aloud sentences or parts of sentences from the text in support of the following statements.

1. Eugène continue à avoir de la chance.
2. Le téléphone sonne à un moment critique pour Julien et pour Betty.
3. Certains détails sont relatifs à ce que les Français pensent des Anglais.
4. Certains détails sont relatifs à ce que les Anglais pensent des Français.

DOUZE POÈMES

Les poèmes qui suivent sont considérés par beaucoup de Français comme les plus beaux de la langue française. Le bonheur de les réciter ne provient probablement pas de leurs traits romantiques, symbolistes ou surréalistes. Et leur contenu est assez banal: le temps qui passe (*Le Lac*), la mort (*Demain, dès l'aube*), l'amour (*Chanson de Fortunio, Sonnet, Harmonie du soir, Le Pont Mirabeau*), la solitude (*L'Étranger*), le bonheur simple (*Le ciel est, par-dessus le toit, La Ronde, Sensation*), des fables pour enfants (*Le Hareng saur, La Fourmi*). Plus originale, dira-t-on, est la façon dont ces vieux thèmes se combinent, s'entrelacent en image suggestives et musicales. Sans doute. Mais qui expliquera vraiment le mystère de l'univers poétique? Le pouvoir de séduction que nous sentons en récitant ces vers admirés restera toujours un peu énigmatique.

LE LAC

ALPHONSE DE LAMARTINE (1790–1869) Le grand poète romantique écrivit ce poème à la mémoire d'une femme aimée avec laquelle il avait fait une promenade en bateau sur le lac du Bourget, dans les Alpes. C'est le vieux thème du passage du temps et du bonheur. Dans les cinq premières strophes, Lamartine s'adresse directement au lac pour évoquer le souvenir de la promenade. Dans les quatre dernières, c'est la femme qui parle, demandant que le temps s'arrête pour ceux qui s'aiment.

Ainsi, toujours poussés vers de nouveaux rivages,[1]
Dans la nuit éternelle emportés sans retour,
Ne pourrons-nous jamais sur l'océan des âges
  Jeter l'ancre[2] un seul jour?

---

[1]**rivage** shore [2]**jeter l'ancre** cast anchor

160

5   O lac! l'année à peine a fini sa carrière,[3]
Et près des flots[4] chéris qu'elle devait revoir,[5]
Regarde![6] je viens seul m'asseoir sur cette pierre
      Où tu la vis s'asseoir!

Tu mugissais[7] ainsi sous ces roches profondes,
10 Ainsi tu te brisais sur leurs flancs déchirés,[8]
Ainsi le vent jetait l'écume de tes ondes[9]
      Sur ses pieds adorés.[10]

Un soir, t'en souvient-il? nous voguions[11] en silence;
On n'entendait au loin, sur l'onde[12] et sous les cieux,
15 Que le bruit des rameurs[13] qui frappaient en cadence[14]
      Tes flots harmonieux.

Tout à coup des accents[15] inconnus à la terre
Du rivage charmé frappèrent les échos:[16]
Le flot fut attentif, et la voix qui m'est chère
20   Laissa tomber ces mots:

« O Temps! suspends ton vol;[17] et vous, heures propices![18]
      Suspendez votre cours:
Laissez-nous savourer les rapides délices[19]
      Des plus beaux de nos jours!

25 « Assez de malheureux ici-bas vous implorent,
      Coulez,[20] coulez pour eux;

---

[3]**carrière** course [4]**flot** wave, billow [5]**qu'elle devait revoir** that she was to see again (*The poet refers to the beloved.*) [6]**Regarde!** Here, the poet is addressing the lake. [7]**mugir** roar [8]**sur leurs flancs déchirés** on their broken flanks [9]**l'écume de tes ondes** the foam of your waves [10]**adoré** cherished [11]**voguer** float [12]**sur l'onde** on the water [13]**rameur** rower [14]**frapper en cadence** strike rhythmically [15]**des accents** a voice [16]**Du rivage charmé frappèrent les échos** Echoed back from the delighted shore [17]**vol** flight [18]**propice** auspicious [19]**délice** delight [20]**couler** run, flow

Prenez avec leurs jours les soins[21] qui les dévorent,
    Oubliez les heureux.

« Mais je demande en vain quelques moments encore,
30   Le temps m'échappe et fuit;[22]
Je dis à cette nuit: Sois plus lente; et l'aurore
    Va dissiper la nuit.[23]

« Aimons donc, aimons donc! De l'heure fugitive,[24]
    Hâtons-nous,[25] jouissons!
35 L'homme n'a point de port, le temps n'a point de rive;[26]
    Il coule, et nous passons! »

Méditations poétiques

DEMAIN, DÈS L'AUBE

VICTOR HUGO (1802–1885) Hugo perdit sa fille Léopoldine et son
deuil lui inspira ses plus beaux vers. Remarquons le suspense de
cette « promenade » d'une journée entière, qui conduit le poète à
la tombe de son enfant, de même que la très grande simplicité de
l'expression.

Demain, dès l'aube,[1] à l'heure où blanchit[2] la campagne,[3]
Je partirai. Vois-tu, je sais que tu m'attends.
J'irai par la forêt, j'irai par la montagne.
Je ne puis demeurer loin de toi plus longtemps.

5 Je marcherai les yeux fixés sur mes pensées,
Sans rien voir au dehors, sans entendre aucun bruit,

---

[21]**les soins** the troubles [22]**Le temps m'échappe et fuit** Time slips away from
me and flees [23]**et l'aurore va dissiper la nuit** and dawn is about to dissolve
the night [24]**fugitif** fleeting [25]**se hâter** hurry [26]**rive** shore

[1]**dès l'aube** as early as dawn [2]**blanchir** turn white, whiten [3]**campagne**
countryside

Seul, inconnu, le dos courbé,[4] les mains croisées,[5]
Triste, et le jour pour moi sera comme la nuit.

Je ne regarderai ni l'or du soir qui tombe,
10 Ni les voiles[6] au loin descendant vers Harfleur,[7]
Et quand j'arriverai, je mettrai sur ta tombe
Un bouquet de houx vert et de bruyère en fleur.[8]

Les Contemplations

CHANSON DE FORTUNIO

ALFRED DE MUSSET (1810–1857)   Le poète cache et révèle en même
temps l'amour qu'il porte à une femme. Ce poème très musical fut
mis en musique par Offenbach.

Si vous croyez que je vais dire
      Qui j'ose aimer,
Je ne saurais, pour un empire,
      Vous la nommer.

5
Nous allons chanter à la ronde,[1]
      Si vous voulez,
Que je l'adore et qu'elle est blonde
      Comme les blés.[2]

Je fais ce que sa fantaisie
10   Veut m'ordonner,
Et je puis, s'il lui faut ma vie,
      La lui donner.

---

[4]**courbé** bent [5]**croisé** folded [6]**voile** sail [7]**Harfleur** village near Le Havre,
on the Seine estuary [8]**un bouquet . . . fleur** a bunch of green holly and
blooming briar

[1]**à la ronde** around [2]**blé** wheat

Du mal qu'une amour ignorée[3]
Nous fait souffrir,
15   J'en porte l'âme déchirée[4]
Jusqu'à mourir.

Mais j'aime trop pour que je die[5]
Qui j'ose aimer,
Et je veux mourir pour ma mie[6]
20   Sans la nommer.

Le Chandelier

SONNET

FÉLIX ARVERS (1806–1850) Un beau poème suffit pour immortaliser. Arvers est complètement oublié, mais son sonnet continue de toucher les âmes romantiques.

Mon âme a son secret, ma vie a son mystère:
Un amour éternel en un moment conçu.[1]
Le mal est sans espoir, aussi j'ai dû le taire,[2]
Et celle qui l'a fait n'en a jamais rien su.

5   Hélas! j'aurai passé près d'elle inaperçu,[3]
Toujours à ses côtés, et pourtant solitaire,
Et j'aurai jusqu'au bout fait mon temps sur la terre,
N'osant rien demander et n'ayant rien reçu.

Pour elle, quoique Dieu l'ait faite douce et tendre,
10   Elle ira son chemin, distraite,[4] et sans entendre
Ce murmure d'amour élevé sur ses pas;[5]

---

[3]**une amour ignor**ée an unknown love (*Note the poetic feminine.*) [4]**l'âme déchirée** the torn soul [5]**pour que je die** for me to say (*Note the poetic form of dise.*) [6]**mie** sweetheart

[1]**conçu** conceived, born [2]**Le mal ... taire** The disease is hopeless, and so I had to keep it secret [3]**inaperçu** unnoticed [4]**distraite** oblivious [5]**élevé sur ses pas** rising behind her

A l'austère devoir pieusement fidèle,[6]
Elle dira, lisant ces vers tout remplis d'elle:
« Quelle est donc cette femme? » et ne comprendra
pas.

HARMONIE DU SOIR

CHARLES BAUDELAIRE (1821–1867)   Ce poème à forme très particulière est un pantoum, extrait des *Fleurs du mal*. Remarquons ici la répétition de vers entiers, ce qui contribue à la musicalité. Baudelaire, père de la poésie moderne, y exprime un amour mystique en termes romantiques, symboliques et spirituels.

Voici venir les temps où vibrant sur sa tige[1]
Chaque fleur s'évapore ainsi qu'un encensoir;[2]
Les sons et les parfums tournent dans l'air du soir;
Valse mélancolique et langoureux vertige![3]

5   Chaque fleur s'évapore ainsi qu'un encensoir;
Le violon frémit comme un cœur qu'on afflige;[4]
Valse mélancolique et langoureux vertige!
Le ciel est triste et beau comme un grand reposoir.[4]

Le violon frémit comme un cœur qu'on afflige,
10   Un cœur tendre, qui hait le néant vaste et noir![6]
Le ciel est triste et beau comme un grand reposoir.[5]
Le soleil s'est noyé dans son sang qui se fige.[7]

Un cœur tendre, qui hait le néant vaste et noir!
Du passé lumineux recueille tout vestige![8]

---

[6]**fidèle** faithful

[1]**tige** stem [2]**encensoir** censer [3]**langoureux vertige** languorous vertigo
[4]**frémit comme un cœur qu'on afflige** throbs like an afflicted heart [5]**reposoir** altar [6]**qui hait le néant vaste et noir** that hates vast and black nothingness
[7]**s'est noyé dans son sang qui se fige** drowned in its coagulated blood
[8]**recueille tout vestige** gathers every vestige

15   Le soleil s'est noyé dans son sang qui se fige...
      Ton souvenir en moi luit comme un ostensoir![9]

Les Fleurs du Mal

L'ETRANGER

CHARLES BAUDELAIRE (1821–1867) L'artiste étranger au milieu des
siens, tel est le message de ce court poème en prose. Il est clair
que l'écrivain du dix-neuvième siècle se sent exilé dans la société
bourgeoise.

« Qui aimes-tu le mieux, homme énigmatique, dis? ton
père, ta mère, ta sœur ou ton frère?
      —Je n'ai ni père, ni mère, ni sœur, ni frère.
      —Tes amis?
5   —Vous vous servez là d'une parole dont le sens m'est
resté jusqu'à ce jour[1] inconnu.
      —Ta patrie?[2]
      —J'ignore sous quelle latitude elle est située.
      —La beauté?
10   —Je l'aimerais volontiers,[3] déesse et immortelle.
      —L'or?
      —Je le hais comme vous haïssez[4] Dieu.
      —Eh! qu'aimes-tu donc, extraordinaire étranger?
      —J'aime les nuages,... les nuages qui passent... là-bas,[5]
15   là-bas... les merveilleux nuages! »

Petits Poèmes en Prose

LE CIEL EST, PAR-DESSUS LE TOIT

PAUL VERLAINE (1844–1896) Ces vers du poète symboliste ont été
mis en musique par Gabriel Fauré et Claude Debussy. Le regret

---

[9]**ostensoir** monstrance

[1]**jusqu'à ce jour** to this day [2]**patrie** fatherland [3]**volontiers** gladly [4]**haïr**
hate [5]**là-bas** over there

de la jeunesse fait contraste avec le bonheur présent d'une vie simple, faite d'impressions visuelles et sonores.

Le ciel est, par-dessus le toit,
Si bleu, si calme!
Un arbre, par-dessus le toit,
Berce sa palme.[1]

5 La cloche, dans le ciel qu'on voit,
Doucement tinte.[2]
Un oiseau sur l'arbre qu'on voit
Chante sa plainte.[3]

Mon Dieu, mon Dieu, la vie est là,
10 Simple et tranquille.
Cette paisible rumeur-là[4]
Vient de la ville.

—Qu'as-tu fait, ô toi que voilà
Pleurant sans cesse,
15 Dis, qu'as-tu fait, toi que voilà,
De ta jeunesse?[5]

Sagesse

SENSATION

ARTHUR RIMBAUD (1854–1891) Le poète entre en communion avec la nature. Tous les détails sont simples et concrets. Ce qui compte, c'est la sensation physique de l'existence, et non l'activité intellectuelle.

---

[1]**berce sa palme** rocks its palm [2]**doucement tinte** softly rings [3]**chante sa plainte** sings its lament [4]**cette paisible rumeur-là** that peaceful hum [5]**jeunesse** youth

Par[1] les soirs bleus d'été, j'irai dans les sentiers,
Picoté par les blés, fouler l'herbe menue:[2]
Rêveur,[3] j'en sentirai la fraîcheur[4] à mes pieds.
Je laisserai le vent baigner ma tête nue.[5]

5   Je ne parlerai pas, je ne penserai rien:
Mais l'amour infini me montera dans l'âme,
Et j'irai loin, bien loin, comme un bohémien,
Par la Nature, — heureux comme avec une femme.

Poésies

LE PONT MIRABEAU

GUILLAUME APOLLINAIRE (1880–1918) Trois thèmes s'entrelacent
ici: le temps qui passe, l'amour enfui, la permanence du poète
qui aime et du pont Mirabeau. La répétition de mots, les
enjambements et l'absence de ponctuation renforcent cet entrelacement et la fluidité musicale du poème.

Sous le pont Mirabeau coule la Seine
            Et nos amours
        Faut-il qu'il m'en souvienne[1]
La joie venait toujours après la peine

5   Vienne la nuit sonne l'heure[2]
        Les jours s'en vont je demeure

Les mains dans les mains restons face à face
            Tandis que sous
        Le pont de nos bras passe
10   Des éternels regards l'onde si lasse[3]

---

[1]**Par** In   [2]**picoté par les blés, fouler l'herbe menue** prickled by the wheat, to
tread the fine grass   [3]**Rêveur** Dreaming   [4]**fraîcheur** freshness   [5]**baigner ma
tête nue** bathe my bare head

[1]**Faut-il qu'il m'en souvienne** Must I remember them   [2]**Vienne la nuit sonne
l'heure** Let night come, the hour strike   [3]**l'onde si lasse** the wave, so tired

Vienne la nuit sonne l'heure
Les jours s'en vont je demeure

L'amour s'en va comme cette eau courante
L'amour s'en va
15   Comme la vie est lente
Et comme l'Espérance[4] est violente

Vienne la nuit sonne l'heure
Les jours s'en vont je demeure

Passent les jours et passent les semaines
20   Ni temps passé
Ni les amours reviennent
Sous le pont Mirabeau coule la Seine

Vienne la nuit sonne l'heure
Les jours s'en vont je demeure

Alcools

LA RONDE[1] DE LA PAIX

PAUL FORT (1872–1960)   Cette ronde, où tout le monde se tient par la main, évoque la fraternité universelle que désirent les jeunes de tous les pays.

I

Si toutes les filles du monde voulaient
s'donner[2] la main,
Tout autour de la mer,
Elles pourraient faire une ronde...

---

[4]**Espérance** Hope

[1]**ronde** round (*a dance in which the dancers move in a circle, at times holding hands or singing in unison*)   [2]**s'donner** = **se donner**

II

5   Si tous les gars[3] du monde voulaient
           bien être marins,[4]
               Ils f'raient[5] avec leurs barques
               Un joli pont sur l'onde...[6]

III

           Alors on pourrait faire
10   Une ronde autour du monde,
           Si tous les gens du monde
           Voulaient s'donner la main!...

Ballades françaises

LE HARENG SAUR[1]

CHARLES CROS (1842–1888)   Ce poème a la forme d'une histoire pour
enfants. L'auteur s'amuse à amuser les petits et les grands, et à
mettre en colère les gens trop sérieux.

Il était[2] un grand mur blanc — nu,[3] nu, nu,
Contre le mur une échelle[4] — haute, haute, haute,
Et, par terre, un hareng saur — sec, sec, sec.

Il vient, tenant dans ses mains — sales, sales, sales,
5 Un marteau[5] lourd, un grand clou[6] — pointu,[7] pointu, pointu,
Un peloton de ficelle[8] — gros, gros, gros.

Alors il monte à l'échelle — haute, haute, haute,
Et plante le clou pointu — toc,[9] toc, toc,
Tout en haut[10] du grand mur blanc — nu, nu, nu.

---

³**gars = garçon** ⁴**marin** sailor ⁵**f'raient = feraient** ⁶**onde** wave

¹**hareng saur** red herring ²**Il était** There was ³**nu** naked ⁴**échelle** ladder
⁵**marteau** hammer ⁶**clou** nail ⁷**pointu** pointed ⁸**peloton de ficelle** ball of
string ⁹**toc, toc, toc** knock, knock, knock ¹⁰**Tout en haut** Right on top

10 Il laisse aller le marteau — qui tombe, qui tombe, qui tombe,
Attache au clou la ficelle — longue, longue, longue,
Et, au bout, le hareng saur — sec, sec, sec.

Il redescend de l'échelle — haute, haute, haute,
L'emporte avec le marteau — lourd, lourd, lourd;
15 Et puis, il s'en va ailleurs, — loin, loin, loin.

Et, depuis le hareng saur — sec, sec, sec,
Au bout de cette ficelle — longue, longue, longue,
Très lentement se balance[11] — toujours, toujours, toujours.

J'ai composé cette histoire, — simple, simple, simple,
20 Pour mettre en fureur[12] les gens — graves, graves, graves,
Et amuser les enfants — petits, petits, petits.

LA FOURMI[1]

ROBERT DESNOS (1900–1945)   Dans la chantefable suivante, destinée
à être chantée et récitée, le poète oppose lui aussi le monde
sérieux des adultes rationnels à l'univers surréaliste des enfants.

Une fourmi de dix-huit mètres
Avec un chapeau sur la tête,
Ça n'existe pas, ça n'existe pas.
Une fourmi traînant un char[2]
5   Plein de pingouins et de canards,[3]
Ça n'existe pas, ça n'existe pas.
Une fourmi parlant français,
Parlant latin et javanais,
Ça n'existe pas, ça n'existe pas.
10   Eh! pourquoi pas?

30 Chantefables pour enfants sages

---

[11]**se balancer** swing   [12]**mettre en fureur** enrage

[1]**fourmi** ant   [2]**traînant un char** pulling a wagon   [3]**canard** duck

EXERCISES

Be ready to read aloud lines or parts of lines that show the nature and character of the poems, using the *Éléments d'analyse poétique* as a guide.

Éléments d'analyse poétique

Les termes importants sont expliqués dans le lexique (pp. 173–174).

A. Les thèmes.

    1. L'intention du poète est-elle de raconter une histoire?
                         exprimer un sentiment?
                         exprimer une sensation?
                         exprimer une esthétique?
                         donner des conseils?
                         se moquer?
                         amuser?
                         décrire un paysage?

B. L'organisation des thèmes.

    1. Quelles sont les différentes parties du poème?
    2. Y a-t-il contraste ou progression d'une partie à l'autre?
    3. Les derniers vers réservent-ils une surprise pour le lecteur?

C. Les voix.

    1. Qui parle? Le poète? Un personnage?
    2. À qui parle-t-on? Au poète? À un autre personnage? Au lecteur?
    3. Le poème est-il un récit? Un monologue? Un dialogue?

D. La versification.

    1. Le vers est-il régulier ou libre? Long ou court?
    2. Y a-t-il des enjambements?
    3. De combien de vers est composée la strophe?
    4. La rime est-elle riche ou pauvre? Plate, croisée, ou embrassée?

E. Le vocabulaire.

    1. Les mots sont-ils concrets ou abstraits?
                    simples ou rares?
                    familiers ou archaïques?
    2. Quelle est la proportion des noms communs, des adjectifs et des verbes?

F. La syntaxe:

    1. L'ordre des mots est-il régulier ou irrégulier?

G. Les jeux de sens:

    1. Identifiez les principales figures de style: les comparaisons
                                              les métaphores
                                              les symboles
                                              les images
    2. Par quels autres moyens stylistiques le poète présente-t-il ses idées?

H. La musicalité:

    1. Quelles voyelles et consonnes dominent dans le poème?
    2. Quels éléments sont répétés?
    3. Le rythme est-il lent, moyen, rapide?

Lexique d'analyse poétique

alexandrin (*Alexandrine line*)   Vers composé de douze syllabes.
    Exemple: *Le Lac*

archaïsme   Mot ou expression ancienne.
    Exemple: Faut-il qu'il m'en souvienne = Faut-il que je m'en
             souvienne

comparaison   Une comparaison est composée de deux termes reliés
    par **comme**.
    Exemple: heureux comme avec une femme

enjambement (*run-on line*)   Il y a enjambement quand deux ou trois
    mots nécessaires au sens d'un vers se trouvent dans le vers sui-
    vant.
    Exemple: Demain, dès l'aube, à l'heure où blanchit la campagne,
             Je partirai.

jeu de sens (*play on meaning*) Utilisation de figures comme les métaphores, les comparaisons, les répétitions, les exagérations, etc., pour insister sur une idée.

> Exemple: Les amoureux du *Pont Mirabeau* forment avec leur bras un autre pont. Le poète joue avec le sens littéral et le sens métaphorique et symbolique du mot *pont*.

métaphore Substitution d'un mot à un autre. Ne pas confondre avec la comparaison où les deux termes sont présents.

> Exemple: *l'or* du soir (la couleur jaune du ciel, le soir)

poème Un poème est, en général, composé de strophes, mais pas toujours. Un poème en prose n'est pas en vers, mais le choix des mots, les figures, le rythme sont poétiques.

> Exemple: *L'Étranger*

quatrain Strophe composée de quatre vers.

rime (*rhyme*) Les rimes plates (*couplet rhymes*) suivent le modèle *aa bb*. Les rimes croisées (*alternate rhymes*) suivent le modèle *ab ab*.

> Exemple: *Le Lac*

Les rimes embrassées (*enclosing rhymes*) suivent le modèle *a bb a*.

> Exemple: *Harmonie du soir*

strophe (*stanza*) Ensemble de plusieurs vers. Certains poèmes, comme *La Fourmi*, ne sont pas composés de strophes.

symbole Utilisation d'un mot concret pour exprimer un mot abstrait.

> Exemple: Sous le Pont Mirabeau coule *la Seine* (La Seine est le symbole de l'amour qui passe.)

tercet Strophe composée de trois vers. Un sonnet français a deux quatrains et deux tercets.

> Exemple: *Le Sonnet* d'Arvers

vers (*line, verse*) Un vers alexandrin est composé de douze syllabes. Un vers libre (*free verse*) est de longueur inégale (Exemple: *Le Pont Mirabeau*) ou sans rime (Exemple: *La Fourmi*).

Vocabulary

This vocabulary includes all irregular verb forms and nearly identical cognates. Excluded are identical cognates and most high-frequency words. Idioms are listed under the key words.

ABBREVIATIONS: *adj.* adjective; *adv.* adverb; *art.* article; *cond.* conditional; *conj.* conjunction; *f.* feminine; *fut.* future; *impf.* imperfect; *impf. subj.* imperfect subjunctive; *impv.* imperative; *inter.* interrogative; *m.* masculine; *n.* noun; *p. p.* past participle; *p. def.* past definite; *p. indef.* past indefinite; *pl.* plural; *prep.* preposition; *pres. ind.* present indicative; *pres. part.* present participle; *pres. subj.* present subjunctive; *pron.* pronoun; *rel.* relative; *v.* verb.

abaisser lower
abattre bring down
abîme *m.* abyss, gulf
abondant abundant, copious
abonné subscribing
abord: d'abord (at) first
aboyer bark
abri *m.* shelter; **se mettre à l'abri** take shelter
abstenir: s'abstenir abstain
accablé overwhelmed
accabler overwhelm
accent *m.* accent; tone; *pl.* voice
accomplir accomplish; perform
accoutumer accustom
accrocher hook
accroupi crouching
accroupir: s'accroupir squat
accueillir welcome; receive
achever complete, end, finish; add
acier *m.* steel
acte *m.* act; deed
adieu *m.* good-bye, farewell; parting
adjudant *m.* adjutant
adosser: s'adosser lean against

adresse *f.* skill
adroit clever
affaiblir weaken; **s'affaiblir** weaken
affaire *f.* affair; business; story; matter; *pl.* business; **avoir affaire** deal
affiche *f.* poster
affirmer assert, maintain
affliger afflict, distress
affluer rush
affreux horrible, frightful
afin so as
agenouiller: s'agenouiller kneel
agent *m.* agent; **agent de police** policeman
agir act; **il s'agit de** (*impersonal v.*) it is about, concerns
agiter move; **s'agiter** stir
agonie *f.* last struggle, death throes
aigrement tartly, sharply
aigrir make bitter, embitter
aigu, aiguë acute; shrill
aile *f.* wing
ailleurs elsewhere; **d'ailleurs** besides

aimable kind, nice
aimer love, like; **aimer mieux** prefer, like better
ainsi so, thus; **pour ainsi dire** as it were, so to speak
air *m.* air; look, appearance; **avoir l'air** seem, look like, resemble; **prendre l'air** get some air
aise *f.* ease; **mal à son aise** uneasy, uncomfortable
aisé easy
ajouter add
allègement *m.* relief
aller (*pres. part.* **allant;** *p. def.* **allai;** *p. p.* **allé;** *pres. ind.* **vais, vas, va, allons, allez, vont;** *pres, subj.* **aille, allions, aillent;** *impf.* **allais;** *impv.* **va, allez;** *fut.* **irai;** *p. indef.* [*with auxiliary* **être**]) go; get along; **aller à** reach; **aller chercher** go for, fetch; **allons!** come now! well!; **allons oust!** out you go, beat it!; **allons-y** let's go; **s'en aller** go away, leave; **aller** + *inf.* be about to + *inf.*; **ça va** it's all right
allonger: s'allonger stretch, lie down
allumer light
alors then; so
ambulant ambulatory; **marchand ambulant** street vendor
ambulatoire ambulatory
âme *f.* soul; **la mort dans l'âme** with despair in one's heart
amener: se faire amener to have oneself taken
amer bitter

ami *m.,* **amie** *f.* friend
amitié *f.* friendship; **prendre en amitié** befriend
amonceler pile up; **s'amonceler** gather
amour *m.* love
amoureux, amoureuse *adj.* in love, loving; *n.* lover
amuser amuse; **s'amuser** have a good time, enjoy oneself
an *m.* year
ancien, ancienne old; former; of a past age
ancre *f.* anchor; **jeter l'ancre** cast anchor
ange *m.* angel
angine *f.* sore throat
anglais English
angoisse *f.* anguish
année *f.* year
antichambre *f.* antechamber; waiting room
anxieux, anxieuse anguished
apercevoir (*pres. part.* **apercevant;** *p. def.* **aperçus;** *p. p.* **aperçu;** *pres. ind.* **aperçois, apercevons, aperçoivent;** *pres. subj.* **aperçoive, apercevions, aperçoivent;** *impf.* **apercevais;** *fut.* **apercevrai**) see, perceive; **s'apercevoir** realize, be aware of, notice
apothicaire *m.* apothecary, druggist
apparaître (*for forms, see* **paraître**) appear
appareil *m.* apparatus; **appareil de téléphone** telephone
apparence *f.* appearance; **en apparence** apparently
appel *m.* call

appeler (*pres. part.* **appelant;** *p. def.* **appelai;** *p. p.* **appelé;** *pres. ind.* **appelle, appelles, appelle, appelons, appelez, appellent;** *pres. subj.* **appelle, appelions, appellent;** *impf.* **appelais;** *impv.* **appelle, appelez;** *fut.* **appellerai**) call; **s'appeler** be called

apporter bring

apprendre (*for forms, see* **prendre**) learn

apprêter; s'apprêter get ready

appuyer rest; **s'appuyer** lean

après after

arbre *m.* tree

archange *m.* archangel

ardoise *f.* slate

argent *m.* silver; money; **argent comptant** ready money

argenterie *f.* silver plate

armé armed

armer arm; cock

armoire *f.* wardrobe

armure *f.* armor

arracher tear, rip; strip, peel off; wrest away; **s'arracher** tear

arranger arrange; straighten; settle

arrestation *f.* arrest

arrêt *m.* stop; arrest; warrant

arrière back; **arrière de moi** stay away; **en arrière** back, backwards

arriver (*p. indef. with auxiliary* **être**) arrive; manage; succeed

arrondissement *m.* district

art *m.* art; guile

asile *m.* asylum

asperge *f.* asparagus

assassin *m.* murderer

assaut *m.* assault; **prendre d'assaut** storm

asseoir *pres. part.* **asseyant** (**assoyant**) *p. def.* **assis,** *p. p.* **assis;** *pres. ind.* **assieds** (**assois**), **assied** (**assoit**), **asseyons** (**assoyons**), **asseyez** (**assoiyez**), **asseyent** (**assoient**); *pres. subj.* **asseye** (**assoie**), **asseyions** (**assoyions**), **asseyent** (**assoient**); **assieds** (**assois**), **asseyez** (**assoyez**); *fut.* **assiérai** (**assoirai**) sit; **s'asseoir** sit down

assiéger besiege

assiette *f.* plate

assistance *f.* assistance; audience

assister assist; be present, witness

associer take as a partner

assoupi dozing; **assoupi par** overcome by

assurance *f.* assurance; insurance

assurer assure; guarantee; **s'assurer** make sure

atroce atrocious

attaché *m.* attaché; **attaché de cabinet** minister's staff member

atteindre (*pres. part.* **atteignant;** *p. def.* **atteignis;** *p. p.* **atteint;** *pres. ind.* **atteins, atteint, atteignons, atteignez, atteignent;** *pres. subj.* **atteigne, atteignions, atteignent;** *impf.* **atteignais;** *fut.* **attendrai**) attain; reach; strike

atteinte *f.* reach; **hors d'atteinte** out of reach

attendre (*for forms, see* **tendre**)
wait; expect; **s'attendre** expect
attendri fond, loving
attendrir soften, move
attendrissant moving
attirer pull (up, towards);
s'attirer win
attraper catch
attribuer attribute
aube *f.* dawn
auberge *f.* inn
aubergine *f.* eggplant
au-delà beyond
aujourd'hui today
auprès close
aurore *f.* dawn
aussi also, too, as; and so,
therefore (*at the beginning of
a sentence*)
aussitôt at once; **aussitôt que**
as soon as; **aussitôt . . . aussitôt**
no sooner . . . than
autant as much (many)
autel *m.* altar
autour around
autre other
autrefois formerly; **d'autrefois**
of old
autrui others
avant before; **aller plus avant**
move on
avant *m.* bow
avare *adj.* avaricious, miserly;
m. or f. miser
avenir *m.* future
avertissement *m.* warning
aveugle blind
aveuglément blindly
aveuglement *m.* blindness
avis *m.* advice; opinion

avocat *m.* lawyer; **avocat
général** Public Prosecutor;
chien d'avocat damned lawyer
avoine *f.* oats
avoir (*pres. part.* **ayant**; *p. def.*
eus, eut, eûmes, eûtes, eurent;
p. p. **eu;** *pres. ind.* **ai, as, a,
avons, avez, ont;** *pres. subj.*
aie, aies, ait, ayons, ayez, aient;
impf. **avais;** *impv.* **aie, ayez;**
fut. **aurai**) have, get, possess;
avoir l'air look like, resemble,
appear, have the appearance;
avoir besoin need; **avoir faim**
be hungry; **avoir froid** be
cold; **avoir honte** be
ashamed; **avoir raison** be
right; **avoir tort** be wrong; **il y
a (avait)** there is, are (was,
were); **il y a** ago; **il y a . . . que**
for, since; **avoir . . . ans** be . . .
years old; **qu'est-ce qu'il a?**
what's the matter with him?
azur *m.* azure; **d'azur** sky blue
azuré sky blue

babine *f.* chop; **se lécher les
babines** lick one's chops
bagatelle *f.* trifle
bagout *m.* gift of gab
bague *f.* ring
baigner bathe
baignoire *f.* bathtub
bâillement *m.* yawn
baiser kiss
baisser lower; weaken; **les yeux
baissés** with downcast eyes
bal *m.* ball
balancer: se balancer swing
balbutier stammer
baleine *f.* whale

ballant dangling
balle *f.* bullet
ballon *m.* balloon
banc *m.* bench
bande *f.* band; gang
bandit *m.* bandit; outlaw (*in 19th-century Corsica*)
bandoulière *f.* shoulder strap; **porter un fusil en bandoulière** carry a gun slung over one's back
baptême *m.* baptism
baraque *f.* hut, hovel; hole
barbe *f.* beard
barboter splash
barbu bearded
barrière *f.* gate
bas, basse low, lower; **à voix basse** in a low voice; **plus bas** in a lower voice; **se sentir bas** feel low
bas *m.* bottom
bataille *f.* battle
bâtiment *m.* house, vessel
bâton *m.* stick; perch
battement *m.* beating, trampling
battre beat, strike; blink
beau, bel, belle beautiful, handsome, pretty; **avoir beau faire quelque chose** do something in vain
beaucoup much, many, a lot; greatly
beau-père *m.* father-in-law
bec *m.* beak; **bec de gaz** gas lamp; **le bec dans l'eau** in the lurch
bêche *f.* spade
bel, belle *see* **beau**
bénir bless

bénitier *m.* holy water vessel (*basin*)
bercer rock
berger *m.* shepherd
besace *f.* bag (*closed at both ends*)
besogne *f.* work, job
besoin *m.* need; **avoir besoin de** need; **il est besoin de** it is necessary to
bête stupid
bêtise *f.* nonsense
bien *adv.* quite, very, indeed, thoroughly
bien *m.* good; property; *pl.* estate
bientôt soon
bijou *m.* jewel
bijoutier *m.* jeweler
billet *m.* note; **faire des billets** give notes of hand
blanc, blanche white
blanchir whiten, turn white
blé *m.* wheat
blessé wounded; **d'un air blessé** in a chilly tone
blessure *f.* wound
bleu blue
bloc *m.* block; **d'un bloc** like a mass
bœuf *m.* ox
bohémien *m.* gypsy, vagrant
boire (*pres. part.* **buvant**; *p. def.* **bus**; *p. p.* **bu**; *pres. ind.* **bois, boit, buvons, buvez, boivent**; *pres. subj.* **boive, buvions, boivent**; *impf.* **buvais**; *impv.* **bois, buvez**; *fut.* **boirai**) drink
bois *m.* wood
boîte *f.* box; case
boiteux lame, crippled

bon, bonne   good, kind
bond *m.*   jump
bonheur *m.*   happiness
bonhomme *m.*   (simple) man
bonne *f.*   maid
bonnet *m.*   cap
bord *m.*   side; board; **de leur bord**   one of them
bordée *f.*   binge
border   line
bossoir *m.*   cathead
bossu   hunchbacked
botte *f.*   boot; bundle
bouche *f.*   mouth
boucher *v.*   stuff
boucher *m.*   butcher
boucherie *f.*   butchery
bouffée *f.*   puff
bouger   move, budge
bougonner   grumble
bouillon *m.*   bubble; **bouillon d'écume**   froth
boulet *m.*   cannon ball; weight
bouleverser   upset
bouquet *m.*   bunch
bourdonner   buzz, hum
bourgeois, bourgeoise *adj.*   middle-class
bourgeois *m.*   burgher; middle-class man
bourgeoise *f.*   middle-class woman
bourreau *m.*   executioner
bourrer   stuff
bout *m.*   end; **au bout de**   at the end of, after; **venir à bout**   get the better
boutique *f.*   shop
box *m.*   stall (*for horses*)
brancard *m.*   stretcher; shaft
branche *f.*   branch

branler   rock
bras *m.*   arm; **bras dessus bras dessous**   arm in arm
brave   brave; good; **brave type**   nice, decent guy; **mon brave**   old man
bravement   bravely
brebis *f.*   ewe lamb
bref, brève   brief, short; **d'une voix brève**   curtly
breloque *f.*   trinket
Bretagne *f.*   Brittany
brick *m.*   brig
brigadier *m.*   corporal; (police) sergeant
briller   shine
briser   break
brocanteur *m.*   second-hand dealer
broder   embroider
brouiller: se brouiller   fall out
bru *f.*   daughter-in-law
bruine *f.*   drizzle
bruit *m.*   noise
brûlant   burning
brûlé   burnt; **brûlé du soleil**   seared by the sun
brûlure *f.*   burn; sting
brun   brown
brusquement   suddenly
bruyère *f.*   briar
bûche *f.*   log; blockhead
bûcher *m.*   stake
buisson *m.*   bush
bureau *m.*   office; **bureau de police**   police station; **bureau de poste**   post office
butin *m.*   loot

ça, cela   this, that; **ah ça!**   now then!; I say!; **ça y est**   there; I knew it; **çà** *adv.* here; **çà et là** here and there

cabane *f.* hut

cabinet *m.* closet; minister's staff

cacher hide, conceal

cachet *m.* seal

cacheté sealed

cachot *m.* cell, dungeon

cadavre *m.* corpse

cadeau *m.* gift

cadence *f.* cadence; **en cadence** rhythmically

cadran *m.* face; frame

cahier *m.* exercise book; **cahier d'écriture** copybook

caillou *m.* pebble

caisse *f.* case; cash register

caissier *m.*, **caissière** *f.* cashier

calepin *m.* notebook

calme *adj.* calm; *m.* calm; **calme plat** dead calm

calorifère *m.* furnace

camarade *m. or f.* comrade, mate

camion *m.* truck

campagne *f.* countryside

camphre *m.* camphor

canard *m.* duck

candélabre *m.* candlestick; lamp

canon *m.* gun barrel

canot *m.* boat

caporal *m.* corporal

capote *f.* hood; cloak

capuchon *m.* hood

car for

carchera *f.* leather belt

carême *m.* Lent

carillon *m.* chime

carré square

carreau *m.* window pane; market

carrière *f.* career; course

cartouche *f.* cartridge

cas *m.* case; **en tout cas** at any rate

casier *m.* set of pigeon-holes

casqué helmeted

casquette *f.* cap

cassé broken; **voix cassée** broken voice

casserole *f.* pan

causer talk

causerie *f.* chat

cavalier *m.* horseman

ceci this

ceinture *f.* belt

cela that

célèbre famous

céleste heavenly

celui-là that one

cent hundred; **pour cent** percent

cependant however

certes certainly

cerveau *m.* brain

cet, cette, ces this, these

ceux those

chacun each, every

chagrin *m.* grief, sorrow

chagriner sadden; **se chagriner** be sorry

chaînette *f.* chain

chaise *f.* chair

chaleur *f.* heat

chameau *m.* camel

chance *f.* luck

chanceler totter

chanceux, chanceuse lucky

chandelle *f.* candle

chapeau *m.* hat; **chapeau de haute forme** top hat
chaque each, every
char *m.* wagon
charge *f.* hoax
charger load; **se charger** undertake; take on
charrette *f.* cart
charron *m.* wheelwright
chasse *f.* hunting; **faire bonne chasse** make a good bag; **partie de chasse** day's hunting
chat *m.* cat
châtaigne *f.* chestnut
châtaignier *m.* chestnut tree
chatte *f.* she-cat
chef *m.* chief, head; **médecin en chef** chief physician
chef-d'œuvre *m.* masterpiece
chemin *m.* way; **chemin de fer** railroad
cheminée *f.* chimney; fireplace; **cheminée d'usine** smokestack
chemise *f.* shirt
cher, chère dear; expensive; **payer cher** pay a dear price
chercher look for; **chercher à** try to
chéri cherished; darling
cheval *m.* horse
chevalier *m.* knight
chevaucher ride (*a horse*)
chevaux *m. pl. see* **cheval**
chevet *m.* apse (*of church*)
chèvre *f.* goat; **chèvre laitière** milch goat
chevreuil *m.* roebuck
chez *prep.* at, in, into, to the house or office of
chic elegant, classy, nifty, swell

chien *m.* dog; **chien d'avocat** damned lawyer
chiffon *m.* rag
chiffonnier *m.* ragman
chignon *m.* bun
chinois Chinese
chiquenaude *f.* flick
chose *f.* thing
chou *m.* cabbage
chrétien, chrétienne Christian
Christianisme *m.* Christianity
ciel *m.* sky; heaven; *pl.* **cieux**
cingler lash
circuler move
citer quote, cite
citoyen *m.*, **citoyenne,** *f.* citizen
clair clear
clairière *f.* clearing
clarté *f.* light
clef *f.* key; **fermer à clef** lock
clerc *m.* clerk; **clerc de notaire** notary's clerk
client *m.* client, customer
cloche *f.* bell; **coup de cloche** ringing, peal
clos *adj.* closed; *m.* vineyard
clou *m.* nail
cocher *m.* coachman; cabman, driver
cochon *m.* pig
cœur *m.* heart; **à cœur ouvert** openly; **cœur simple** simple soul
coffre *m.* chest
coffret *m.* box, case (*for jewels*)
coiffé wearing (*on one's head*)
coiffer comb
coin *m.* corner; **au coin du feu** by the fireside; **dans tous les**

coins everywhere, throughout

col *m.* collar; neck

colère *f.* anger

coller stick; **se coller** stick, cling

collet *m.* collar

collier *m.* necklace

colombe *f.* dove

combat *m.* fight

commandant *m.* major

commandement *m.* order

comme as, like, how

commencement *m.* beginning

commencer begin, start

comment how

commerce *m.* trade; **employé de commerce** shop clerk

commettre (*for forms, see* **mettre**) commit

commis *m.* clerk

commode convenient, suitable

commode *f.* chest of drawers

communication *f.* connection

communier receive Holy Communion

compagne *f.* companion

complet *m.* suit

composé compound

compositeur *m.* composer

comprendre (*for forms, see* **prendre**) understand

compte *m.* account; **au compte de** at the expense of; **faire des comptes** settle accounts; **rendre compte** render an account; **se rendre compte** realize; **se faire rendre compte** ask for an explanation

compter count

comptoir *m.* counter

concevoir (*pres. part.* **concevant;** *p. def.* **conçus;** *p. p.* **conçu;** *pres. ind.* **conçois, conçoit, concevons, concevez, conçoivent;** *pres. subj.* **conçoive, concevions, conçoivent;** *impf.* **concevais;** *impv.* **conçois, concevez;** *fut.* **concevrai**) conceive

condamner condemn, sentence; give up

condition *f.* condition; **faire condition** stipulate

conducteur *m.* driver

conduire (*pres. part.* **conduisant;** *p. def.* **conduisis;** *p. p.* **conduit;** *pres. ind.* **conduis, conduis, conduit, conduisons, conduisez, conduisent;** *pres. subj.* **conduise, conduisions, conduisent;** *impf.* **conduisais;** *impv.* **conduis, conduisez;** *fut.* **conduirai**) conduct, lead, take; **se conduire** behave

conduite *f.* behavior

confiance *f.* confidence, trust

confondre confound; be confounded

congestion *f.* stroke

connaissance *f.* knowledge; acquaintance

connaître (*pres. part.* **connaissant;** *p. def.* **connus;** *p. p.* **connu;** *pres. ind.* **connais, connais, connaît, connaissons, connaissez, connaissent;** *pres. subj.* **connaisse, connaissions, connaissent;** *impf.* **connaissais;** *impv.* **connais, connaissez;** *fut.*

connaîtrai) know, become acquainted
conseil *m.* advice; council
conseiller advise
conseiller *m.* advisor; councillor
conserver keep
consigne *f.* orders, instructions
consoler: se consoler console oneself; get over
constamment constantly
contempteur *m.* scorner
contenance *f.* content; countenance; **faire bonne contenance** put a good face on it
content pleased, happy
contenter gratify; **se contenter de faire** to merely do
conter tell
contrairement à contrary to
contravention *f.* ticket
contre against
convaincre (*pres. part.* **convainquant;** *p. def.* **convainquis;** *p. p.* **covaincu;** *pres. ind.* **convainc, convaincs, convainc, convainquons, convainquez, convainquent;** *pres. subj.* **convainque, convainquions, convainquent;** *impf.* **convainquais;** *impv.* **convainc, convainquez;** *fut.* **convaincrai)** convince
convenable suitable, proper
convenablement properly
convenance *f.* suitability; **à votre convenance** as you wish
convenir (*for forms, see* **venir**) admit
convoitise *f.* greed

copie *f.* copy; **faire de la copie** do copying
coquet stylish
coquin *m.* rascal
corbeille *f.* basket
corde *f.* rope
cordonnerie *f.* shoemaker's shop
cordonnière *f.* shoemaker's wife
corps *m.* body
corse Corsican
Corse *f.* Corsica
côte *f.* coast; rib; hill
côté *m.* side; **à côté de** next to, beside
cotiser: se cotiser club together (*to raise money*)
cou *m.* neck
coucher lie; **coucher en joue** aim
coucher: coucher de soleil *m.* sunset
coude *m.* elbow
couler flow, run; **couler un regard** give a look; **se couler** slip; **se couler le long** creep along, edge along
coup *m.* blow; **coup de cloche** peal, ringing; **coup d'œil** glance; **coup de fusil** shot; **coup de poignard** stab; taunt; **coup de sonnette** ring; **un bon coup** a hit; **donner un coup de baïonnette dans** stick a bayonet in; **d'un coup de pouce** with one's thumb; **tout à coup** suddenly; **tout d'un coup** all at once
couplet *m.* verse
cour *f.* yard; court

courbe *f.* curb; curve
courbé bent, slumped
courber bend
coureur *m.* runner; **coureur de filles** skirt chaser
couronne *f.* crown
cours *m.* course
course *f.* errand
court short
couteau *m.* knife
coûter cost
coûteux costly
coutume *f.* custom, habit; **de coutume** usual, customary
couver brood
couvert *m.* cover; **à couvert** under cover; **le vivre et le couvert** food and shelter
couverture *f.* cover, blanket
couvrir (*pres. part.* **couvrant;** *p. def.* **couvris;** *p. p.* **couvert;** *pres. ind.* **couvre, couvrons, couvrez, couvrent;** *pres. subj.* **couvre, couvrions, couvrent;** *impf.* **couvrais;** *impv.* **couvre, couvrez;** *fut.* **couvrirai**) cover; **se couvrir** wrap oneself up
cracher spit
craindre (*pres. part.* **craignant;** *p. def.* **craignis;** *p. p.* **craint;** *pres. ind.* **crains, craint, craignons, craignez, craignent;** *pres. subj.* **craigne, craignions, craignent;** *impf.* **craignais;** *impv.* **crains, craignez;** *fut.* **craindrai**) fear
crainte *f.* fear
cramponner: se cramponner cling
crapule *f.* scoundrel
crasseux greasy

crayon *m.* pencil
crépu crisp, frizzy
crépuscule *m.* dusk, twilight
creusé hollowed; **figure creusée** hollow-cheeked
creux *adj.* hollow; *m.* hollow
cri *m.* cry; **pousser un cri** utter a cry
crier cry, shout
crinière *f.* mane
crise *f.* fit
croire (*pres. part.* **croyant;** *p. def.* **crus;** *p. p.* **cru;** *pres. ind.* **crois, croit, croyons, croyez, croient;** *pres. subj.* **croie, croyions, croient;** *impf.* **croyais;** *impv.* **crois, croyez;** *fut.* **croirai**) believe; think
croiser fold
croix *f.* cross
crosse *f.* butt
crottin *m.* (*horse*) manure
croupe *f.* rump
croûte *f.* crust
croyance *f.* belief
cuir *m.* leather
cuisine *f.* kitchen; cooking
cuisse *f.* thigh
cuivre *m.* copper, brass
culbuter knock over
culot: avoir du culot have nerve
culotte *f.* knickers; **culotte courte** knee breeches
curé *m.* curé, village priest
curieux *m.* (curious) onlooker

daim *m.* deer
dallage *m.* pavement
dans in, into
davantage more

de   of, from, by, with, in, to, than, some, any

débardeur *m.*   longshoreman

débarrasser: se débarrasser   get rid

débauche *f.*   debauchery

déborder   overflow

debout   standing (up); **se tenir debout**   keep upright

déception *f.*   disappointment

déchargé   not loaded

décharger   unload

déchirer   tear, rend; break

déconcerter   disconcert

découvrir   discover; uncover; expose

décret *m.*   decree, by-law

décrire (*pres. part.* **décrivant;** *p. def.* **décrivis;** *p. p.* **décrit;** *pres. ind.* **décris, décrit, décrivons, décrivez, décrivent;** *pres. subj.* **décrive, décrivions, décrivent;** *impf.* **décrivais;** *impv.* **décris, décrivez;** *fut.* **décrirai**) describe

déçu   disappointed

dédaigneusement   disdainfully

dédain *m.*   disdain

dedans   inside

dédire: se dédire   go back on one's word

déduire (*for forms, see* **conduire**)   deduce

déesse *f.*   goddess

défaire (*for forms, see* **faire**)   undo, unbutton

défendre (*pres. part.* **défendant;** *p. def.* **défendis;** *p. p.* **défendu;** *pres. ind.* **défends, défend, défendons, défendez, défendent;** *pres. subj.* **défende,**

défendions; défendent; *impf.* **défendais;** *impv.* **défends, défendez;** *fut.* **défendrai**)   defend

dégoût *m.*   disgust

dégoûtant   disgusting

dégriser   sober up

dehors   outside, out

déjà   already

déjeuner   lunch; *m.* lunch

délice *m.*   delight

délinquant   criminal

délire *m.*   delirium; frenzy

délivrance *f.*   deliverance, liberation

délivrer   free

demain   tomorrow

demeure *f.*   home

demeurer   live; remain

demi   half; **à demi**   half

démon *m.*   devil

dent *f.*   tooth

dépasser   exceed

dépêcher: se dépêcher   hurry, hasten

dépenser   spend; use

dépérir   waste away

déplaire (*for forms, see* **plaire**)   displease

déporté *m.*   deported person

déposer   set down

dépôt *m.*   deposit; lockup, cells; **en dépôt**   in trust

dépouiller   rob; **se dépouiller**   rob oneself

depuis   since; **depuis ... jusqu'à**   from . . . to

déranger: se déranger   get out of the way; take the trouble

dernier, dernière   last

dérouler: se dérouler   take place

derrière behind

dès from, as early as; **dès lors** from that time

descendre (*pres, part.* descendant; *p. def.* descendis; *p. p.* descendu; *pres. ind.* descends, descend, descendons, descendez, descendent; *pres. subj.* descende, descendions, descendent; *impf.* descendais; *impv.* descends, descendez; *fut.* descendrai) go down, descend; take down

désert *adj.* deserted; *m.* desert

désespoir *m.* despair

déshabiller undress

désobéissance *f.* disobedience

désolé sorry; heartbroken

désordonné disordered

dessiner draw; **se dessiner** be drawn

destin *m.* fate

détente *f.* trigger

détournement *m.* embezzlement

détourner distract, turn away

détresse *f.* distress

dette *f.* debt

deuil *m.* mourning

deuxième second; **deuxième étage** third floor

devant in front

deviner guess

devoir (*pres. part.* devant; *p. def.* dus; *p. p.* dû; *pres. ind.* dois, doit, devons, devez, doivent; *pres. subj.* doive, devions, doivent; *impf.* devais; *fut.* devrai) must, have to, expect to; owe

devoir *m.* duty; **manquer à ses devoirs** neglect one's duty; **remplir ses devoirs** do one's duty

dévorateur, dévoratrice devouring

dévoué devoted

dévouement *m.* devotion

diable *m.* devil

diablerie *f.* devilry

diamant *m.* diamond

diantre heck, deuce

dictée *f.* dictation

difficile difficult; hard-to-please

digne worthy

diligence *f.* stage coach

dimanche *m.* Sunday; **en habits de dimanche, en toilette des dimanches** wearing one's Sunday best

diminuer weaken

dinde *f.* turkey hen; idiot

dîner dine; *m.* dinner

dire (*pres. part.* disant; *p. def.* dis; *p. p.* dit; *pres. ind.* dis, dit, disons, dites, disent; *pres. subj.* dise, disions, disent; *impf.* disais; *impv.* dis, dites; *fut.* dirai) say, tell; **à vrai dire** as a matter of fact; **dites donc!** listen!; **ça te dit quelque chose** it means something to you; **c'est-à-dire** that is to say; **c'est dit** it is agreed; **pour ainsi dire** as it were; **vouloir dire** mean

diriger direct; **se diriger** go toward

dispenser exonerate; **se dispenser** get out

dissimuler hide, conceal
dissiper dissolve
distrait absent-minded
dit said; **c'est dit** it's settled
divan *m.* couch
dix ten
doigt *m.* finger
domestique *m. or f.* servant
dominicain Dominican
donc therefore, so
doré gilt
dorer gild
dormir (*pres. part.* **dormant;** *p. def.* **dormis;** *p. p.* **dormi;** *pres. ind.* **dors, dort, dormons, dormez, dorment;** *pres. subj.* **dorme, dormions, dorment;** *impf.* **dormais;** *impv.* **dors, dormez;** *fut.* **dormirai)** sleep
dos *m.* back
dot *f.* dowry
douane *f.* customs
douce *see* **doux**
doucement gently, slowly
douceur *f.* sweetness; comfort
douillette *f.* (quilted) house-coat
douleur *f.* pain
douloureux painful
doute *m.* doubt; **sans doute** no doubt, probably
douter doubt; **se douter** suspect
doux, douce sweet, gentle
douze twelve
drap *m.* sheet
drapeau *m.* flag
dresser set up; **se dresser** stand up
droit *adj.* right; *m.* right; tax
droite *f.* right

drôle funny; *m.* **petit drôle** little scamp
dû, due due
dur hard
durant during
durer last; go on
dureté *f.* hardness, harshness

eau *f.* water
éblouissant dazzling
échafaud *m.* scaffold
échapper escape, slip; **s'échapper** escape; **laisser échapper** express
échec *m.* failure
échelle *f.* ladder
éclabousser spatter, splash
éclair *m.* lightning, flash
éclairer light; enlighten
éclat *m.* burst; **éclats de voix** loud voices
éclatant bright
éclater burst; **éclater de rire** burst out laughing
école *f.* school
écolier *m.* schoolboy
écouler: s'écouler flow; be spent
écran *m.* screen
écraser crush
écrire (*pres. part.* **écrivant;** *p. def.* **écrivis;** *p. p.* **écrit;** *pres. ind.* **écris, écrit, écrivons, écrivez, écrivent;** *pres. subj.* **écrive, écrivions, écrivent;** *impf.* **écrivais;** *impv.* **écris, écrivez;** *fut.* **écrirai)** write
écriture *f.* writing; Scripture
écu *m.* crown (*money*)
écume *f.* foam, froth; **bouillon d'écume** froth

écurie *f.* stable
effet *m.* effect; **en effet** indeed
efforcer: s'efforcer try
effrayant frightening, terrifying
effrayer frighten, terrify, alarm
effronté saucy, impudent
effroyable frightening; tremendous
égarer mislay; lose
église *f.* church
égoïste selfish
égout *m.* sewer
élever raise; **s'élever** rise; be raised
éloigner: s'éloigner move away
embarcation *f.* boat
embarras *m.* **embarras de voitures** traffic jam
embarrasser embarrass
embellir embellish
embrasser kiss
embuscade *f.* ambush
empailler stuff
empailleur *m.* taxidermist
empêché at a loss
empêcher prevent; **ne pas s'empêcher** not to prevent oneself from; **il ne peut s'empêcher de rougir** he cannot help blushing
empiler pile up
employé *m.* employee; **employé de commerce** shop clerk
empoigner seize, grab, collar; get hold of
empoisonné poisoned, pestilent
emportement *m.* passion; anger
emporter carry away

emprunter borrow
ému moved
en *prep.* in, into, at, to, by, while, on; *pron.* of her (him, it, them), with it, from there, some, any; *conj. with gerund (form of pres. part.)* by, while, in, on
encapuchonné hooded
encensoir *m.* censer
enchanté delighted
encore again, yet, still; **pas encore** not yet
endroit *m.* place, spot; **remettre à l'endroit** put back on the right side
endurer bear, undergo
enfance *f.* childhood
enfer *m.* hell
enfin finally, at last; well, after all; **mais enfin** but still; come now
enfler swell
enfoncer stick into, stuff; **s'enfoncer** sink, disappear
enfuir: s'enfuir flee
engagement *m.* agreement; **prendre des engagements** enter into agreements
enjambement *m.* run-on line
enlèvement *m.* elopement
enlever take away; remove
ennuyer (*pres. part.* ennuyant; *p. def.* ennuyai; *p. p.* ennuyé; *pres. ind.* ennuie, ennuies, ennuie, ennuyons, ennuyez, ennuient; *pres. subj.* ennuie, ennuyions, ennuient; *impf.* ennuyais; *fut.* ennuirai) bore; bother, tire; **s'ennuyer** get bored

enrager   enrage, be in a rage, fume

enregistrement *m.*   record office; registry

enregistrer   record; register

ensemble   together

ensuite   then, afterward

entendre (*for forms, see* **tendre**) hear; understand; s'**entendre** understand each other; **c'est entendu**   all right

enterrer   bury

entier   complete, whole; **en entier**   entirely

entièrement   entirely, completely

entourer   surround

entre   between, among

entrée *f.*   entrance; **couloir d'entrée**   entrance hall

entrelacement *m.*   interweaving

entrelacer   interweave

entreprendre (*for forms, see* **prendre**)   undertake

entretien *m.*   conversation

entr'ouvrir (*for forms, see* **ouvrir**)   half open

envahir   invade

envelopper   envelop, wrap; s'**envelopper**   wrap around oneself

envers *prep.*   toward

envers *m.* **à l'envers**   on the wrong side, on backward

envie *f.*   envy; **avoir envie de** wish, desire; feel like

environ   about; *m. pl.* neighborhood, area

envoler: s'**envoler**   fly away

épais, épaisse   thick

épaisseur *f.*   thickness; thick layer

épancher: s'**épancher**   pour out

épars   dispersed, scattered

épaule *f.*   shoulder; **hausser les épaules**   shrug one's shoulders

épée *f.*   sword

éperdu   wild, wildly; stunned

épicerie *f.*   grocery

éponger   wipe, mop; s'**éponger** wipe, mop

épouser   marry, wed

épouvantable   frightful, dreadful

épouvanter   frighten

éprouver   undergo; suffer

épuisé   exhausted

épuiser   tire, exhaust

équipage *m.*   equipment

équiper   equip

escalier *m.*   staircase, stairs

escopette *f.*   blunderbuss

espagnol   Spanish

espèce *f.*   sort, kind

espérance *f.*   hope

espérer   hope

espoir *m.*   hope

esprit *m.*   spirit, mind; **avoir l'esprit tranquille**   rest assured; **rendre l'esprit**   give up the ghost

essayer   try; try on

essuyer   wipe

estimation *f.*   estimate

estomac *m.*   stomach; **soulever l'estomac**   to upset the stomach

établir   establish

étage *m.* floor; **premier étage** second floor

étaler spread out; **s'étaler** spread out

état *m.* state; condition; profession; schedule; **mettre quelqu'un hors d'état** make it impossible for someone to

été *m.* summer

éteignoir *m.* extinguisher

éteindre (*past. part.* **éteignant;** *p. def.* **éteignis;** *p. p.* **éteint;** *pres. ind.* **éteins, éteint, éteignons, éteignez, éteignent;** *pres. subj.* **éteigne, éteignions, éteignent;** *impf.* **éteignais;** *impv.* **éteins, éteignez;** *fut.* **éteindrai**) extinguish, blow out; **s'éteindre** pass away; fade, die down

éteint stifled

étendard *m.* banner

étendre: s'étendre (*for forms, see* **tendre**) lie down

étinceler shine, sparkle

étoffe *f.* material, cloth

étoile *f.* star

étonnement *m.* astonishment

étonner astonish; **s'étonner** wonder

étouffer choke, stifle

étourdissement *m.* fainting (spell)

étrange strange

étranger *m.* stranger; foreigner

être (*pres. part.* **étant;** *p. def.* **fus;** *p. p.* **été;** *pres. ind.* **suis, es, est, sommes, êtes, sont;** *pres. subj.* **sois, soit, soyons, soyez, soient;** *impf.* **étais;** *impv.* **sois,**

soyons, soyez; *fut.* **serai**) be; **être à** belong to; **être à faire quelque chose** be doing something

être *m.* being

étrille *f.* currycomb

évanouir: s'évanouir faint, lose consciousness

éveillé aroused; **bien éveillé** bright

éveiller arouse; **s'éveiller** wake up

événement *m.* event; incident

évêque *m.* bishop

évidemment evidently, obviously

éviter avoid

évoquer conjure up; tell

exécuter execute, carry out; follow

exposition *f.* exhibition

exprimer express

extase *f.* ecstasy

extasié in ecstasy

extrait *m.* extract

extrême-onction *f.* Last Sacraments

face *f.* face; **face à face** face to face; **en face** straight; opposite; across

façon *f.* way, manner

fagot *m.* bundle

faible weak

faiblesse *f.* weakness

faim *m.* hunger

faire (*pres. part.* **faisant;** *p. def.* **fis;** *p. p.* **fait;** *pres. ind.* **fais, fait, faisons, faites, font;** *pres. subj.* **fasse, fassions, fassent;** *impf.*

faisais; *impv.* fais, faites; *fut.*
ferai) do, make; faire + *inf.*
cause (have, make) someone to
do something or something to
be done; **faire attention** pay
attention; **faire chercher** get;
faire mal hurt; **faire peur**
frighten; **faire une promenade**
go for a walk; **faire semblant**
pretend; **faire signe** motion;
faire trois mille francs de frais
allow three thousand francs in
expenses; **faire venir** send
for; **se faire vieux** be getting
old; **qu'est-ce que ça me fait?**
what difference does that
make?; **rien n'y fit** it was of no
use
faiseur *m.* charlatan
falloir (*impersonal*) be necessary, must
famélique half starved
fameux famous; terrific
familièrement familiarly
fantôme *m.* phantom, ghost
fardeau *m.* burden, load
farouche fierce
fatigue *f.* fatigue, tiredness
fatigué tired, weary
fausse *see* **faux**
fauteuil *m.* armchair
faux, fausse false
favori *m.* sideburn
féliciter congratulate; **se**
féliciter congratulate oneself
fendre split
fer *m.* iron; chain
fermage *m.* rent
fermer close, shut; **fermer à clef**
lock
fermeté *f.* firmness

fête *f.* festival; party;
  Fête-Dieu Corpus Christi
feu *m.* fire; **au coin du feu** by
  the fireside; **faire feu** fire
feuille *f.* leaf
février February
fiacre *m.* cab
ficelle *f.* string
fichu capable
fichu *m.* shawl
fidèle faithful
fier, fière proud
fier: se fier rely
fifille *f.* girlie
figer: se figer coagulate
figure *f.* face; **figure creusée**
  hollow-cheeked
figurer figure; **se figurer** imagine
fil *m.* thread, wire; **fils de fer**
  wire bars
filer spin; run
fin thin, fine, graceful, elegant
fin *f.* end; **mettre fin** put an
  end
fixer fasten
flambeau *m.* candlestick
fleurdelisé lilied
fleuve *m.* river
flot *m.* wave; crowd
foi *f.* faith; **de bonne foi** in
  good faith, sincere
foin *m.* hay; **tas de foin** haystack
fois *f.* time; **à la fois** at a time,
  at the same time
folle *see* **fou**
foncé dark
fond *m.* background
fonder found, establish
fontaine *f.* fountain

force *f.* strength, force; **de toutes ses forces** with all one's might

forme *f.* form, shape; **chapeau de haute forme** top hat; **en bonne forme** regular

fort *adj.* strong; good; loud; **par trop fort** a bit too much; *adv.* quite, much; **fort en peine** troubled

fortement tightly

fortifier fortify

fossé *m.* moat; ditch

fou, folle mad, insane, lunatic; **maison (asile) de fous** lunatic asylum

foudroyant thundering

fouet *m.* whip; **donner le fouet jusqu'au sang** whip till the blood comes

fouiller search; rummage

foule *f.* crowd

fouler tread

fourbi polished

fourche *f.* fork

fourmi *f.* ant

fourneau *m.* stove; **vieux fourneau** silly old fogey

fournir furnish

fourreau *m.* sheath; **donner des coups de fourreau** hit with the sheath

fourrière *f.* pound

fourrure *f.* fur

frais, fraîche fresh

frais *m. pl.* expenses

franchir cross over

frapper strike, hit; **se frapper la poitrine** beat one's breast

frayer: se frayer un passage push one's way through

frêle frail

frémir flutter; throb

fréquemment frequently

fripon *m.* rogue, rascal; naughty little boy

frisé frizzy

frisson *m.* shiver

frissonner shiver; shudder

froid *adj.* cold; **avoir froid** be cold

froncer knit; **froncer le sourcil** frown

front *m.* forehead

frotter scrub, rub; **se frotter** rub

fugitif fleeting

fuite *f.* escape

fumée *f.* smoke

fureur *f.* fury, rage

fusil *m.* gun; **coup de fusil** shot

fusillade *f.* shooting; volley of musketry

fusiller shoot

futile idle

gagner gain; go; profit

gai merry, gay

gaiement gaily, merrily

gaillard *m.* chap; **gaillard d'arrière** poop

galanterie *f.* compliment

galeux mangy

galon *m.* stripe

gamin *m.* boy

garantir guarantee; safeguard

garçon *m.* boy; porter

garde *f.* guard; **prendre garde** take care, be careful

garder keep; **se garder de** take care not to, make sure not to

gardeuse *f.* keeper
gardien *m.* guard; **gardien de la paix** policeman
gare *f.* railway station
garnement *m.* scamp
gas *m.* boy
gascon Gascon, of (from) Gascony
gauche *adj.* awkward; left; *f.* left
gaz *m.* gas; **bec de gaz** (*street*) gas lamp
gazon *m.* grass
geindre (*for forms, see* **peindre**) wail, complain
gémissement *m.* moaning
gendre *m.* son-in-law
gêner be in the way, inconvenience
genou *m.* knee
gens *f. pl.* people
gentil nice, kind; noble
gentilhomme *m.* gentleman
geste *m.* gesture
glace *f.* ice; mirror
glacial icy, chilly
glisser slip, glide; **se glisser** slip
gloire *f.* glory
gloussement *m.* cluck
goémon *m.* seaweed
gonfler fill up
gorge *f.* throat; breast; **avoir mal à la gorge** have a sore throat
gourde *f.* water bottle, flask
gourmand greedy
goût *m.* taste
goutte *f.* drop, bead
grâce *f.* grace; **grâce à** thanks to; **faire grâce** pardon; **rendre grâce** give thanks

gracieux graceful; gracious
grade *m.* rank
grand big, tall, high, great; **pas grand' chose** not much
grandir grow up
grappe *f.* bunch; **grappe de raisin** bunch of grapes
gras, grasse fat
gratter scrape
grave grave, serious
gravir climb
gravure *f.* picture
grenier *m.* hayloft
grève *f.* beach
griffe *f.* claw
grigou *m.* skinflint
grimper climb
gris gray
griser intoxicate
grogner grumble; mutter
grommeler grumble, mutter
gronder grumble
gros, grosse big; rough
grossier bad-mannered, uncivil
guère hardly, scarcely (*preceded by* **ne**)
guérir cure; recover
guerre *f.* war; **homme de guerre** soldier
gueuler clamor, shout

habileté *f.* cleverness, skill
habiller dress; **s'habiller** dress
habit *m.* coat, clothing; **habits de dimanche** Sunday best
habitude *f.* habit, custom
habituer accustom; **s'habituer** get used, accustomed
hache *f.* hatchet
haillon *m.* rag
haine *f.* hate, hatred; **prendre**

en haine hate, conceive a strong aversion
haïr hate
hardiesse *f.* boldness
hardiment boldly
hareng *m.* herring; **hareng saur** red herring
hasard *m.* chance; **par hasard** by chance
hâter hasten; **se hâter** hasten, hurry
hausser raise; **hausser les épaules** shrug one's shoulders
haut high, tall; **parler haut** speak in a loud voice; **tout en haut** up on top
hauteur *f.* height; haughtiness
hé hey; well
herbe *f.* grass
héritage *m.* inheritance
héritière *f.* heiress
hétéroclite nondescript, odd
heure *f.* hour, o'clock; **de bonne heure** early; **tout à l'heure** just now, a while ago; soon
heureux happy, fortunate
heurter knock, hit, bump
hideux hideous
histoire *f.* history; story; **c'est toute une histoire** it's a long story; **histoire de rire** as a joke
hiver *m.* winter
hocher shake
honneur *m.* honor; **parole d'honneur** upon my word
honte *f.* shame; **avoir honte** be ashamed
hoquet *m.* choking
horaire *m.* timetable

horreur *f.* horror; **prendre en horreur** feel disgust
hors out; **hors d'atteinte** out of reach; **hors d'état de** not in a position to
houx *m.* holly
huile *f.* oil
huit eight; **donner ses huit jours** give a week's notice
humer smell, inhale
hurler scream

ici here; **ici-bas** here below
imbécile idiot
importer matter, be of importance; **il importe que** it is essential that; **n'importe qui** anybody
imprimer print
improviste: à l'improviste unexpectedly
inaperçu unnoticed
incliner bend, bow
inconvénient *m.* disadvantage, ill effect
incroyable unbelievable
incruster: s'incruster become encrusted
indigne unworthy
indigner: s'indigner get indignant
indissolublement indissolubly
indivis undivided
industriel *m.* industrialist
inégal unequal
infailliblement unfailingly
inférieurement downward
iniquité iniquitous action
injure *f.* insult; **grogner des injures** mutter insults
innombrable countless

inonder flood
inquiet, inquiète uneasy; nervous
inquiéter worry; **s'inquiéter** become worried, worry
insensiblement gradually
insigne conspicuous
insouciance *f.* unconcern
instantanément instantaneously
instruire instruct, teach
intéressé interested; self-seeking
intérêt *m.* interest; **intérêts composés** compound interest
interroger interrogate
interrompre interrupt
intitulé entitled
introduire (*pres. part.* **introduisant;** *p. def.* **introduisis;** *p. p.* **introduit;** *pres. ind.* **introduis, introduit, introduisons, introduisez, introduisent;** *pres. subj.* **introduise, introduisions, introduisent;** *impf.* **introduisais;** *impv.* **introduis, introduisez;** *fut.* **introduirai**) introduce
inusité unusual
inutile useless
inventaire *m.* inventory
issue *f.* opening
ivre drunk, inebriated
ivresse *f.* intoxication; **avec ivresse** ecstatically
ivrogne *m.* drunkard

jaillir spring (out)
jais *m.* jet
jamais never, ever; **à jamais** forever

jambe *f.* leg; **traîner une jambe** drag one leg
jardin *m.* garden
jatte *f.* bowl
jaune yellow
javanais Javanese
jeter throw, cast; **jeter un regard** cast a glance, look at; **se jeter** throw oneself
jeu *m.* game
jeune young
jeûne *m.* fast
joindre (*pres. part.* **joignant;** *p. def.* **joignis;** *p. p.* **joint;** *pres. ind.* **joins, joint, joignons, joignez, joignent;** *pres. subj.* **joigne, joignions, joignent;** *impf.* **joignais;** *impv.* **joins, joignez;** *fut.* **joindrai**) join; add
joue *f.* cheek; **mettre en joue, coucher en joue** take aim
jouir enjoy
jouissance *f.* enjoyment; possession
jour *m.* day; **au petit jour** at daybreak; **donner ses huit jours** give a week's notice
journée *f.* day; **de la journée** all day
juger judge; find, deem
jument *f.* mare
jupe *f.* skirt
jurer swear; curse
juridique juridical, legal
juron *m.* swearword
jusque until; as far as, to; **jusqu'à** to the point of; **depuis . . . jusqu'à** from . . . to
juste correct

là   there; **-là** distinguishes between *that* and *this* (**-ci**): **cet homme-là** that man; **cette femme-ci** this woman; **là-bas** over there; yonder; **là-haut** up there
lâché   loose
lâcher   let go
lâcheté *f.*   cowardice
laisser   let, leave, allow; **laisser tomber** drop; **laisser voir** show
lait *m.*   milk
laitier *m.*   milkman
laitière: chèvre laitière   milch goat
lambeau *m.*   tatter, shred
lancement *m.*   launching
langoureux   languorous
langue *f.*   tongue; language
lapin *m.*   rabbit; **en col de lapin** with a rabbit collar
large *m.*   open sea; **au large** out at sea
las, lasse   weary
lavage *m.*   washing
lécher   lick; **lécher ses babines** lick one's chops
léger, légère   light
léguer   bequeath
légume *m.*   vegetable
lendemain *m.*   next day, the day after
lent   slow
lentement   slowly
lever   raise; **se lever** get up, rise
lèvre *f.*   lip; **se mordre les lèvres** bite one's lips
liberté *f.*   freedom; liberty
libre   free

lier   bind, tie
lieu *m.*   place, spot; **au lieu de** instead of
lieue *f.*   league
ligne *f.*   line, row
linge *m.*   cloth
lire (*pres. part.* **lisant**; *p. def.* **lus**; *p. p.* **lu**; *pres. ind.* **lis, lit, lisons, lisez, lisent**; *pres. subj.* **lise, lisions, lisent** *impf.* **lisais**; *impv.* **lis, lisez**; *fut.* **lirai**)   read
lis *m.*   lily
lisse   smooth
lit *m.*   bed
litanie *f.*   litany
litière *f.*   litter
livrée *f.*   livery
livrer: se livrer   wage; **se livrer combat** wage a fight
logement *m.*   lodging
loger   lodge, house
logis *m.*   house, home
loi *f.*   law
loin   far; **au loin** in the distance, from a distance; **de loin** from a distance
long, longue   long
long *m.*   side; **le long de** along
longer   walk along
longtemps   a long time
lorgner   ogle
lors   then; **depuis lors** from that time
lorsque   when
louer   praise; **Dieu soit loué** God be praised
louer   let; **se louer** be let
louis *m.*   louis (*twenty-franc piece*)

louche   suspicious, shady
lourd   heavy
lugubre   dismal; funereal
luire   shine
luisant   shiny, shining; gleaming
lumière *f.*   light
lutter   fight, struggle
luxe *m.*   luxury

magie *f.*   magic, miracle
magnifique   beautiful, magnificent
maigre   thin, meager
main *f.*   hand; **mettre la main sur**   lay hands on
maintenir (*for forms, see* **tenir**)   hold; maintain
maître *m.*   master
maîtresse *f.*   mistress
mal *adv.*   badly, ill, wrong, bad; **être mal à son aise**   be ill at ease; **faire mal**   hurt; **pas mal de**   quite a few; **pas mal sinistre**   quite sinister
mal *m.*   evil; disease, ache; **avoir mal aux oreilles**   have an earache
malade   sick, ill
maladie *f.*   illness, sickness
maladroit   clumsy, awkward
malédiction *f.*   curse
malentendu *m.*   misunderstanding
malfaiteur *m.*   criminal
malgré   in spite of
malheur *m.*   misfortune
malheureusement   unfortunately
malheureux   unhappy; unfortunate
malicieux   mischievous

malin   sly; **faire le malin**   play the fool
malle-poste *f.*   mail coach
malpropre   dirty, untidy
maltraiter   mistreat
manche *m.*   handle
manche *f.*   sleeve
mangeoire *f.*   manger
maniaque   finicky
manie *f.*   habit
manière *f.*   manner
manifeste *m.*   manifesto
manquement *m.*   infraction, violation
manquer   lack, be wanting (*missing*); **manquer à ses devoirs**   neglect one's duty
manteau *m.*   coat
marchand *m.*   dealer, shopkeeper; **marchand ambulant**   street vendor; **marchand des quatre saisons**   vegetable-and-fruit vendor; **marchand de tableaux**   art dealer
marche *f.*   step; walk; march
marché *m.*   market
marcher   walk
marée *f.*   tide
mari *m.*   husband
mariage *m.*   marriage; **mariage de raison**   marriage of convenience
marier   marry; **se marier avec**   marry
marin *m.*   sailor
marine *f.*   marine; **marine de guerre**   navy
marron *m.*   chestnut
marteau *m.*   hammer
matin *m.*   morning; **au petit matin**   early in the morning

mât *m.* mast
maudit cursed
mauvais bad, evil
maux *see* **mal**
méchant wicked
méchanceté *f.* wickedness
méconnaître (*for forms, see*
  connaître) underestimate
médaille *f.* medal
médecin *m.* physician;
  médecin en chef head
  physician
mélancolique sad
mélancolie *f.* sadness
mêler mix; **se mêler** interfere;
  **mêlez-vous de ce qui vous
  regarde** mind your own business
membre *m.* member; limb
même *adj.* same; *adv.* even; **de
  même que** as well as; **tout de
  même** all the same; anyway;
  no, really
mémoire *f.* memory
menace *f.* threat; **proférer des
  menaces** utter threats,
  threaten
menacer threaten
ménage *m.* household; housekeeping; **faire le ménage** do
  the housework
ménager take care
ménagère *f.* housekeeper;
  housewife
mener lead
menteur *m.* liar
mentir (*pres. part.* **mentant;** *p.
  def.* **mentis;** *p. p.* **menti;** *pres.
  ind.* **mens, ment, mentons,
  mentez, mentent;** *pres. subj.*
  mente, mentions, mentent;

impf. **mentais;** *impv.* **mens,
  mentez;** *fut.* **mentirai**) lie
menton *m.* chin
menu small, fine
menuisier *m.* carpenter
méprendre (*for forms, see*
  prendre) be mistaken
mépris *m.* contempt
mépriser despise
mer *f.* sea
mériter deserve
merveilleux wonderful
messe *f.* mass; **faire dire des
  messes** have masses cele-
  brated
messire Sir
mesure *f.* measure; **à mesure
  que** as
métier *m.* trade, profession,
  calling; **avoir du métier** be a
  master craftsman
mètre *m.* meter
mettre (*pres. part.* **mettant;** *p.
  def.* **mis;** *p. p.* **mis;** *pres. ind.*
  **mets, met, mettons, mettez,
  mettent;** *pres. subj.* **mette,
  mettions, mettent;** *impf.*
  mettais; *impv.* **mets, mettez,**
  fut. **mettrai**) put, put on, place;
  mettre bas put down; **mettre
  en scène** stage; **mettre hors
  d'état** make it impossible;
  mettre la main sur lay hands
  on; **mettre pied à terre** set
  foot on ground; **se mettre à**
  start; **se mettre aux ordres**
  take orders; **se mettre dans**
  join; **se mettre hors d'atteinte**
  put oneself out of reach; **se
  mettre en posture** get ready
meuble *m.* (piece of) furniture

meurtre *m.* murder
mi- half
mi-Camême *f.* mid-Lent
midi noon
mie *f.* sweetheart
mieux better, best; **faire de son mieux** do one's best
mignon, mignonne cute; **le mignon** the darling
milieu *m.* middle; **au milieu** in the middle
mince thin
mine *f.* air, look, face
minuit midnight
mis dressed; **proprement mis** well-dressed
mode *f.* fashion; **à la mode** in fashion; smart, fashionable
modelé *m.* relief
moelleux soft
mœurs *f. pl.* manners; mores
moindre less, least
moine *m.* monk
mois *m.* month
moitié *f.* half; **à moitié** half
molle *see* **mou**
monacal monkish
monceau *m.* heap; mound
monde *m.* world; **tout le monde** everybody
monseigneur my Lord
montagnard *m.* mountain dweller
montagne *f.* mountain
monter go up; amount; **monter à cheval** mount a horse
montre *f.* watch; **faire montre** display
moquer mock; **se moquer** make fun, laugh
morale *f.* morals

mordant biting
mordre (*pres. part.* **mordant;** *p. def.* **mordis;** *p. p.* **mordu;** *pres. ind.* **mords, mord, mordons, mordez, mordent;** *pres. subj.* **morde, mordions, mordent;** *impf.* **mordais;** *impv.* **mords, mordez;** *fut.* **mordrai**) bite; **se mordre les lèvres** bite one's lips
mors *m.* bit
mort *adj.* dead; **nature morte** still life; **raide mort** stone dead
mort *f* death; **la mort dans l'âme** with despair in one's heart
mot *m.* word; **prendre au mot** take at one's word
mou, molle soft
mouche *f.* fly
mouchoir *m.* handkerchief
mouflon *m.* wild sheep
mouiller wet
moulin *m.* mill
mourir (*pres. part.* **mourant;** *p. def.* **mourus;** *p. p.* **mort;** *pres. ind.* **meurs, meurs, meurt, mourons, mourez, meurent;** *pres. subj.* **meure, mourions, meurent;** *impf.* **mourais;** *impv.* **meurs, mourez;** *fut.* **mourrai**) die
mousse *m.* ship's boy
mousse *f.* moss
mouton *m.* sheep
moyen average, medium
moyen *m.* means; **employer les grands moyens** take extreme measures
muet, muette silent

mufle *m.* mug
mugir roar
mugissement *m.* roaring, lowing
mulet *m.* mule
mur *m.* wall
muraille *f.* (thick) wall

naissance *f.* birth
nappe *f.* tablecloth
narine *f.* nostril
narrer narrate
natal native
nature *f.* nature; **nature morte** still life
naturel natural; **enfant naturel** illegitimate child
navet *m.* turnip
navire *m.* ship
ne: ne ... pas no, not; **ne ... guère** scarcely, hardly, rarely; **ne ... jamais** never; **ne ... ni ... ni** neither ... nor; **ne ... plus** no more, no longer; **ne ... que** only; **ne ... personne** no one, nobody; **ne ... rien** nothing, not anything
néanmoins nevertheless
néant *m.* nothingness
net, nette clear
neveu *m.* nephew
nez *m.* nose
ni; ne ... ni ... ni neither ... nor
niais stupid
nier deny
noblement nobly
noir black
noirceur *f.* black deed
noix *f.* nut
nom *m.* name; noun

nombreux numerous
nommer name
nonobstant notwithstanding, in spite of
notaire m. notary
note *f.* note; **changer de note** change one's tune
nourrir nourish, feed
nouvelle *f.* (piece of) news; short story; **vous aurez de mes nouvelles** you shall hear from me
noyer drown; **se noyer** drown
nu naked
nuage *m.* cloud
nuée *f.* (thunder) cloud
nuit *f.* night; **de nuit** by night
numéro *m.* number

obéir obey
obscurité *f.* darkness
observer observe; **faire observer** point out
obtenir (*for forms, see* **tenir**) obtain
occasion *f.* occasion; opportunity
occuper occupy; **s'occuper** take care, be busy
octaédrique octahedral
odeur *f.* smell, odor
œil *m.* eye; **coup d'œil** look, glance; **les yeux baissés** with eyes downcast
office *m.* duty; servants' quarters; **faire son office** do one's duty; **gens de l'office** servants
offrir offer
ombre *f.* shadow
omnibus *m.* (horse-drawn) bus
onde *f.* wave

ongle *m.* nail
or now
or *m.* gold; **rouler sur l'or** roll
 in money
ordinaire ordinary; **à l'ordinaire**
 as usual
ordonnance *f.* regulation; prescription; **prescrire une
 ordonnance** write out a prescription; **exécuter une
 ordonnance** follow a
 prescription
ordre *m.* order; **se mettre aux
 ordres** take orders
ordure *f.* refuse, garbage
oreille *f.* ear
orgueil *m.* pride
oser dare
ostensoir *m.* monstrance
ôter take away (off), remove
où where; when
oust: allez oust! out you go!
outre: en outre in addition
outre *f.* leather bottle
ouvert open
ouvrage *m.* work

païen pagan
paillasson *m.* floor mat, door
 mat
paille *f.* straw
pain *m.* bread
paître graze; **mener paître**
 pasture
paix *f.* peace; **gardien de la
 paix** policeman
pâlir get (turn) pale
palmier *m.* palm tree
pan *m.* flap
panier *m.* basket; **panier à
 salade** paddy wagon

pansage *m.* grooming
panser dress
paon *m.* peacock
par by, through, in, on, out, of,
 across; **par jour** per day, a
 day; **par un jour d'hiver** on a
 winter day; **par latitude** in
 latitude; **par-ci par-là** here
 and there
paraître (*pres. part.* **paraissant;**
 p. def. **parus;** *p. p.* **paru;** *pres.*
 ind. **parais, paraît, paraissons,**
 paraissez, paraissent; *pres.*
 subj. **paraisse, paraissions,**
 paraissent; *impf.* **paraissais;**
 impv. **parais, paraissez;** *fut.*
 paraîtrai) appear, seem, be
 visible
paré decked
parcelle *f.* bit
par-dessus above
pardessus *m.* overcoat
pareil, pareille such, like,
 similar, the same
parent *m.* (*family*) relative
parenté *f.* relationship
paresseux lazy
parfum *m.* perfume, fragrance
parfumer perfume
paroisse *f.* parish
parole *f.* word; **ma parole
 d'honneur** upon my word
part *f.* part, share; **à part**
 aside; **de la part de** on behalf
 of; **de toutes parts** from all
 over
partager share, divide
parti *m.* decision; **prendre son
 parti** resolve; resign oneself
particulièrement in particular
partie *f.* part; **faire la partie**

play a game; **partie de cartes** game of cards; **partie de chasse** a day's hunting

partout everywhere

parure *f.* ornament; necklace

parvenir (*for forms, see* **venir**) succeed; reach

pas *m.* step; pace

passant *m.* passerby

passer pass, go (walk) by; **passer son chemin** go on one's way; **se passer** happen

passionnément passionately, with passion

pathétique touching, moving

patois *m.* local dialect

patrie *f.* fatherland

patron *m.* boss

paupière *f.* eyelid

pauvre poor, pitiful

pauvreté *f.* poverty

pavé *m.* paving stone; pavement; paved road

payer pay; **payer cher** pay dearly

paysage *m.* landscape

paysan *m.*, **paysanne** *f.* peasant

peau *f.* skin

peccadille *f* peccadillo; trifle

péché *m.* sin

pédant pedantic

peigne *m.* comb

peigner comb

peindre (*pres. part.* **peignant;** *p. def.* **peignis;** *p. p.* **peint;** *pres. ind.* **peins, peint, peignons, peignez, peignent;** *pres. subj.* **peigne, peignions, peignent;** *impf.* **peignais;** *impv.* **peins, peignez;** *fut.* **peindrai**) paint

peine *f.* pain; touble; **à peine** hardly; **faire de la peine** hurt; **sous peine** under penalty

pellicule *f.* skin

peloton *m.* ball (*of string*)

pencher bend; **se pencher** bend over

pendre (*pres. part.* **pendant;** *p. def.* **pendis;** *p. p.* **pendu;** *pres. ind.* **pends, pends, pend, pendons, pendez, pendent;** *pres. subj.* **pende, pendions, pendent;** *impf.* **pendais;** *impv.* **pends, pendez;** *fut.* **pendrai**) hang

pendule *f.* clock

pénible painful, distressful

péniblement painfully; laboriously

percer pierce

percevoir (*for forms, see* **recevoir**) perceive

perdre (*pres. part.* **perdant;** *p. def.* **perdis;** *p. p.* **perdu;** *pres. ind.* **perds, perds, perd, perdons, perdez, perdent;** *pres. subj.* **perde, perdions, perdent;** *impf.* **perdais;** *impv.* **perds, perdez;** *fut.* **perdrai**) lose, undo, be the ruin; **perdre son temps** waste one's time; **tenir pour perdu** give up

perle *f.* pearl

perroquet *m.* parrot

persienne *f.* shutter

personnage *m.* character; person

perspective *f.* prospect

perte *f.* loss

pesant weighty

peser weigh

petit small; **au petit jour** at daybreak

pétrole *m.* kerosene

peupler people

peur *f.* fear; **avoir peur** be afraid

phrase *f.* sentence

physionomie *f.* face, countenance

picard from (of) Picardy

picoter peck, prickle

pied *m.* foot; **à pied** on foot; **mettre pied à terre** set foot on the ground

pierre *f.* stone

piétiner trample; stamp

pillard *m.* looter

pincer pinch

pire worse, the worst

pis worse, the worst; **tant pis** so much the worse, too bad

pitié *f.* pity; plight; **se faire pitié** have pity on oneself

placard *m.* closet

place *f.* place; job

plafond *m.* ceiling

plaindre (*pres. part.* **plaignant;** *p. def.* **plaignis;** *p. p.* **plaint;** *pres. ind.* **plains, plaint, plaignons, plaignez, plaignent;** *pres. subj.* **plaigne, plaignions, plaignent;** *impf.* **plaignais;** *impv.* **plains, plaignez;** *fut.* **plaindrai**) pity; **se plaindre** complain

plainte *f.* complaint

plaire (*pres. part.* **plaisant;** *p. def.* **plus;** *p. p.* **plu;** *pres. ind.* **plais, plaît, plaisons, plaisez, plaisent;** *pres. subj.* **plaise, plaisions, plaisent;** *impf.*

plaisais; *impv.* **plais, plaisez;** *fut.* **plairai**) please

plaisanterie *f.* joke

plaisir *m.* pleasure

plan *m.* plane; **premier plan** foreground; downstage; **second plan** center stage

plancher *m.* floor

planer hover

plaque *f.* plate; piece

plat flat; **calme plat** dead calm

plat *m.* dish; flat; **donner un coup de plat de sabre** hit with the flat of a sword

pleur *m.* tear; **verser des pleurs** shed tears

pleurer weep, cry; **pleurer à chaudes larmes** weep copiously

pli *m.* fold

plomb *m.* lead

plume *f.* feather

plupart: la plupart most

plus more; **le plus** most; **plus que** more than; **plus de** more than; **de plus** in addition, moreover, besides; **de plus en plus** more and more; **non plus** either, neither; **ne ... plus** no longer, no more; **tout au plus** at the most

plusieurs several

plutôt rather

poche *f.* pocket

poids *m.* weight

poignard *m.* dagger

poignée *f.* handle; handful; **poignée de main** handshake

poing *m.* fist

point: ne ... point not, not at all

pointe *f.* sting

poireau *m.* leek
poisson *m.* fish
poitrine *f.* chest; **se frapper la
poitrine** beat one's breast
poivrot *m.* drunk
poliment politely
pommier *m.* apple tree
Polonais *m.* Pole
pont *m.* bridge; deck
porcelaine *f.* china
port *m.* port, harbor
portefeuille *m.* wallet
porter carry, bear, wear
portraitiste *m.* portrait painter
poser set (*down*), place
posséder own, possess
possesseur *m.* owner
poste *m.* position; **poste de
police** police station
poste *f.* post; **bureau de poste**
post office
postillon *m.* coachman
posture *f.* posture; **se mettre en
posture** get ready
pot *m.* jar
poteau *m.* post
potin *m.* gossip
pouce *m.* thumb; **d'un coup de
pouce** with one's thumb
poudre *f.* powder
poule *f.* chicken, hen
poulet *m.* chicken
pourrir rot
poursuivre (*for forms, see*
suivre) pursue
pourtant yet, however
pousser push, lead; carry;
prompt; **pousser un cri** utter a
cry
poussière *f.* dust; **grain de
poussière** speck of dust

poutre *f.* beam
pouvoir (*pres. part.* **pouvant;** *p.
def.* **pus;** *p. p.* **pu;** *pres. ind.*
**peux (puis), peux, peut,
pouvons, pouvez, peuvent;**
pres. subj. **puisse, puissions,
puissent;** *impf.* **pouvais;** *fut.*
pourrai) can, may, be able; **il
se peut** it may be
pouvoir *m.* power
pratique *f.* practice
pratiquer practice
pré *m.* meadow
préalable: au préalable preliminary
précéder precede
précipiter hurl; **se précipiter**
rush
prédicateur *m.* preacher
prédire (*for forms, see* **dire**)
predict, foresee
premier, première first; **premier plan** foreground;
downstage
prendre (*pres. part.* **prenant;** *p.
def.* **pris;** *p. p.* **pris;** *pres. ind.*
**prends, prends, prend,
prenons, prenez, prennent;**
pres. subj. **prenne, prenions,
prennent;** *impf.* **prenais;** *impv.*
prends, prenez; *fut.* **prendrai**)
take, seize, catch, capture;
prendre l'air get some air; **se
prendre à** start; **se prendre au
sérieux** take oneself seriously
près close; **de plus près** closer
up
prescrire (*for forms, see* **écrire**)
prescribe, write out
présenter present; introduce
presque almost, nearly

pressentir surmise, guess
presser urge; **se presser** crowd
prêt ready
prêter loan
prêtre *m.* priest
prévoir foresee
prier pray
prière *f.* prayer
princesse *f.* princess; **faire la princesse** put on airs
prise *f.* catch; **être aux prises** be at grips, wrestle
privation *f.* deprivation
procès *m.* trial
prochain next
prodige *m.* wonder, miracle
prodiguer lavish
produire (*pres. part.* **produisant;** *p. def.* **produisis;** *p. p.* **produit;** *pres. ind.* **produis, produit, produisons, produisez, produisent;** *pres. subj.* **produise, produisions, produisent;** *impf.* **produisais;** *impv.* **produis, produisez;** *fut.* **produirai**) produce, create, cause
produit *m.* produce
proférer utter; **proférer des menaces** threaten
profiter take advantage
profond deep, profound
profondeur *f.* depth
promenade *f.* walk, drive, ride; **faire une promenade** take a walk
promener take for a walk; **se promener** take a walk
promeneur *m.* passerby, stroller
prometteur promising

promettre (*for forms, see* **mettre**) promise
promptement promptly
propice propitious, favorable
propre clean; own; **sa propre maison** his or her own house; **propre à** peculiar to
proprement properly; **proprement mis** well-dressed
propriété *f.* estate
proscrire proscribe
proscrit *m.* proscribed person
provoquer cause; provoke
prudent cautious
prunelle *f.* eyeball
Pucelle *f.* Maid
puis then
puissance *f.* power
purement purely; **purement et simplement** simply

quai *m.* bank
qualité *f.* quality; **qualités** profession
quartier *m.* neighborhood
que *rel. pron.* whom, which, that; *inter. pron.* what?; *conj.* that, than, as, whether, so that; **ce que** what, that which, which; **ne . . . que** only
quel, quelle what, which, what! what a . . .
quelque some, a few, any; **quelque part** somewhere; **quelque peu** somewhat
quelquefois sometimes, at times
queue *f.* tail
quinze fifteen; **quinze jours** two weeks
quittance *f.* receipt

quitter leave
quoique although

raconter tell, relate
rafraîchir refresh
raide stiff; **raide mort** stone dead
raidi stiff
raidir stiffen
raillerie *f.* mockery
railleur mocking
raisin *m.* grape
raison *f.* reason; **avoir raison** be right; **mariage de raison** marriage of convenience
râle *m.* death rattle
ralentir slow down; **se ralentir** slow down
ramener bring back; pull back
ramer row
rameur *m.* rower
rançon ransom
ranger put away
ranimer revive, bring back to life; **se ranimer** revive; kindle
rappeler recall; remind; **se rappeler** remember
rapport *m.* report
rapporter bring back
rapproché near
rapprocher bring together
ras: au ras de close to
raser: se raser shave
rayon *m.* ray
rayonner shine
récepteur *m.* receiver
recevoir (*pres. part.* **recevant;** *p. def.* **reçus;** *p. p.* **reçu;** *pres. ind.* **reçois, reçoit, recevons, recevez, reçoivent;** *pres. subj.* **reçoive, recevions, reçoivent;**

impf. **recevais;** *impv.* **reçois, recevez;** *fut.* **recevrai**) receive
réchauffer warm
recherché sought after
rechercher look for
récit *m.* tale, story
récolte *f.* crop
recommandation *f.* instruction
récompense *f.* reward
recueillir gather, collect; receive
reculer walk back; back up
redescendre go down again
redevance *f.* payment due
redevenir become again
redoubler redouble
redoutable awesome
réduire reduce
refaire do over; go over
réfléchir think about (over)
refroidi congealed
refroidir get cold
refroidissement *m.* cold
réfugier: se réfugier take shelter
refus *m.* refusal
regagner go back to
regard *m.* look, glance; **jeter un regard** look; turn
regarder look; **ça me regarde** that's my business
règle *f.* rule
régler *f.* settle
régner reign
réitérer reiterate, repeat
rejeter reject, expel; throw back; **se rejeter en arrière** jump back
rejoindre (*for forms, see* **joindre**) join, catch up; come up

réjouir rejoice
relaps relapse (*heretic*)
relation *f.* relationship
relever raise; **se relever d'un bond** jump to one's feet
reluire shine; **faire reluire** shine
remarquer notice; **faire remarquer** point out; **se faire remarquer** be noticed
remettre (*for forms, see* **mettre**) put back again; put back; hand in; **se remettre** get over; **s'en remettre à** leave it up to
remise *f.* shed
remonter go back up
remplacer replace
remplir fill; **remplir ses devoirs** discharge one's duty
remuer stir, move
rencogner: se rencogner huddle up
rencontre *f.* meeting
rendre give back, return; render, make; **se rendre** go; **se rendre compte** realize
renfermer lock up
renonciation *f.* relinquishment
renouveler renew
renseignement *m.* information
rente *f.* pension, payment; income
renversé slumped back
renverser knock over
renvoyer put out; dismiss
répandre spill
réparer repair
repêcher fish out; rescue
repentir: se repentir repent, regret
répliquer reply, retort

répondre (*pres. part.* **répondant;** *p. def.* **répondis;** *p. p.* **répondu;** *pres. ind.* **réponds, répond, répondons, répondez, répondent;** *pres. subj.* **réponde, répondions, répondent;** *impf.* **répondais;** *impv.* **réponds, répondez;** *fut.* **répondrai**) answer
reporter carry over
reposoir *m.* (temporary) altar
repousser push back, repulse
reprendre (*for forms, see* **prendre**) take back; take up again; continue; **reprendre connaissance** regain consciousness; **se reprendre** regain one's self-control
reproche *m.* reproach
réserver reserve
respirer breathe
resplendir shine, glitter, glow
rester remain, stay; **il est resté une âme** one soul remained
retenir (*for forms, see* **tenir**) keep back
retirer take off; **se retirer** retire; withdraw
retourner turn over (back); **se retourner** turn around; look about oneself
retraite *f.* retreat
rétrécir: se rétrécir shrivel, shrink
réunion *f.* meeting
réunir join; **se réunir** meet; be added
réussir succeed
rêve *m.* dream
revenir (*for forms, see* **venir**) come back; get over

revêtir put on
revoir (*for forms, see* **voir**) see
  again; **au revoir** good-bye
ricanant sneering, derisive
ricaner laugh mockingly;
  chuckle
rideau *m.* curtain
rigolo funny
rime *f.* rhyme, line ending
rire (*pres. part.* **riant**; *p. def.* **ris**;
  p. p. **ri**; *pres. ind.* **ris, rit, rions,
  riez, rient**; *pres. subj.* **rie, ries,
  rie, riions, riiez, rient**; *impf.*
  riais; *impv.* **ris, riez**; *fut.* **rirai**)
  laugh; **éclater de rire** burst
  out laughing; **se rire de** make
  light of
rivage *m.* shore
rivalité *f.* rivalry
rive *f.* bank
rivière *f.* river; **rivière de
  diamants** diamond necklace
robe *f.* dress; coat (*of horse*);
  robe de bal ball dress
rocher *m.* rock
roi *m.* king
roman *m.* novel
romancier *m.* novelist
rond round
ronde *f.* round; **à la ronde**
  around
ronflement *m.* snore; sound
rose pink
rosse *f.* nag; **sacrée rosse**
  damned horse
rougir blush
rouler roll; roll up; **rouler sur
  l'or** roll in money; **se faire
  rouler** get rolled
roulis *m.* roll
rousse *see* **roux**

route *f.* road; **se mettre en
  route** set out
roux, rousse red; reddish
royaume *m.* kingdom
ruban *m.* ribbon
rude rough, harsh, hard
ruisseau *m.* brook
ruissellement *m.* running
rumeur *f.* hum
ruse *f.* wile
rusé sly

sable *m.* sand
sabot *m.* hoof; wooden shoe
sabre *m.* (broad) sword,
  saber
sac *m.* bag
sacoche *f.* bag
sacré sacred; **sacrée rosse**
  damned horse
sacrer crown
sacristie *f.* vestry
sage wise; good
saisir seize, grab
saison *f.* season; **marchand des
  quatre saisons** fruit-and-
  vegetable vendor
salade *f.* salad; **panier à salade**
  paddy wagon
sale dirty
salle *f.* room; common room
salon *m.* drawing room
saluer greet, bow
sang *m.* blood
sang-froid *m.* coolness, compo-
  sure
sanglant bloody
sangloter sob
sans without; **sans doute** no
  doubt, probably
santé *f.* health

satisfaire (*for forms, see* **faire**) satisfy
saur   red (*herring*)
sautiller   hop
sauvage   wild; savage
sauver   save
savant   learned; skillful
savant *m.*   scientist
saveur *f.*   taste
savoir (*pres. part.* **sachant;** *p. def.* **sus;** *p. p.* **su;** *pres. ind.* **sais, sait, savons, savez, savent;** *pres. subj.* **sache, sachions, sachent;** *impf.* **savais;** *impv.* **sache, sachez;** *fut.* **saurai**) know, know how, can, be able
scélérat *m.*   scoundrel, villain
scellé   sealed
scène *f.*   scene; stage; **mettre en scène**   stage
scie *f.*   saw
science *f.*   science; knowledge
sec, sèche   dry
sèchement   tartly
sécher   dry; **faire sécher**   dry; **se sécher**   dry
second   second; **second étage** third floor; **second plan** center stage
secouer   shake
secours *m.*   help, rescue; **au secours!**   help!
secousse *f.*   jolt, shaking
séduisant   seductive, charming, fascinating
seigneur *m.*   lord
sein *m.*   bosom
semblable   similar
semblant *m.*   semblance; **faire semblant**   pretend
sembler   seem

sens *m.*   sense; meaning; **à mon sens**   in my opinion
sensibilité *f.*   sensitiveness
sensualité *f.*   voluptuousness
sentier *m.*   path, lane
sentiment *m.*   feeling
sentir (*pres. part.* **sentant;** *p. def.* **sentis;** *p. p.* **senti;** *pres. ind.* **sens, sens, sent, sentons, sentez, sentent;** *pres. subj.* **sente, sentions, sentent;** *impf.* **sentais;** *impv.* **sens, sentez;** *fut.* **sentirai**) feel; smell
sergot *m.*   copper (*cop*)
sérieux   serious; **se prendre au sérieux**   take oneself seriously
serrer   clasp, fasten; put away; **serrer les mains**   shake hands
servir (*pres. part.* **servant;** *p. def.* **servis;** *p. p.* **servi;** *pres. ind.* **sers, sers, sert, servons, servez, servent;** *pres. subj.* **serve, servions, servent;** *impf.* **servais;** *impv.* **sers, servez;** *fut.* **servirai**) serve; **à quoi servirait?**   what good would it be? **se servir**   use
serviteur *m.*   servant
seul   alone; single; only
sévir   deal severely
si   if, whether, so; yes (*in answer to negative question or statement*)
siècle *m.*   century
silencieux   silent
silhouette *f.*   figure
simulacre *m.*   show, semblance; **faire un simulacre** pretend
singulier   singular, peculiar
sinistre   sinister

sinon   or else, except

sire *m.*   lord, sire

sobre   sober; abstemious, frugal; moderate

société *f.*   society; company; circle

soie *f.*   silk

soigner   take care

soigneusement   carefully

soin *m.*   care; *pl.*   troubles; **avoir soin**   take care

soirée   evening party; evening

solennellement   solemnly

sommet *m.*   top

somnambule *m.*   somnambulist

son *m.*   sound

sonder   feel

songer   think

sonné: soixante ans sonnés   sixty years old

sonner   ring; **l'heure sonne**   the hour strikes; **on sonne de** there's a call from

sonnette *f.*   doorbell

sonore   sonorous, loud

sorcellerie *f.*   witchcraft

sorcière *f.*   witch

sort *m.*   fate, lot

sortie *f.*   exit; departure; sortie

sortir (*pres. part.* **sortant;** *p. def.* **sortis;** *p. p.* **sorti;** *pres. ind.* **sors, sors, sort, sortons, sortez, sortent;** *pres. subj.* **sorte, sortions, sortent;** *impf.* **sortais;** *impv.* **sors, sortez;** *fut.* **sortirai**) go out, come out; stick out

sot   foolish; *m.*   fool

sottise *f.*   nonsense

sou *m.*   sou (five **centimes**)

soucier: se soucier   care about, mind

soudain   sudden

soudainement   suddenly, all of a sudden

souffle *m.*   breath

souffler   blow; breathe

souffrance *f.*   suffering

souffrir (*pres. part.* **souffrant;** *p. def.* **souffris;** *p. p.* **souffert;** *pres. ind.* **souffre, souffres, souffre, souffrons, souffrez, souffrent;** *pres. subj.* **souffre, souffrions, souffrent;** *impf.* **souffrais;** *impv.* **souffre, souffrez;** *fut.* **souffrirai**) suffer

souhait *m.*   wish

soulager   relieve

soûler: se soûler   get drunk

soulever   lift (up); heave; **soulever l'estomac**   upset one's stomach

soupçon *m.*   suspicion

soupçonner   suspect

soupente *f.*   garret

soupière *f.*   soup tureen

soupir *m.*   breath; sigh

soupirer   sigh

souplesse *f.*   suppleness, litheness

sourcil *m.*   eyebrow; **froncer le sourcil**   frown

sourd   deaf

sourire (*for forms, see* **rire**) smile

sournois   sly

soutenir (*for forms, see* **tenir**) support; **se soutenir**   support oneself; last

souvenir: se souvenir (*for forms, see* **venir**) remember, recall

souvenir *m.*   memory

spoliation *f.* deprivation
spontanément spontaneously
stupéfier stupefy, stun
stupide stupid; stolid
substituer substitute
subtil subtle, pervasive
succéder: se succéder follow
succession *f.* inheritance
succomber succumb, yield
sud *m.* south
sueur *f.* sweat, perspiration
suffire (*pres. part.* **suffisant;** *p.*
  def. **suffis;** *p. p.* **suffi;** *pres. ind.*
  suffis, suffis, suffit, suffisons,
  suffisez, suffisent; *pres. subj.*
  suffise, suffisions, suffisent;
  impf. **suffisais;** *fut.* **suffirai**)
  suffice, be sufficient; **suffit!**
  enough of that!
suffisamment sufficiently,
  enough
suite *f.* following; **à la suite**
  following; **par suite de** in
  consequence of; **sans suite**
  without meaning
suivant following; according to
suivre (*pres. part.* **suivant;** *p.*
  def. **suivais;** *p. p.* **suivi;** *pres.*
  ind. **suis, suis, suit, suivons,**
  suivez, suivent; *pres. subj.*
  suive, suivions, suivent; *impf.*
  suivais; *impv.* **suis, suivez;** *fut.*
  suivrai) follow
sujet *m.* subject
sulfurique sulfuric
supplier beg
supporter bear, carry; hold
sur-le-champ right away, on the
  spot
surgir occur suddenly
surplombant overlooking

surveiller supervise; watch
suspendre (*for forms, see*
  pendre) hang, suspend

tableau m. painting; **marchand**
  de tableaux art dealer
tablier *m.* apron
tâche *f.* task
tâcher try
taire (*pres. part.* **taisant;** *p. def.*
  tus; *p. p.* **tu;** *pres. ind.* **tais, tait,**
  taisons, taisez, taisent; *pres.*
  subj. **taise, taisions, taisent;**
  impf. **taisais;** *impv.* **tais, taisez;**
  fut. **tairai**): **se taire** keep quiet,
  hold one's tongue
talon *m.* heel
tamponner mop
tandis que while; whereas
tant so much (many); **tant que**
  as long as; **tant pis** so much
  the worse, too bad
tante *f.* aunt
tantôt now; **tantôt . . . tantôt**
  now . . . now
tapis *m.* rug
tapissé hung
tapisserie *f.* tapestry
tard late
tarder be long; **ne pas tarder à**
  not to be long to
tas *m.* heap, pile; **tas de foin**
  haystack
tâter feel
tatouage *m.* tattooing
teint *m.* complexion
tel, telle, tels, telles such, so
tellement so much (many); so
témoin *m.* witness
témoignage *m.* testimony
tempe *f.* temple

temps *m.* time; weather; à
  temps in time; **de temps en
  temps** from time to time; **en
  même temps** at the same time
tendre (*pres. part.* **tendant;** *p.
  def.* **tendis;** *p. p.* **tendu;** *pres.
  ind.* **tends, tend, tendons,
  tendez, tendent;** *pres. subj.*
  tende, tendions, tendent; *impf.*
  tendais; *impv.* **tends, tendez;**
  fut. **tendrai**) hand
tendu hung
tenir (*pres. part.* **tenant;** *p. def.*
  tins; *p. p.* **tenu;** *pres. ind.* **tiens,
  tiens, tient, tenons, tenez,
  tiennent;** *pres. subj.* **tienne,
  tenions, tiennent;** *impf.*
  tenais; *impv.* **tiens, tenez;** *fut.*
  tiendrai) hold, keep; **tenez!**
  here!; look here!; **tenir à** care
  for; **il tient à vous** it is up to
  you; **tenir des livres** keep
  books; **tiens!** there!; look
  here!; **n'y plus tenir** bear it no
  longer; **se tenir debout** keep
  upright; **se tenir plus près** to
  come closer; **se tenir prêt** keep
  ready; **se tenir sur ses jambes**
  keep straight on one's legs
tentation *f.* temptation;
  succomber à la tentation yield
  to temptation
tenter try
terminer finish, end
terrasse *f.* terrace; platform
terre *f.* earth, ground; field; **à
  terre** on the ground; **sur terre**
  on land
terreur *f.* terror
territorial territorial; **fortune
  territoriale** landed property

tic tac *m.* tick tack
tiers third
tige *f.* stem
timide shy
tinter ring
tir *m.* shooting
tirailler shoot
tirer draw, pull; shoot, fire
tireur *m.* shooter, marksman
tiroir *m.* drawer
toile *f.* canvas
toilette *f.* dress; **toilette de bal**
  ball gown; **en toilette des
  dimanches** in one's Sunday
  best
tomber fall; **laisser tomber**
  drop
tonnerre *m.* thunder
tordre (*pres. part.* **tordant;** *p.
  def.* **tordis;** *p. p.* **tordu;** *pres.
  ind.* **tords, tords, tord, tordons,
  tordez, tordent;** *pres. subj.*
  torde, tordions, tordent; *impf.*
  tordais; *impv.* **tords, tordez;**
  fut. **tordrai**) wring
tort *m.* wrong; **avoir tort** be
  wrong
tôt early
touffe *f.* tuft
tour *m.* turn; **tour à tour** in
  turn
tourmenté worried
tournebroche *f.* spit
tournée *f.* round; **faire sa
  tournée** go one's round
tousser cough
tout, tous, toute, toutes *adj. and
  pron.* all, the whole, every,
  everyone, everything; *adv.*
  very, quite, entirely, wholly;
  rien du tout nothing at all; **pas**

du tout not at all; **tout à fait** quite; **tout à la fois** all at once; **tout à coup** all at once; **tout au plus** at the most; **tout d'un coup** all at once; **tout de même** all the same; no, really!; **tout le long** all along

toutefois however

trahir betray

trahison *f.* betrayal, treason

traîner drag; **se traîner** drag oneself

traître *m.* traitor

trait *m.* feature; arrow

tranquille calm, quiet; **avoir l'esprit tranquille** rest assured; **laisser tranquille** leave alone

transi shivering

transparent *m.* transparency

traquer run down

travers: à travers across, **de travers** through; askew

traverser go through (across)

tremper dip; soak

trésor *m.* treasure

triomphal triumphant

triste sad

tristesse *f.* sadness

troisième third; **troisième étage** fourth floor

trombe *f.* whirlwind

tromper deceive; **se tromper** be mistaken

tronc *m.* trunk

trotter trot; **se trotter** run

trottoir *m.* sidewalk

troublant disquieting

trouble *m.* confusion

troubler bewilder

troupe *f.* troop

troupeau *m.* herd, flock

truc *m.* trick, gimmick

tuer kill

turpitude *f.* depravity

type *m.* type; guy

usage *m.* usage; habit, custom

user use; **s'user** wear (away)

usine *f.* factory; **cheminée d'usine** smokestack

ustensile *m.* utensil

usurier *m.* usurer

vache *f.* cow; **mort aux vaches!** shoot the damned cops!

vacillant tottering

vaciller totter

vague vague; faint

vague *f.* wave

vaillant bold, courageous

vainement vainly, in vain

vainqueur *m.* victor

vaisseau *m.* vessel

vaisselle *f.* dishes

valet *m.* footman; servant

valoir (*pres. part.* **valant;** *p. def.* **valus;** *p. p.* **valu;** *pres. ind.* **vaux, vaux, vaut, valons, valez, valent;** *pres. subj.* **vaille, valions, vaillent;** *impf.* **valais;** *fut.* **vaudrai**) be worth; **ça vaut mieux** that's better

valse *f.* waltz

vanité *f.* vanity, conceit

vaurien *m.* scamp, good-for-nothing

vécu *see* **vivre**

veiller watch; **veiller à** attend to, see to it, take care that

velours *m.* velvet

vendeur *m.* salesman; **vendeur ambulant** street vendor

vendre (*for forms, see* **rendre**) sell

venir (*pres. part.* **venant;** *p. def.* vins; *p. p.* venu; *pres. ind.* viens, viens, vient, venons, venez, viennent; *pres. subj.* vienne, venions, viennent; *impf.* venais; *impv.* viens, venez; *fut.* viendrai) come; **venir de** + *inf.* have just + *p. p.;* **en venir là** come to that

vent *m.* wind

vêpres *f. pl.* vespers

ver *m.* worm

verbaliser charge, make a report

véritablement truly

vermeil *m.* silver-gilt, vermeil

vermine *f.* vermin; rabble

vernissage *m.* private art show

verre *m.* glass

verrue *f.* wart

vers to, toward; about

verser pour; shed

verset *m.* verse

vertige *m.* dizziness; vertigo

veste *f.* jacket

vestibule *m.* vestibule, lobby

vêtement *m.* clothing

vêtu dressed

viande *f.* meat; food

vide empty

vie *f.* life

vieillard *m.* old man

vieille *see* **vieux**

vierge *f.* virgin

vieux, vieille old; **mon vieux** old chap; **se faire vieux** be getting old

vif, vive, lively, sharp; quick

vigne *f.* vineyard

vilain nasty

vin *m.* wine

vingtaine *f.* about twenty

violemment violently; fiercely

violet purple

violette *f.* violet

violon *m.* violin; lockup

visage *m.* face

viser take aim

vitre *f.* window pane

vive *see* **vif**

vivement quickly; hotly

vivre (*pres. part.* **vivant;** *p. def.* vécus; *p. p.* vécu; *pres. ind.* vis, vis, vis, vivons, vivez, vivent; *pres. subj.* vive, vivions, vivent; *impf.* vivais; *impv.* vis, vivez; *fut.* vivrai) live, be alive

vivre *m.* food; *pl.* food supplies; **le vivre et le couvert** food and shelter

voile *f.* sail

voir (*pres. part.* **voyant;** *p. def.* vis; *p. p.* vu; *pres. ind.* vois, vois, voit, voyons, voyez, voient; *pres. subj.* voie, voyions, voient; *impf.* voyais; *impv.* vois, voyez; *fut.* verrai) see; **voyons** look here; **laisser voir** show

voisin *m.* neighbor

voiture *f.* cart

voix *f.* voice; **à voix basse** in a low voice; **d'une voix brève** curtly

vol *m.* theft

vol *m.* flight

volaille *f.* fowl

volée *f.* **volée de cloches** ringing, peal; **à pleine volée** very hard, swinging high
voleur *m.* thief
volonté *f.* will, willpower; desire, wish
volontiers gladly, with pleasure
voltiger fly
voltigeur *m.* rifleman
vomissement *m.* vomiting
vouloir (*pres. part.* **voulant;** *p. def.* **voulus;** *p. p.* **voulu;** *pres. ind.* **veux, veux, veut, voulons, voulez, veulent;** *pres. subj.* **veuille, voulions, veuillent;** *impf.* **voulais;** *impv.* **veux,**

voulez (**veuillez**); *fut.* **voudrai** want, will, like; **en vouloir à** intend harm to
voyage *m.* trip, travel
voyager travel
vrai true
vraisemblable probable, likely
vue *f.* view; **perdre de vue** lose sight of

yeux *see* **œil**

zanzibar *m.* **jouer au zanzibar** throw dice
zélé zealous
zut! confound it!